中国企业管理创新年度报告
（2019）

中国企业联合会 编著

企业管理出版社
ENTERPRISE MANAGEMENT PUBLISHING HOUSE

图书在版编目（CIP）数据

中国企业管理创新年度报告 . 2019 / 中国企业联合会编著 . — 北京：企业管理出版社，2019.11
　ISBN 978-7-5164-2069-0

　Ⅰ . ①中⋯ Ⅱ . ①中⋯ Ⅲ . ①企业管理－研究报告－中国－ 2019 Ⅳ . ① F279.23

中国版本图书馆 CIP 数据核字 (2019) 第 252260 号

书　　名：	中国企业管理创新年度报告（2019）
作　　者：	中国企业联合会
责任编辑：	张　平　徐金凤
书　　号：	ISBN 978-7-5164-2069-0
出版发行：	企业管理出版社
地　　址：	北京市海淀区紫竹院南路17号　　邮编：100048
网　　址：	http://www.emph.cn
电　　话：	编辑部（010）68701638　发行部（010）68701816
电子信箱：	qyglcbs@emph.cn
印　　刷：	河北宝昌佳彩印刷有限公司
经　　销：	新华书店
规　　格：	185毫米×260毫米　　16开本　　16.75印张　　250千字
版　　次：	2019年11月第1版　　2019年11月第1次印刷
定　　价：	98.00元

版权所有翻印必究·印装有误负责调换

《中国企业管理创新年度报告（2019）》编委会

主　任　朱宏任　中国企业联合会常务副会长兼理事长
副主任　于　吉　中国企业联合会常务副理事长
编　委　张秋生　崔永梅　程多生
执　笔　周绍朋　高红岩　张文彬　张莉莉　赵晓丽
　　　　郝伟伟　谭　博　周　雯　李　娟　左丽娟
　　　　邵国伟　刘　欢　杨　瑞　胡圆月　周　蕊
　　　　常　杉　杜巧男　张　倩

序

企业管理是企业永恒的主题,管理创新是企业发展的不竭动力。2017年9月8日,中共中央国务院《关于营造企业家健康成长环境弘扬优秀企业家精神更好发挥企业家作用的意见》强调,"支持企业家创新发展""激发企业家创新活力和创造潜能"。2018年2月13日,中共中央办公厅、国务院办公厅印发《贯彻落实〈中共中央国务院关于营造企业家健康成长环境弘扬优秀企业家精神更好发挥企业家作用的意见〉分工方案》的通知,明确由中国企业联合会持续"开展全国企业管理现代化创新成果审定工作",由工业和信息化部、中国企业联合会"贯彻落实关于引导企业创新管理提质增效的指导意见,组织开展成果推广"。

为贯彻落实中共中央国务院的部署和要求,工业和信息化部产业政策司从2018年起,委托中国企业联合会编辑出版《中国企业管理创新年度报告》,依托全国企业管理现代化创新成果的审定工作,组织权威专家团队对企业管理实践进行理论研究和实证分析,甄选优秀案例进行深度挖掘,真实反映当前我国企业管理创新的趋势特征与路径,为企业高质量发展提供可资借鉴的成功案例,为相关政策的制定提供依据。

第25届全国企业管理现代化创新成果,共收到29个省、区、市,5个计划单列市,14个行业协会,60家中央企业,以及中国500强企业和两化融合管理体系认定企业,共120个推荐单位推荐和直报的管理创新成果529项。经组织国资委机械工业经济管理研究院、中国信息通信研究院、中央党校(国家行政学院)、北京大学、清华大学、中国人民大学、中央财经大学、北京交通大学、北方工业大学、首都经贸大学、北京师范大学、中国社会科学院等院校、科研机构知名管理专家进行初审和预审并经公示和审委会终审,最终审定出一等奖成果31项、二等奖成果190项,入选比例占申报总数的42%。这些管理创新成果充分反映了各类企业认真学习贯彻党的十九大精神,践行习近平新时代中国特色社会主义思想,在企业管理各领域不断创新的基础上,紧扣当前经济发展和企业管理中的重点、热点、难点问题,在国家重大战略工程的自主创新、注重国计民生、加强信息化建设和智能制造、加快转型升级、深入推进创新创业战略、推动生态文明建设和社会责任、深化国际经营中的风险防范等方面呈新特点、新趋势、新模式。

《中国企业管理创新年度报告(2019)》,基于第25届全国企业管理现代化创新成果,深入分析了当前企业管理创新的形势和任务,全面概括了第25届全国企业管理创新的趋势和特征,重点介绍了企业在技术创新、大数据应用、转型升级、风险防范、管控体系、绩效管理、社会责任等领域的新思想、新方法、新工具。同时,详细展示了中国航空工业集团有限公司基于数字系统工程的正向创新型研发体系建设、海尔集团基于COSMOPlat工业互联网平台的大规模定制管理、荣事达电子电器集团有限公司智能家居企业双创服务管理、中国船舶(香港)航运租赁有限公司逆周期投资管理等10项优秀案例。

2019年是中华人民共和国成立70周年,也是全面建成小康社会的关键之年。2018年年底召开的中央经济工作会议和2019年全国"两会",对2019年经济工作做出了全面部署,对企业改革发展提出了新要求。我们希望本报告能够为广大企业贯彻落实中央经济工作会议精神和全国两会的部署,扎实推进管理创新,加快培育具有全球竞争力的世界一流企业,努力开创企业高质量发展的新局面,以优异成绩庆祝中华人民共和国成立70周年,提供有益的参考和借鉴。

在报告编写过程中,工业和信息化部产业政策司对研究团队的搭建、报告框架的设计、典型企业调研与理论综述研究提出了宝贵的建议,多次参与报告专家座谈会与实地调研。北京交通大学经济管理学院领导和师生对该报告予以重要学术支持。在此,向工业和信息化部产业政策司、北京交通大学经济管理学院一并致以诚挚感谢!

中国企业联合会常务副会长兼理事长　朱宏任
2019年6月

目　录

综合篇

第一章　企业管理创新背景 ……………………………………………… 3
　一、中国特色社会主义进入新时代 …………………………………… 3
　二、加快构建现代化经济体系 ………………………………………… 4
　三、宏观经济环境的新变化 …………………………………………… 7

第二章　企业管理创新任务 ……………………………………………… 12
　一、强化战略布局 ……………………………………………………… 12
　二、防范化解重大风险 ………………………………………………… 15
　三、深化国有企业改革 ………………………………………………… 17
　四、适应数字经济发展创新商业模式 ………………………………… 21

第三章　企业管理创新趋势和特征 …………………………………… 28
　一、抢抓互联网大数据智能化机遇，为传统产业转型升级赋能 ……… 28

二、深入推进供给侧结构性改革，培育发展新动能 ………………… 30

三、依托国家重大工程，加强技术创新和研发 …………………… 33

四、借力金融资本，助推实业稳步发展 …………………………… 35

五、把握"一带一路"机遇，深化国际化经营与风险防范 ………… 37

六、履行企业公民责任，与利益相关方共享共赢 ………………… 39

专题篇

第四章 开放式整合的技术创新 ……………………………………… 45

一、从互联网到万物互联的创新 …………………………………… 46

二、内外协同的开放自主研发 ……………………………………… 48

三、聚焦主业的开放式自主研制 …………………………………… 50

四、系统集成的开放自主创新 ……………………………………… 52

第五章 大数据应用和平台建设 ……………………………………… 54

一、大数据资产管理 ………………………………………………… 55

二、大数据分析决策 ………………………………………………… 57

三、大数据产业链管理 ……………………………………………… 59

四、大数据平台建设 ………………………………………………… 60

第六章 多方合力驱动转型升级 ……………………………………… 63

一、产业链延伸式转型升级 ………………………………………… 63

二、产融结合式转型升级 …………………………………………… 65

三、智能化转型升级 ………………………………………………… 66

四、文化驱动的转型升级 …………………………………………… 69

第七章　全面系统的风险防范 …… 72
一、基于高质量发展的战略风险管理 …… 72
二、构建公共安全风险管理体系 …… 73
三、风险管理平台建设 …… 74
四、风险分级管理 …… 76

第八章　外协内联的管控体系变革 …… 79
一、外协式质量管控 …… 79
二、全要素体系化成本管控 …… 81
三、系统集成管控 …… 83
四、全产业链组织管控 …… 84

第九章　数字化的全面绩效管理 …… 88
一、构建数字化绩效评价体系 …… 88
二、构建协同绩效管理体系 …… 91
三、基于信息化平台的绩效管理 …… 93
四、建立全面绩效管理体系 …… 95

第十章　价值创造型的社会责任 …… 97
一、社会责任模块化管理 …… 97
二、建立社会责任根植项目管理 …… 100
三、构建绿色管理体系 …… 101
四、精准扶贫管理创新 …… 103

案例篇

第十一章 中航工业集团：基于数字系统工程的正向创新型研发体系建设……107

　　一、制订数字系统工程应用，构建正向研发体系的顶层规划 …… 107

　　二、建立数字系统工程标准体系，为研发模式转型奠定基础 …… 109

　　三、建立基于体系架构方法的航空装备需求生成新模式 …… 110

　　四、采用基于模型的航空装备正向设计新方法 …… 112

　　五、开发航空装备功能／性能／几何全数字样机 …… 113

　　六、构建航空装备虚拟综合和验证新环境 …… 114

　　七、案例启示 …… 115

第十二章 海尔集团：基于COSMOPlat工业互联网平台的大规模定制管理… 117

　　一、明确以用户体验为中心的大规模定制管理思路 …… 119

　　二、打造以大规模定制为核心的工业互联网平台 …… 121

　　三、以用户需求为驱动，实现大规模标准化制造向大规模"私人定制"转型 …… 125

　　四、建设互联工厂，构建共创共赢工业新生态 …… 125

　　五、打造智慧互联服务体系，创造用户全流程最佳体验 …… 126

　　六、推进"电器—网器—生态"迭代，创造终身用户 …… 127

　　七、全面创新管理机制，确保企业大规模定制深入推进 …… 128

　　八、案例启示 …… 131

第十三章 中国环境保护集团有限公司：基于管理视图分析法的管理体系变革……135

　　一、基于"漏斗模型"构建企业管理体系 …… 136

二、构建以事项为核心的管理方法工具 …………………………… 136

　三、分解管理事项，构建管理视图 ………………………………… 139

　四、优化责权分配，变革组织体系 ………………………………… 141

　五、优化资源配置，强化风险控制 ………………………………… 142

　六、细化过程管理，规范文档体系 ………………………………… 144

　七、管理体系变革的信息化固化 …………………………………… 146

　八、管理体系变革的保障措施 ……………………………………… 149

　九、案例启示 ………………………………………………………… 151

第十四章　合肥荣事达：智能家居企业双创服务管理 …………… 153

　一、依据企业发展战略，明确"双创"服务管理思路 …………… 153

　二、优选创客资源，做好产业产品的顶层设计 …………………… 156

　三、开放优势资源，推动创客和企业优势互补与整合 …………… 158

　四、"三位一体"保障机制，与创客实现共创共享 ……………… 161

　五、坚持分段精准投入扶持，实现共同成长 ……………………… 162

　六、多措并举，推进创客项目持续发展 …………………………… 164

　七、案例启示 ………………………………………………………… 166

第十五章　中油国际管道：基于联防联治的境外社会安全管理 … 170

　一、明确境外社会安全管理总体思路，落实管理职责 …………… 171

　二、评估社会安全环境风险，明确防控重点 ……………………… 172

　三、建立有效的沟通协调机制，联防联治保安全 ………………… 173

　四、实施四防措施，严格管控社会安全风险 ……………………… 174

　五、完善应急管理，提升应急响应能力 …………………………… 175

　六、构建内外实施保障 ……………………………………………… 177

　七、案例启示 ………………………………………………………… 178

第十六章　无锡安装：机电设备智能化服务转型管理·······181

一、明确由施工向服务转型的总体目标和思路 ···············181

二、搭建机电管家智能化服务管理平台 ···············183

三、实施"智能化线上线下"协同运管的机电设备设施托管服务 ···············187

四、实施机电系统能源托管与节能改造服务 ···············189

五、实施"主动优化式"的机电设备设施故障预测维修服务 ···············191

六、实施"智能化"机电设备设施备品备件管理服务 ···············193

七、优化机电设备智能化服务管理保障机制 ···············194

八、案例启示 ···············196

第十七章　神华黄骅港与中交一航局：基于技术创新的绿色煤炭港口建设与管理·······199

一、明确绿色港口建设目标，加强领导，建立管理体系 ···············200

二、技术创新驱动战略 ···············200

三、围绕抑尘技术构建五道粉尘治理防线 ···············203

四、建设湿地和人工湖，治理含煤污水 ···············205

五、开发堆场智能堆料系统，改善港区劳动条件和环境 ···············206

六、多方合作配合，建设和谐花园港口 ···············207

七、案例启示 ···············208

第十八章　中船（香港）航运租赁：逆周期投资管理·······211

一、以集团发展战略为引领，明确逆周期投资的总体思路 ···············211

二、以客户需求为导向，建立严格的项目选择标准 ···············213

三、专业审视市场深层次变化，主动挖掘可行的投资项目 ···············215

四、建立科学完善的决策机制，审慎开展逆周期投资运作 ···············217

五、加强项目全寿命周期管控，全面推进项目实施 ···············219

六、完善项目实施保障措施，确保逆周期投资顺利开展 …………… 220

　　七、案例启示 …………………………………………………………… 222

第十九章　深圳巴士：城市公交全面电动化规模化运营管理 …………… 224

　　一、依靠技术攻关，突破规模化运营瓶颈 …………………………… 225

　　二、依托创新驱动，全面提升绩效 …………………………………… 228

　　三、全面协作，加强安全保障措施 …………………………………… 232

　　四、战略导向，推进可持续发展 ……………………………………… 234

　　五、案例启示 …………………………………………………………… 235

第二十章　青岛国信：智能化主动安全生产管理 ………………………… 237

　　一、建立隐患智能预警机制 …………………………………………… 237

　　二、通过无障碍检查、双盲演练，导出安全生产管理盲点 ………… 239

　　三、实施三级启备机制，建立安全责任矩阵 ………………………… 240

　　四、搭建CSP平台，构建智能化安全生产综合监管"第三只眼" …… 243

　　五、突发事件统一调度、快速响应、分级处置 ……………………… 245

　　六、建立末端评估反馈机制，持续优化改进主动安全生产管理体系 …… 247

　　七、案例启示 …………………………………………………………… 249

综合篇

第一章 企业管理创新背景

2018年是全面贯彻党的十九大精神的开局之年。在以习近平同志为核心的党中央坚强领导下，广大企业贯彻落实党的十九大做出的战略部署，坚持稳中求进的工作总基调，按照高质量发展要求，迎难而上、扎实工作，保持了企业持续健康发展，朝着实现全面建成小康社会的目标迈出了新的步伐。

一、中国特色社会主义进入新时代

党的十九大报告提出，经过长期努力，中国特色社会主义进入了新时代，这是我国发展新的历史方位。对中国特色社会主义进入新时代的科学判断，是基于我国社会主要矛盾发生的深刻变化，即由人民日益增长的物质文化生活需要与相对落后的生产力之间的矛盾，转化为人民日益增长的美好生活需要和不平衡、不充分的发展之间的矛盾。可以说，我国社会主要矛盾的这种变化，是今后我们部署各项工作，实施各项重大战略的出发点和落脚点。正如党的十九大报告指出的，我国社会主要矛盾的变化是关系全局的历史性变化，对党和国家工作提出了许多新要求。我们要在继续推动发展的基础上，着力解决好发展不平衡、不充分问题，大力提升发展质量和效益，更好地满足人民在经济、政治、文化、社会、生态等方面日益增长的需要，更好地推动人的全面发展、社会全面进步。毫无疑问，这一变化对我国的经济发展和作为生产力主阵地的企业的发展、管理及其创新也提出了新的、更高的要求。

随着我国社会主要矛盾的变化，我国经济已由高速增长阶段转向高质量发展阶段，正处在转变发展方式、优化经济结构、转换增长动力的攻关期，建设现代化经济体系是跨越关口的迫切要求和我国发展的战略目标。实现这一战略目标，必须坚持质量第一、效益优先，以供给侧结构性改革为主线，推动经济发展质量变革、效率变革、动力变革，提高全要素生产率，着力加快建设实体经济、科技创新、现代金融、人力资源协同发展的产业体系，着力构建市场机制有效、微观主体有活力、宏观调控有度的经济体制，不断增强我国经济的创新力和竞争力。这是我国企业管理创新面临的时代大背景。

二、加快构建现代化经济体系

中国特色社会主义进入新时代，对我国的经济发展和作为生产力主阵地的企业的发展、管理及其创新也提出了新的、更高的要求。

（一）现代化经济体系的内涵

随着我国社会主要矛盾的变化，我国经济已由高速增长阶段转向高质量发展阶段，正处在转变发展方式、优化经济结构、转换增长动力的攻关期，建设现代化经济体系是跨越关口的迫切要求和我国发展的战略目标。所谓现代化经济体系，就是与建设现代化强国的要求相适应的现代产业体系及其运行机制和管理体制。其基本内容就是现代产业体系与现代市场经济体制的有机结合。所谓产业体系就是一国国民经济中各产业因各种相互关系而构成的整体。产业体系的发展演进是产业分工不断深化，产业要素、产业结构和产业功能不断优化的动态过程，是各产业之间的交叉融合。现代产业体系主要包括实体经济、科技创新、现代金融、人力资源等几个方面。其中，实体经济是主体、是根本，其他几个方面都是为实体经济服务的。具体地讲，实体经济与现代金融是相互融合、相互促进的。在现代市场经济条件下，实体经济离不开金融，金融更离不开实体经济。实体经济离开金融就等于失去了灵魂，而金融离开了实体经济就成了无源之水、无本之木。金融为实体经济服务，实体经济则进一步促进金融发展。无论是实体经济还是现代金融的发展，离开科技创新都寸步难行，而人力资源则为其他几个方面，特别是科技创新提供人才支撑，这就是构成现代产业体系的四大要素实体经济、科技创新、现代金融、人力资源的内在逻辑关系。实体经济是由工业、农业和部分服务业构成的。其中，工业，特别是制造业是实体经济的典型产业。制造业又是由众多制造业企业构成的，它通过价值链、供应链和产业链形成内在的有机联系，从而构成不同层次的经济运行体系或产业体系。实现这一战略目标，必须坚持质量第一、效益优先，以供给侧结构性改革为主线，推动经济发展质量变革、效率变革、动力变革，提高全要素生产率，着力加快建设实体经济、科技创新、现代金融、人力资源协同发展的产业体系，着力构建市场机制有效、微观主体有活力、宏观调控有度的经济体制，不断增强我国经济的创新力和竞争力。

（二）建设现代化经济体系的重点任务

党的十九大报告提出了建设现代化经济体系的六个方面的重要任务，即深化供给侧结构性改革、加快建设创新型国家、实施乡村振兴战略、实施区域协调发展战略、加快完善社会主义市场经济体制和推动形成全面开放新格局。其中，深化供给侧结构性改革、加快建设创新型国家、加快完善社会主义市场经济体制和推动形成全面开放新格局等对企业管理创新的方向和内容产生着直接的重大影响。

1. 供给侧结构性改革

供给侧结构性改革的主要任务是优化供给结构，提高供给质量，转换供给机制。实现这一重大任务，首先必须加快建设制造强国，加快发展先进制造业，推动互联网、大数据、人工智能和实体经济深度融合，实现制造业由传统制造业向服务型制造和智能制造转变。要通过产业政策的有效实施，有计划、有重点地培育一批跨国制造业骨干龙头企业，以龙头企业带动产业链配套发展。要扶持产业链上的中小微企业发展壮大，引导支持中小企业专业化发展，培育一批大企业的"配套专家"。同时要在中高端消费、创新引领、绿色低碳、共享经济、现代供应链、人力资本服务等领域培育新增长点。要采取措施支持传统产业优化升级，加快发展现代服务业。

要运用辩证的思维和方法，按照提升价值链、优化供应链、完善产业链的要求，深入开展去产能、去库存、去杠杆、降成本、补短板工作，优化存量资源配置，扩大优质增量供给，以增强由龙头企业带动的整个供应链和产业链的竞争力，促进我国产业，特别是制造业迈向全球价值链中高端。

2. 加快建设创新型国家

加快建设创新型国家，关键是要加快科技创新。要深化科技体制改革，建立以企业为主体、市场为导向、产学研深度融合的技术创新体系，完善技术创新机制。同时要明确创新的方向和重要内容，加大创新投入，加强人才队伍建设，倡导创新文化，完善激励机制，加快科技成果转化，强化知识产权创造、保护、运用。科技创新是原创性科学研究和技术创新的总称。原创性科学研究包含的内容非常广泛，它包括各个学科各个领域的科学研究。就与实体经济发展联系比较密切的技术创新而言，从狭义上来说，它主要是指生产技术创新。如生产工艺的改进，作业过程的优化等。从广义上来说，技术创新还应包括新产品的开发、设计等。除科技创新外，还有管理创新和制度创新。从一定意义讲，制度创新也是一种管理创新。从内容上看，上述三大创新既有一定的区别，又有紧密的联系。在信息化和智能化的今天，技术创新、管理创新和制度创新是融合在一起的，没有管理创新进行科学的组织，技术创新就很难实现，而没有技术创新作为支撑，管理创新同样很难实现。同时，技术创新和管理创新又都需要体制和机制的创新做保障。

3. 加快完善社会主义市场经济体制

加快完善社会主义市场经济体制，重点是完善产权制度和要素市场化配置，以实现产权有效激励、要素自由流动、价格反应灵活、竞争公平有序、企业优胜劣汰。市场经济体制是市场在资源配置中起决定性作用的经济体制。经济体制的核心问题是政府与市场的关系问题。经济体制的本质是资源配置方式，有什么样的资源配置方式，就必然形成什么样的经济体制，并要求相应的政府职能，以解决经济学要回答的社会生产什么、生产多少、怎样生产以及为谁而生产等几个根本问题。市场经济体制的核心是市场在资源配置中起决定性作用，但市场对经济的调节又具有盲目性和滞后性，同时还存在着市场失灵，这就需要通过发挥政府职能加以纠正和弥补。通过经济体制和供给侧结构性改革，一方面，可以使市场机制，特别是供给侧的市场机制更加健全，更好地发挥市场在资源配置中的决定性作用；另一方面，可以使政府职能在供给侧得到更好发挥。在信息化和大数据时代，市场机制和政府职能的完美结合是完全可以实现的，但它却不能改变市场在资源配置中起决定性作用这一市场经济的本质特征。完善产权制度，实现产权有效激励，首先必须完善各类国有资产管理体制，改革国有资本授权经营体制，加快国有经济布局优化、结构调整、战略性重组，促进国有资产保值增值，推动国有资本做强做优做大，有效防止国有资产流失。其次还要深化国有企业改革，发展混合所有制经济，培育具有全球竞争力的世界一流企业。同时要全面实施市场准入负面清单制度，清理废除妨碍统一市场和公平竞争的各种规定和做法，支持民营企业发展，激发各类市场主体活力。实现要素市场化配置和自由流动，必须深化商事制度改革，打破行政性垄断，防止市场垄断，加快要素价格市场化改革，放宽服务业准入限制，完善市场监管体制。同时还要深化投融资体制改革、金融体制改革等，以形成市场机制有效、微观主体有活力、宏观调控有度的经济体制，提高资源配置效率；推动形成全面开放新格局，重点是围绕"一带一路"建设，坚持引进来和走出去并重，遵循共商共建共享原则，加强创新能力开放合作，形成陆海内外联动、东西双向互济的开放新格局。

三、宏观经济环境的新变化

（一）经济形势变化

宏观经济形势和政策取向对企业管理及其创新具有重大影响。2017年12月召开的中央经济工作会议在谈到2018年面临的形势时指出：2018年是贯彻党的十九大精神的开局之年，是改革开放40周年，是决胜全面建成小康社会，实施"十三五"规划承上启下的关键一年。做好2018年经济工作，要全面贯彻党的十九大精神，以习近平新时代中国特色社会主义思想为指导，加强党对经济工作的领导，坚持稳中求进的工作总基调，坚持新发展理念，紧扣我国社会主要矛盾变化，按照高质量发展的要求，统筹推进"五位一体"总体布局和协调推进"四个全面"战略布局，坚持以供给侧结构性改革为主线，统筹推进稳增长、促改革、调结构、惠民生、防风险各项工作，大力推进改革开放，创新和完善宏观调控，推动质量变革、效率变革、动力变革，在打好防范化解重大风险、精准脱贫、污染防治的攻坚战方面取得扎实进展，引导和稳定预期，加强和改善民生，促进经济社会持续健康发展。2018年《政府工作报告》指出，综合分析国内外形势，我国发展面临的机遇和挑战并存。世界经济有望继续复苏，但不稳定、不确定因素很多，主要经济体政策调整及其外溢效应带来变数，保护主义加剧，地缘政治风险上升。我国经济正处在转变发展方式、优化经济结构、转换增长动力的攻关期，还有很多坡要爬、坎要过，需要应对可以预料和难以预料的风险挑战。面对这种形势和要求，广大企业必须不断提高经营管理水平，在管理创新方面不断迈出新的步伐。同时，企业管理创新必须围绕着高质量发展、供给侧结构性改革，推进质量变革、效率变革和动力变革等在各个专业领域全面展开。

（二）宏观政策取向

关于2018年的政策取向，中央经济工作会议指出，积极的财政政策取向不变，要调整优化财政支出结构，确保对重点领域和项目的支持力度，压缩一般性支出，切实加强地方政府债务管理。稳健的货币政策要保持中性，要管住货币供给总闸门，保持货币信贷和社会融资规模合理增长，保持人民币汇率在合理均衡水平上的基本稳定，促进多层次资本市场健康发展，更好为实体经济服务，守住不发生系统性金融风险的底线。结构性政策要发挥更大作用，要强化实体经济吸引力和竞争力，优化存量资源配置，强化创新驱动，发挥好消费的基础性作用，促进有效投资特别是民间投资合理增长。社会政策要注重解决突出民生问题，积极主动回应群众关心问题，加强基本公共服务，加强基本民生保障，及时化解社会矛盾。上述财政政策、货币政策、结构性政策和社会政策的政策趋向必然会在企业管理创新的各个方面得到响应。如积极的财政政策取向不变，结构性政策要发挥更大作用，必将促使企业更加重视战略创新管理，加快企业的转型升级和结构调整；在经济增长下滑压力较大的情况下，中性的货币政策必然会给企业的投资和资金流动性带来一定困难，企业必须加强投融资和全面预算等方面的管理创新，以应对政策环境中不利因素带来的困难。

（三）经济工作的主要任务

企业的改革、发展和管理，离不开党和国家经济工作的总任务。2018年经济工作的主要任务决定着当年企业创新的方向和重点。2017年年底召开的中央经济工作会议对2018年经济工作进行了具体部署，提出了八项重点工作任务：一是深化供给侧结构性改革；二是激发各类市场主体活力；三是实施乡村振兴战略；四是实施区域协调发展战略；五是推动形成全面开放新格局；六是提高保障和改善民生水平；七是加快建立多主体供应、多渠道保障、租购并举的住房制度；八是加快推进生态文明建设。根据中央经济工作会议提出的重点任务，2018年《政府工作报告》提出了全年发展的主要预期目标：国内生产总值增长6.5%左右；居民消费价格涨幅3%左右；城镇新增就业1100万人以上，城镇调查失业率5.5%以内，城镇登记失业率4.5%以内；居民收入增长和经济增长基本同步；进出口稳中向好，国际收支基本平衡；单位国内生产总值能耗下降3%以上，主要污染物排放量继续下降；供给侧结构性改革取得实质性进展，宏观杠杆率保持基本稳定，各类风险有序有效防控。这些任务的完成与企业的改革、发展和管理都是密不可分的。因此，它们必然对企业的管理创新产生重要影响。

为了完成2018年经济社会发展的主要任务，中共中央、国务院以及国家发展和改革委员会、国务院国有资产监督管理委员会、工业和信息化部等经济综合管理部门和国有企业出资机构也对完成当年的改革和经济工作任务提出了一些具体要求，发布了一系列的制度和政策。如中共中央、国务院2018年6月30日发布了《关于完善国有金融资本管理的指导意见》，对完善国有金融资本管理体制、优化国有金融资本管理制度、促进国有金融机构持续健康经营、加强党对国有金融机构的领导等问题做出了明确规定，为提升国有金融资本经营管理水平，防止和化解金融风险，更好地为实体经济服务指明了方向；国务院国发〔2018〕16号文发布了《关于改革国有企业工资决定机制的意见》，对国有企业工资总额确定办法、工资与效益联动机制、分类确定工资效益联动指标、工资总额管理方式和企业内部工资分配管理等问题做出了明确规定，为进一步完善企业激励机制奠定了制度基础；国务院国发〔2018〕23号文《关于推进国有资本投资、运营公司改革试点的实施意见》，对建立国有资本投资、运营公司试点的功能定位、组建方式、授权机制、治理结构、运行模式、监督与约束机制等问题做出了明确规定，为进一步建立和完善国有资本出资人制度提供了制度保障；2017年11月29日，国家发改委、财政部等八部委联合发布了《关于深化混合所有制改革试点若干政策的意见》，对混合所有制改革试点中的国有资产定价机制、职工劳动关系、土地处置和变更登记、员工持股、集团公司层面混合所有制改革、财税支持政策等问题做出了明确规定，为混合所有制改革的健康发展提供了政策依据和制度保障，大大加快了产权制度改革和混合所有制改革的进程；国家发展和改革委员会发出了2018年16号令，公布了经国务院批准的《必须招标的工程项目规定》，提出了对一定范围内的项目勘察、设计、施工、监理及工程建设有关的重要设备、材料等的采购达到一定标准的必须招标的要求，进一步规范了工程项目招标的宏观管理；发改价格〔2018〕500号《关于降低一般工商业电价有关事项的通知》，提出了把一般工商业电价平均下降10%的要求，使国务院提出的降低企业成本和优化营商环境的要求进一步落到了实处；国务院国有资产监督管理委员会2018年11月2日印发了《中央企业合规管理指引（试行）》，对中央企业合规管理职责的承担、合规管理的重点、合规管理制度的建立及运行、合规管理的保障条件等问题做出了具体规定，为中央企业的合法合规经营奠定了制度基础。同时，国资委还按照中共中央、国务院有关文件的要求不断加大了中央企业重组、混合所有制改革和国有资本投资公司、运营公司试点的范围和力度,并取得了重大进展;2018年5月3日,工业和信息化部、国务院国有资产监督管理委员会联合发布了《关于2018年推进电信基础设施共建共享的实施意见》,提出2018年电信基础设施共建共享工作要以提升网络供给和质量效益为着力点,在深挖行业内共建共享潜力基础上,积极推动电信设施和能源、交通等领域社会资源的共建共享。这不仅对促进电信、能源、交通等领域社会资源的共建共享具有重要意义,而且对国民经济其他领域里的共享发展具有一定的引领作用。

上述各项政策规定和工作要求,最终都要通过企业的改革、发展和经营管理来实现,它们必然会从各个不同的方面对企业的制度创新、技术创新和管理创新产生重大影响,并引导和促进企业管理创新向纵深发展。此外,包括互联网、数字化、大数据、云计算、人工智能等在内的信息技术的快速发展,为企业管理创新提供着越来越强大的技术支撑,两化融合深入发展,"互联网+企业管理创新"已经成为一个巨大的潮流和发展趋势。可以说,这就是2018年和现阶段企业管理创新的大背景。

第二章 企业管理创新任务

企业是国民经济发展的主体，也是经济转型升级的主体，企业不转型国民经济整体不可能转型。在高质量发展的新阶段，中国企业肩负着重大的使命，要以习近平新时代中国特色社会主义思想为指导，深刻领会其精神实质和丰富内涵，全面贯彻落实新发展理念，着力推进企业改革创新，全面提升经营管理水平，促进企业高质量发展。

一、强化战略布局

（一）积极落实国家战略部署

党的十九大报告指出，我国社会主要矛盾已经转化为人民日益增长的美好生活需要和不平衡、不充分的发展之间的矛盾，这是关系我国发展全局的历史性变化。为此，党的十九大做出了全面部署，提出了许多重大战略。企业要积极参与雄安新区规划建设、支持海南全面深化改革开放、推动长江经济带发展、支持粤港澳大湾区建设、促进长三角区域一体化发展等重要战略部署，系统对照创新驱动发展、区域协调发展、军民融合发展、京津冀协同发展等重大战略，围绕建设科技强国、质量强国、航天强国、网络强国、制造强国、交通强国等重大战略目标，结合企业实际，主动将企业发展战略和国家大战略相契合，在积极支撑落实国家战略实践中，实现企业新的更高质量的发展。当前，广大企业在制订发展战略时首先要考虑的不是发展速度，而是发展方向，是如何转型。实现转型，最重要的是企业的战略目标必须从低端向中高端转移。从全球定位的角度看，我国企业的差距仍很大。虽然中国企业进入世界500强的数量在增加，但距离真正的跨国公司，甚至是全球公司，还有相当大的差距。这表明绝大多数的中国企业仍然是用中国自己的资源、自己的市场挣中国人自己的钱。中国企业在全球布局、利用全球资源、打造全球产业链方面尚处于起步阶段。因此，中国的大企业不应该将眼光局限在国内，而应该眼光向外，加快国际化步伐，要放眼世界建设世界一流企业。对于那些不具备上述条件的企业，特别是中小企业，也要找准新形势下实现科学发展的转型途径。比如高科技中小企业，要积极实施"小而精"的发展战略，在产业链的某一个局部做专、做精、做深，做到小产品大市场，无可替代。更多的普通中小企业则要在产业链分工上主动与正在转型的大企业相互依托，在工业区、开发区中形成若干以大企业为主、一批中小企业与之配套的产业集群等。

（二）瞄准高端推进战略转型

中央经济工作会议提出的"巩固、增强、提升、畅通"八字方针，是深化供给侧结构性改革、提供经济高质量发展的总要求。要坚定不移的聚集实业、突出主业，围绕国家战略需求和产业发展趋势，进一步明确企业发展目标和定位，确定重点任务和主攻方向，不断增强企业核心业务竞争力和品牌影响力。要加大企业集团合并后的整合、融合力度，着力推进行业整合、区域整合、业务整合和管理整合。内部整合就是瘦身健体。积极抓住各级政府的有力政策，加大"僵尸企业"退出工作力度，开展重点亏损子企业的专项治理。管理要服务、服从于经营，核心是以客户价值创造为主线，开展价值链梳理和整合。要深入开展压减工作，在推动法人户数稳步减少的基础上，缩减管理层，减少管理人员数量。要立足市场，分析产品结构存在哪些问题，研究如何利用国家政策机遇来推进产品结构调整和优化升级，如何通过兼并重组和优化组合来完善和优化产品结构。要向产业链的上下端延伸，培育新的经济增长点。要狠抓产品创新和技术攻关，开发适销对路的新产品，有条件的企业要通过自主创新，掌握核心技术和关键工艺，为新一轮发展做好技术储备。要实施专项技术改造项目,用高新技术改造传统产业,淘汰落后工艺和产能。

(三)加快发展战略新兴产业

战略性新兴产业是以重大前沿技术突破和重大发展需求为基础,对经济社会全局和长远发展具有重大引领带动作用的产业。培育壮大战略性新兴产业,是供给侧结构性改革的重要内容。早在2010年10月,国务院便印发了《关于加快培育和发展战略性新兴产业的决定》。2016年11月,国务院印发《"十三五"国家战略性新兴产业发展规划》(以下简称《规划》),对"十三五"期间我国战略性新兴产业发展目标、重点任务、政策措施等做出全面部署安排。《规划》指出,要把战略性新兴产业摆在经济社会发展更加突出的位置,紧紧把握全球新一轮科技革命和产业变革重大机遇,按照加快供给侧结构性改革部署要求,以创新驱动、壮大规模、引领升级为核心,构建现代产业体系,培育发展新动能,推进改革攻坚,提升创新能力,深化国际合作,加快发展壮大新一代信息技术、高端装备、新材料、生物、新能源汽车、新能源、节能环保、数字创意等战略性新兴产业。

在国家政策鼓励和支持下,我国战略性新兴产业快速发展,已成为支撑经济发展、产业转型和创新型国家建设的重要力量。数据显示,近五年,我国战略性新兴产业上市公司的研发投入强度比上市公司总体高出50%左右,战略性新兴产业领域的专利数量实现翻番增长。截至2018年6月,战略性新兴产业A股上市公司与总体相比,上市公司数量占总体的比重达到42.4%,营收增速比总体高85.3%,研发投入强度比总体高44.7%,利润率比总体高12%。基于创新的中小企业群体也快速发展。对大多数传统行业企业来说,进入新兴产业的捷径是依托现有产业发展适合自己的新兴产业。只有结合自身产业特点发展的新兴产业,才能在全球新兴产业的浪潮中找到最适合自己的道路。围绕新旧动能转换的重点目标,引导战略性新兴产业与传统产业转型升级相结合,坚持以创新驱动,高度重视技术创新、商业模式创新和体制创新。通过差异化发展战略,因地制宜地提高比较优势领域的创新能力,开发小型化、智能化、专业化的产业新技术、新产品、新服务、新模式,突破传统产业发展瓶颈，形成独到的新旧动能转换"制高点"，以及个性化的转换模式。

二、防范化解重大风险

2019年国内外经济形势严峻，经济下行压力加大，保持经济稳定增长具有特别重要的意义。要确保企业平稳运行，在稳中体现地位作用，在稳中体现责任担当。不管是国有企业还是民营企业，在保持生产经营稳定方面都面临近年来少有的巨大压力，风险挑战巨大。

（一）深刻领会党中央部署，做好重大风险防范化解工作

2019年1月21日，省部级主要领导干部坚持底线思维着力防范化解重大风险专题研讨班在中央党校开班。习近平总书记在开班仪式上发表重要讲话，对防范化解政治、经济、科技等领域的重大风险提出了明确要求，进行了具体指导。习近平总书记要求：既要高度警惕"黑天鹅"事件，也要防范"灰犀牛"事件；既要有防范风险的先手，也要有应对和化解风险挑战的高招；既要打好防范和抵御风险的有准备之战，也要打好化险为夷、转危为机的战略主动战。对经济领域，习近平总书记强调，既要保持战略定力，推动我国经济发展沿着正确方向前进；又要增强忧患意识，未雨绸缪，精准研判、妥善应对经济领域可能出现的重大风险，提出了七大方面的内容：要平衡好稳增长和防风险的关系，把握好节奏和力度；要稳妥实施房地产市场平稳健康发展长效机制方案；要加强市场心理分析，做好政策出台对金融市场影响的评估，善于引导预期；要加强市场监测，加强监管协调，及时消除隐患；要切实解决中小微企业融资难、融资贵问题，加大援企稳岗力度，落实好就业优先政策；要加大力度妥善处理"僵尸企业"处置中启动难、实施难、人员安置难等问题，加快推动市场出清，释放大量沉淀资源；要采取有效措施，做好稳就业、稳金融、稳外贸、稳外资、稳投资、稳预期工作，保持经济运行在合理区间。

（二）密切跟踪形势变化，确保企业生产经营稳定

企业要对国内外形势的严峻性复杂性有充分估计，密切跟踪中美贸易摩擦形势演变，做好充分应对预案。要充分认识中美经贸摩擦的长期性、艰巨性、复杂性，做好打持久战的思想准备和工作准备。中美贸易摩擦势必加剧我国一些地区、一些行业结构性的经营困难和就业矛盾，一些企业特别是民营企业可能出现停工、减产、降薪、裁员等情况，企业要做好充分预案。要更加注重形势研判。要加强大宗商品价格、重要生产经营指标、重要经济运行动态监测，特别是要盯紧用电量、货运量、重要产品产量等物量指标的变化，以及股市、债市等资本市场指标的变化，及时调整经营策略，以对策预案的前瞻性、精准性来对冲外部环境的复杂性、不确定性，坚决防止订单突发性锐减、收入大幅度下降、效益断崖式下滑等情况发生，确保企业平稳运行。

（三）强化各类风险防控，守住不发生重大风险的底线

严控风险是企业持续健康发展的重要前提。要坚持问题导向，强化底线思维，认真梳理排查各类风险点，综合研判各种条件变化，提前准备、提前防范。严防各类风险叠加共振，确保不发生重要风险。企业一方面要逐步完善全面风险管理体系，实现风险管理的规范化、体系化和制度化；另一方面要高度重视可能产生的重点风险，提前预警，防患于未然。要严控债务风险，持续把降杠杆、减负债作为重中之重，努力降低企业资产负债率，高度重视资金链安全，保持现金流充裕。要严控包括金融风险债券、PPP项目、隐性债务、投资业务管控、期货、信托、基金以及金融衍生业务等金融业务风险。要强化境外合规经营风险管控，确保严格遵守项目所在国的法律法规，以及双边或多边条约、国际经贸规则等制度要求。要持之以恒地做好安全生产，有效防范和及时处置各类意外事故，确保社会稳定和人民生命财产安全。

三、深化国有企业改革

党的十九大报告提出,要完善各类国有资产管理体制,改革国有资本授权经营体制,加快国有经济布局优化、结构调整、战略性重组,促进国有资产保值增值,推动国有资本做强做优做大,有效防止国有资产流失。深化国有企业改革,发展混合所有制经济,培育具有全球竞争力的世界一流企业。这是在新的历史起点上,以习近平同志为核心的党中央对国有企业改革做出的重大部署,为新时代国有企业改革指明了方向,提供了根本遵循。

(一)推进国有资本授权经营

2019年4月19日,国务院印发《改革国有资本授权经营体制方案》(以下简称《方案》)。《方案》紧密结合当前国有企业改革发展实际,分类开展授权放权:对国有资本投资、运营公司,结合企业实际,一企一策有侧重、分先后地向符合条件的企业开展授权放权。授权放权内容主要包括战略规划和主业管理、选人用人和股权激励、工资总额和重大财务事项管理等,亦可根据企业实际情况增加其他方面授权放权内容。在战略规划和主业管理方面,授权企业根据出资人代表机构的战略引领,自主决定发展规划和年度投资计划;围绕主业开展的商业模式创新业务可视同主业投资;依法依规审核国有资本投资、运营公司之间的非上市公司产权无偿划转、非公开协议转让、非公开协议增资、产权置换等事项。在选人用人和股权激励方面,授权董事会审批子企业股权激励方案,支持所出资企业依法合规采用股票期权、股票增值权、限制性股票、分红权、员工持股以及其他方式开展股权激励,股权激励预期收益作为投资性收入,不与其薪酬总水平挂钩。支持国有创业投资企业、创业投资管理企业等新产业、新业态、新商业模式类企业的核心团队持股和跟投。在工资总额和重大财务事项管理方面,实行工资总额预算备案制,根据企业发展战略和薪酬策略、年度生产经营目标和经济效益,综合考虑劳动生产率提高和人工成本投入产出率、职工工资水平市场对标等情况，结合政府职能部门发布的工资指导线，编制年度工资总额预算。授权企业自主决策重大担保管理、债务风险管控和部分债券类融资事项。对其他商业类企业和公益类企业，充分落实企业的经营自主权，出资人代表机构主要对集团公司层面实施监管或依据股权关系参与公司治理，不干预集团公司以下各级企业生产经营具体事项。逐步落实董事会职权，维护董事会依法行使重大决策、选人用人、薪酬分配等权利，明确由董事会自主决定公司内部管理机构设置、基本管理制度制定、风险内控和法律合规管理体系建设以及履行对所出资企业的股东职责等事项。

同时，《方案》提出加强企业行权能力建设。在完善公司治理体系方面，把加强党的领导和完善公司治理统一起来，加快形成有效制衡的公司法人治理结构、灵活高效的市场化经营机制。建设规范高效的董事会，完善董事会运作机制，提升董事会履职能力，激发经理层活力。要在所出资企业积极推行经理层市场化选聘和契约化管理，明确聘期以及企业与经理层成员双方的权利与责任，强化刚性考核，建立退出机制。在夯实管理基础方面。按照统一制度规范、统一工作体系的原则，加强国有资产基础管理。推进管理创新，优化总部职能和管理架构。深化企业内部三项制度改革，实现管理人员能上能下、员工能进能出、收入能增能减。不断强化风险防控体系和内控机制建设，完善内部监督体系，有效发挥企业职工代表大会和内部审计、巡视、纪检监察等部门的监督作用。在优化集团管控方面，国有资本投资公司以对战略性核心业务控股为主，建立以战略目标和财务效益为主的管控模式，重点关注所出资企业执行公司战略和资本回报状况。国有资本运营公司以财务性持股为主，建立财务管控模式，重点关注国有资本流动和增值状况。其他商业类企业和公益类企业以对核心业务控股为主，建立战略管控和运营管控相结合的模式，重点关注所承担国家战略使命和保障任务的落实状况。在提升资本运作能力方面，国有资本投资、运营公司作为国有资本市场化运作的专业平台，以资本为纽带、以产权为基础开展国有资本运作。在所出资企业积极发展混合所有制，鼓励有条件的企业上市，引进战略投资者，提高资本流动性，放大国有资本功能。增强股权运作、价值管理等能力，通过清理退出一批、重组整合一批、创新发展一批，实现国有资本形态转换，变现后投向更需要国有资本集中的行业和领域。

（二）着力推进国有经济重组整合

习近平总书记高度重视国有经济布局结构调整，指出："加快国有经济布局优化、结构调整、战略性重组。""有进有退、有所为有所不为，创新发展一批、重组整合一批、清理退出一批，促进国有资本向战略性关键性领域、优势产业集聚，加快国有经济战略性调整步伐。"习近平总书记的重要论述，既对推进调整优化国有经济布局结构提出了明确要求，又深刻指出了实现的途径和方法。调整优化国有经济布局结构，是提升国有经济整体功能和效率的迫切需要，也是提高国有经济的控制力、影响力、带动力，确保国有经济在经济高质量发展中更好发挥作用的内在要求。经过多年努力，国有经济布局结构不断优化，但是仍存在分布过宽、主业不集中、重复投资等问题，实现高质量发展必须要进一步聚焦国家战略领域，加快布局结构调整，推动国有资本优化配置。在战略性重组方面。围绕服务国家战略推进重组，是推动国有资本向关系国家安全、国民经济命脉和国计民生的重要行业和关键领域集中的重要举措。遵循市场化原则，稳步推进装备制造、煤炭、电力、通信、化工等领域中央企业战略性重组，促进国有资本进一步向符合国家战略的重点行业、关键领域和优势企业集中。同时，推动企业以重组整合为契机，进一步深化内部改革和机制创新，加快业务、管理、技术、人才、市场资源、企业文化的全面整合融合，放大重组效能。在专业化重组整合方面。以拥有优势主业的企业为主导，发挥国有资本运营公司专业平台作用，持续推动煤炭、钢铁、海工装备、环保等领域资源整合，推动相关产业优化升级。同时，积极探索围绕重点领域整合现有优质资源，适时培育孵化新的产业集团公司。在去产能和"处僵治困"方面。积极推动煤电去产能，做好有色金属、船舶制造、炼化、建材等行业化解过剩产能工作，抓好"僵尸企业"处置、特困企业治理工作。

（三）积极发展混合所有制经济

党的十八大以来，国有企业混合所有制改革进入新的阶段，呈现出步伐加快、领域拓宽的良好态势，创造了一批可复制、可推广的典型经验，取得了积极的进展和显著的成效。2015年9月23日，国务院印发《关于国有企业发展混合所有制经济的意见》（以下简称《意见》）。《意见》明确了国有企业发展混合所有制经济的总体要求、核心思路、配套措施，并提出了组织实施的工作要求。《意见》明确了国有企业发展混合所有制经济五方面的工作任务：一是按照国有企业功能界定和分类，分类推进国有企业混合所有制改革；二是从集团公司和子公司、中央企业和地方企业不同层面，分层推进国有企业混合所有制改革；三是鼓励各类资本参与国有企业混合所有制改革；四是建立健全混合所有制企业治理机制；五是建立依法合规的操作规则。

在实际操作层面，早在2014年，国务院国资委便选择中国建材集团、国药集团开展混合所有制改革试点。2016年以来，国家在电力、石油、天然气、铁路、民航、电信、军工等重要行业领域，先后选择三批50家国有企业开展混改试点，其中，中央企业28家。2016年8月，混合所有制企业员工持股试点正式启动，目前全国已有近200家企业开展这一试点。通过各项试点，国有企业积极探索混合所有制改革有效方法，加快形成可复制、可推广的经验，起到了以点带面的作用。国有企业根据实际情况选择上市模式、发行比例，通过上市实现混改；或在上市后以定向增发等方式引入战略投资者，优化股权结构，规范公司治理。除了改制上市外，国有企业还通过股权转让、增资扩股、合资新设等方式，引入在业务、技术、管理等方面具有协同作用的战略投资者，做到了互补互促，并实现国有资本有进有退。通过基金投资方式，各类所有制资本共同出资成立股权投资基金开展项目投资，撬动社会资本，引导资本投向，增强资本流动性，促进了国有经济战略性调整。

党的十九大以来，国有企业发展混合所有制经济向纵深发展。紧密结合企业功能定位，分类分层推进混合所有制改革。进一步提高重点领域开放力度，向非公有资本有序扩大开放的领域和范围,增加开放的广度和深度;切实增加重点领域混合所有制改革的试点企业数量,选取更多企业开展试点。主业处于充分竞争行业和领域的商业类国有企业要积极推进混合所有制改革,按照国有资本布局结构优化的要求,实现合理进退。要针对企业的不同层级推进混合所有制改革,既要重点引导在子公司层面有序推进混合所有制改革,也要探索具备条件的企业在集团公司层面稳妥推进混合所有制改革。在混合所有制改革企业中要推行落实董事会职权、市场化选聘经营管理者、企业薪酬分配差异化改革、员工持股等试点,建立灵活高效的市场化经营机制。要推行经理层任期制和契约化管理,按照"市场化选聘、契约化管理、差异化薪酬、市场化退出"的原则,加快建立职业经理人制度。要按照《关于改革国有企业工资决定机制的意见》,持续深化企业内部三项制度改革,统筹用好员工持股、上市公司持股计划、科技型企业股权分红等中长期激励举措,合理拉开内部收入分配差距,建立健全与劳动力市场基本适应、与企业经济效益和劳动生产率挂钩的工资决定和正常增长机制,推动企业内部管理人员能上能下、员工能进能出、收入能增能减。

四、适应数字经济发展创新商业模式

进入21世纪以来,全球进入了以数字化、网络化、智能化为主要特征的新一轮信息化浪潮。移动互联网、大物联网、数据、云计算、边缘计算、人工智能、下一代网络等为代表的新一代信息通信技术不断创新突破,快速向经济社会各领域渗透。

(一)数字化重构企业范式

工业革命催生了以专业化分工和机器大生产为主要特征的价值创造体系、产业体系和企业管理体系,由此开创了资本雇佣劳动下的以工厂为主要载体的企业范式。数字经济的崛起使得数据成为新生产要素,推动发展模式从以物质产品的生产、服务为主转向以数据信息的生产、服务为主，数据正在成为这个时代的核心资产，成为社会生产、创造、消费的主要驱动力，正在全方位重构企业价值创造模式。

1. 重构物质资本与知识资本的关系

工业革命以来，土地、资金、厂房、设备等物质资本一直是经济发展的核心要素，并由此形成了以物质资本所有者利益最大化为导向的公司治理制度。数字经济的到来正在改变这一现象。数据的经济属性日益增加，成为经济增长的核心要素。掌握和利用数据的能力成为未来决定企业竞争优势的关键因素。同时，随着数字化技术的逐渐成熟和大规模应用，使得企业能够更加便捷、更加低成本、更加全面的获得海量数据信息，并以此实现低成本共享和商品与偏好的多维度匹配，从而创造新的价值。这些数据、知识难以模仿并且不可替代，越来越成为稀缺性资源。企业的竞争力将越来越依赖于获取、存储、分享、使用海量数据和知识的能力。员工将越来越多的从事创造性工作，与传统的财务资本、机器设备、厂房设施等物质资本相比，员工的创造性在企业中的重要性日益提升，成为企业创造价值的核心资源。为此，延续了上百年的物质资本控制企业的状况开始发生松动，物质资本拥有者开始提升知识资本拥有者的地位和权利，允许知识资本参与企业治理和经营决策，分享企业剩余价值。物质资本与知识资本由原来的委托代理关系和雇佣关系逐渐转变为合伙关系。

2. 重构企业与市场关系

企业与市场是工业革命时期诞生的两种伟大的社会机制创新，推动了人类社会的巨大进步。但市场机制与企业的运作有着根本的区别，主要体现在信息流动的方式、信息转化为决策的方式和决策的制定者。市场的信息流动是从每一个人到任何人，通过分权模式，由所有市场参与者做出决策；与市场不同的是，企业是一个集权的组织，运作是集中式的。企业成员的活动是由一个公认的集中权威来组织和领导。由于成员分工不同，大多企业都是按照不同层级进行集中决策的。为此，科思认为，企业存在的理由是因为通过企业内部的活动能够相对市场来说降低交易成本，因此企业是市场机制的替代。虽然上百年来，企业的组织形式和运作方式进行了许多调整和改进，但企业作为一个集中协调控制的组织的属性并没有发生根本性改变。数字化时代的来临却在悄然改变市场与企业"泾渭分明"的关系。互联互通和海量数据的产生将大幅减少市场失灵的现象，使得市场参与者之间寻找、交易的成本大幅下降，市场机制的协调能力将大幅提升，为经济增长提供前所未有的机会，而且这种增长是高效率、低浪费和可持续的。同时，海量数据还使得市场机制开始渗透到企业内部，企业与市场的边界开始模糊。越来越多的企业通过大数据的应用建立起了内部市场化的交易机制，企业内部各环节、各成员之间除了行政指挥的方式，开始更多依靠内部市场交易机制来连接。海量数据正在瓦解企业作为一个集中式统一指挥组织的特征，企业呈现出部分是企业、部分是市场的新特征。

3. 重构企业与用户的关系

数字化技术正在改变工业化时代企业与用户分离、通过产品一次交易的状况。用户的需求日趋个性化、多样化，越来越追求个性特征的产品和服务，体现个人的偏好特征，甚至追求标新立异，对个体特性需求的满足要求越来越高。企业必须贴近用户、感知需求，根据需求的不同提供匹配的需求响应，真正践行以用户为中心的价值理念。用户主权时代来临，最大特征是用户参与，甚至决策，要求对产品与服务的信息对称的知情权与参与感更大。这要求企业将用户纳入企业价值链环节，让用户参与到企业的研发、生产、销售的全过程，要求企业与用户保持一个近乎实时互动的状态。今天，产品交割不是买卖关系的终结，而是厂商和用户互动关系的开始。企业以用户为中心，一切从用户开始，通过各种数字化技术手段实现与用户零距离，生产者与消费者的边界开始被打破，企业与用户的关系越来越成为共生共赢的生态关系。

4. 重构企业与员工的关系

数字经济发展的新阶段，员工成为推动公司价值创造的重要主体，只有充分发挥员工的创造力和生产力，公司价值才能增加。掌握技术、专利等专有知识资源的人才是各个公司抢夺的重要资源，将这些员工由单纯的雇佣关系转变为利益相关的共同治理者。充分调动他们的主观能动性，成为企业留住人才、掌握核心资源、实现可持续发展的重要手段。员工在公司中的地位越来越高，他们参与公司治理和管理的权利也越来越得到重视。企业开始重新审视和规划员工与企业的关系，"雇佣关系"开始松动，"合伙关系"开始兴起。一些企业构建起以"知识"为中心，而非以"权力"为中心的组织模式。越来越多的企业开始让员工参与公司治理，探索由股东、高层管理员工、核心员工等参与的共同治理模式。公司所有者或通过物质激励（如股权），给予员工一定比例的股份，让员工共同参与到公司治理中；或通过管理机制和企业文化的建立，让员工主动参与公司治理；或者推进内创业，为有创业梦想的员工提供平台和资源，实现员工与企业共创共赢。

5. 重构领导与员工的关系

工业化时代，企业组织是科层制与层级式的，强调分工与效率，领导者通常通过层层选拔、任命，其位置高度稳定，掌握企业的重要权利。因此，传统领导力强调的是领导者个体对追随者和情境的影响和改造，不突出组织整体发挥的作用，突出的是英雄式领导。员工仍处在被动、追随的地位，主动性与创造性难以得到激发。在知识型员工崛起的时代，企业管理的核心是激发个体和企业整体的创造力，团队尤其是跨功能团队成为基本工作单元，这种情境下的领导往往不是由职位地位决定，传统领导力角色便失去了优势。此外，迅速变化的用户需求带来了领导者任务的转变，这也要求领导者在等级结构中均匀地上下分散。在决定什么是有意义的、需要适应什么变化、什么是有效方向的过程中，组织成员形成互动合作关系，没有正式的领导者，所有组织成员的互动就是一种领导方式，愿景、价值观念和支持这些价值观的文化把各种互动联结在一起。领导者需要思考如何设立并创造共享价值的平台，让企业拥有开放的属性，能为个体营造创新氛围。个人需要借助于组织平台才会释放自己的价值，集合智慧的平台会更具有驾驭不确定性的能力。领导者的核心工作，是要确保企业可以跟得上环境的变化，要从控制型、激励型转向赋能型，领导与员工的关系从控制与被控制转变为服务与被服务的关系，从控制、决策、激励等传统职能转向搭建激发个体活力和创造力的机制，提供资源支持和服务。管理机制开始关注"人的创造力"，从以人的"动机"为核心转为以"人的创造力"为核心。

（二）创建数字化新商业模式

数字化技术一方面为企业传统的业务改造升级提供了新技术、新手段和新思维方式，正在改变传统业务的价值链，另一方面也为企业创造新业务、新业态提供了可能。企业要以业务的升级与创新为中心，通过海量数据的挖掘和数字化业务场景的设计，转变企业为客户创造价值的方式、手段和渠道，以用户为中心设计业务模式和价值创造模式，价值提供转向价值交互，体验经济、意愿经济、社群经济成为主要的业务呈现模式。

1. 构建"社群经济"新商业生态

在传统商业中，企业成功与否，绝大多数时候取决于其对用户需求的猜测是否准确。而在数字化时代，通过互动持续地挖掘潜在需求，让这个需求越来越明确，而且这个需求本身也是一个动态演变的过程，这才是未来商业的基础。目前，全球范围内的领先企业已经开始构建"社群"为载体的商业生态。社群经济是体验经济的发展，将体验要素渗透到整个产业链条的生产、营销、消费多个环节，包括产品功能体验、情感体验、消费情境体验等。

2. 构建基于大数据的"产品+服务"新业务

在大连接、数字化的时代，产品越来越被数字化描述，无论是对企业还是用户，都带来了极其重要的价值。产品本身的信息在大数据的归纳、整合下被记录和保存下来，形成一个庞大的数据库。而数据库则通过直观、有效的表现形式，为用户决策提供体验和服务。企业的生产、销售、售后服务都将通过和产品数据库的连接来实现快速反应，甚至是远程交互。好的产品一定是充分利用数据技术的分析，找到用户的核心需求和痛点，在数据分析的过程中不断发现和解决问题，推动产品的快速迭代、及时检修。数据也是企业积累用户流量资源、精准进行用户画像的重要基础，对产品的升级迭代有着深远的影响。在数据化的基础上，企业普遍向提供"产品+服务"的业务方向发展，产品和服务的融合趋势日益明显。依靠物联网、人工智能的技术应用，产品的服务更加主动、及时、丰富和精准，真正让用户获得好的体验感。

3. 构建个性化、定制化的新生产方式

新一代互联网技术的普及使得厂家与个体客户间的低成本交流成为现实，制造业已实现由需求端到研发生产端的拉动式生产。"大规模个性化定制"成为其中重要的新生产模式。"大规模个性化定制"的关键在于解决"个性定制"的量产问题，而模块化设计则是实现大规模定制的重要手段。产品的模块越多，组合的方式越多，个性化的元素也就越多，模块化设计的核心在于产品子模块的无限细分和最终成品的无限组合。此外，智能制造使生产设备的运行状态透明化，推动生产模式向智能预测型升级。通过传感器和监控设备对生产制造中各个环节的大数据进行提取、存储和管理，以实现生产组织能够动态地估计、分析和预测生产设备的不可见状态，以达到降低维修成本、提高运行效率。基于"预测型"制造系统，企业将高效、灵活、批量地生产客户所需的个性化定制产品，提高市场竞争力。未来，智能化制造将完成现实与虚拟两个世界的融合，彻底颠覆传统的"反应型"生产方式，以及基于传统生产方式建立起来的商业模式。随着大数据、云计算、移动互联网和物联网的新技术逐渐成熟，智能制造中的设备、工厂和人三者无缝对接，并通过传感器与实时监控系统拾取分散在全球各地的智能工厂的生产数据与设备情况，使传统生产方式中的不可见的因素完全"透明化"，使生产管理者准确掌握生产设备的动态信息并做出合理决策，从而达到改善生产设备的运行效率，提升产品质量的目的。

4. 构建黏性化、长期化的新收入模式

企业在盈利模式上越来越呈现两个方面的特征。一方面是收费转移化或免费，通过后期的消费服务或其他增值服务收费，实现之前免费或零利润部分的补贴。免费模式是相对而言的，免费模式的精髓在于能够在"免费"的背后寻找到清晰可行的赢利模式，也就是要找到羊毛的买单者，这个买单者或者是"羊"（即消费者），或者是"狗"（即广告商），也可能是"牛"（即众筹者）。第二个方面是收益的持续化，关注全生命周期服务价值获取。随着互联网进化到物联网时代，将会改造所有传统产业，企业要想办法从一次性地提供服务、提供产品，或者说从一次性的

买卖收费，变成和用户保持长期联系，持续不断地提供服务、收获价值。

5.构建线上线下融合的新渠道

在数字化时代，企业将突破线上和线下的边界，实现线上线下、虚实之间的深度融合与无缝连接，通过精准的社交传播渠道，使产品或服务更贴近消费者，让消费者获得更好的消费体验。在体验中实现消费，从而凭借其完美的体验式交互功能，颠覆非特定区域的平台电商。因此，未来O2O模式的核心是基于平等、开放、互动、迭代、共享的互联网思维，利用高效率、低成本的互联网信息技术和智能计算系统，改造传统产业链中的低效率环节，使产品或服务在线上线下融为一体，大幅度提升用户体验。现有的中介、渠道、分销等中间环节将逐步消失，最终将形成"厂家—终端—消费者"为主体的三维模式。未来商店以线上移动商城和线下智能商店为平台，基于云计算、用户大数据、用户行为偏好分析、智能补货管理、移动支付等先进信息技术，全方位跟踪分析用户，精准推送偏好信息，重塑厂商、终端与消费者之间的关系，进而真正融入智能O2O时代。

第三章 企业管理创新趋势和特征

近几年，中国的经济社会发展面临非常复杂的局面。国内结构转型背景下经济增长的下行压力很大，国际上贸易保护主义抬头致使经贸摩擦不断。内外部不利因素叠加使很多中国企业的发展面临困难。在这样复杂的环境下，2018年我国经济增长基本稳定、结构不断优化、人民生活持续改善。2019年，中央明确提出了"稳增长、促改革、调结构、惠民生、防风险"的工作方针，同时有针对性地推出了一整套具体的政策措施，体现了习近平总书记反复强调的"激发市场主体活力"的方针，也反映出中央高度关注企业当前面临的困难，同时也对企业的发展寄予厚望。从第25届全国企业管理创新成果的审定与发布工作看，广大企业依托不断改善的企业外部环境，迎难而上，紧扣当前经济发展和企业管理中的重点、热点、难点问题，在国家重大战略工程技术创新、注重国计民生、加强信息化建设和智能制造、加快转型升级、深入推进创新创业、推动生态文明建设和社会责任、深化国际经营风险防范等领域采取了许多新的举措，为进一步推进企业高质量发展奠定了坚实的基础。

一、抢抓互联网大数据智能化机遇，为传统产业转型升级赋能

当前，以人工智能、大数据、机器人、智能硬件、云服务、5G等为代表的新兴技术正加快在各产业领域的转化和应用。在"中国制造2025"和"互联网+"战略驱动下，数字技术与传统工业的跨界应用进一步深化，覆盖制造业研发设计、生产制造、营销服务等各环节的智能制造生态系统加速形成。数据作为关键生产要素，

深刻改变制造业、产业模式和企业形态。各工业企业纷纷加快数字化、网络化、智能化升级转型，数字经济下的产业实现大发展，推动传统产业加快转型升级。

（一）加强数字化改造，构建新型生产方式

新一轮科技革命和产业变革的突出特点是制造业与信息业的融合发展。我国制造业企业加快推进智能化改造，建设数字化的车间和智能工厂，不断提高产品和服务的智能化水平，实现全方位、实时精准的控制和对产品使用的智能化的感知、预测、分析和管理。湖北三环锻造有限公司通过对传统锻造生产工艺过程的智能化改造，实现全流程生产工艺和装备连接，打造柔性生产指挥系统，建立全流程在线质量管理和能耗管理新模式，构建了工艺全流程整合的新型生产方式，打造了业内首个全流程数字化车间。产品制造周期由原来5天缩短到1天，全流程的物流长度从1000米左右降到150米，锻造全流程单班所需人员数从21人下降到6人，运营成本降低了23%；产品不良品率降低了12.6%；生产效率提升了36.4%；能源利用率提高了46.3%；研发周期缩短52.5%，产品设计数字化率达到100%，制造过程的数控化率达到91.3%。

（二）推进物联网运用，实现生产经营活动的智能化管控

中国企业已经深刻意识到信息技术在企业生产经营中的重要作用。很多企业牢牢把握信息技术发展方向，大力实施智能制造，集中力量攻克关键技术设备，培育信息化、智能化的经营管理体系，推动企业实现高质量发展。青岛国信发展（集团）有限责任公司借助"物联网+"和传感技术，捕捉建设运营中的多元异动信号，建立隐患智能预警机制、启备拉动常态机制、智慧联动救灾机制，通过安全生产数据的智能关联和一键式应急调度，将安全生产关口前移，智能化主动安全生产管理。自新系统建立实施以来，有效革除了传统安全生产管理的弊端，各项生产经营活动保持了长期安全稳定运行，实现了经济效益和社会效益双丰收，促进了安全生产管理水平大幅提升。深圳巴士集团股份有限公司，以智能化为依托，建设营运调度、

安全监控、动力电池监管等信息平台，实现运营管理实时化，提前实现公交全面电动化的规模化运营。

（三）打造工业互联网平台，推动企业转型升级

以大数据、物联网、云计算为代表的新一代信息技术正在改变传统的产业支柱形态，引发新的工业变革，并且对企业传统经营管理理念造成了巨大的冲击，使经营的生产方式、组织形式、营销服务等发生重大的变化，创新协同化、创造智能化、组织扁平化、协作全球化的趋势越来越明显。特别是随着制造业与互联网的融合发展，培育出网络化协同、个性化定制、在线增值服务、分享制造等"互联网+制造业"新模式。海尔集团公司适应网络时代制造业转型升级和用户消费需求日益个性化的趋势，以大规模定制颠覆传统大规模制造，通过搭建COSMOPlat工业互联网平台，打通交互、研发、营销、采购、制造、物流、服务全流程七大节点，以用户需求驱动企业生产经营，精准满足个性化需求，实现传统产品经济转型为体验经济。同时，COSMOPlat系统输出大规模定制解决方案，助力广大中小企业转型升级。

二、深入推进供给侧结构性改革，培育发展新动能

2015年以来，我国经济进入了一个新阶段，主要经济指标之间的联动性出现背离，经济增长持续下行与CPI持续低位运行，居民收入有所增加而企业利润率下降，消费上升而投资下降，等等。钢铁、煤炭、水泥、玻璃、石油、石化、铁矿石、有色金属等几大行业，产业的利润下降幅度最大，产能过剩很严重。"供需错位"已成为阻挡中国经济持续增长的最大障碍：一方面，过剩产能已成为制约中国经济转型的一大包袱。另一方面，中国的供给体系与需求侧严重不配套，总体上是中低端产品过剩，高端产品供给不足。建设现代化经济体系必须坚持质量第一、效率优先，以供给侧结构性改革为主线，推动经济发展质量变革、效率变革、动力变革，提高全要素生产率。企业是这项工作重要的实施主体。无论是处置低效资产、淘汰

低端产品,还是通过自主创新、严格管理实现自身产业和产品的高端化,都需要企业层面扎扎实实地推进。

(一)全面贯彻"三去一降一补",提高全要素生产率

推进供给侧结构性改革旨在调整经济结构,从提高供给质量出发,用改革的办法矫正要素配置扭曲,扩大有效供给,提高供给结构对需求变化的适应性和灵活性,提高全要素生产率。2018年以来,供给侧结构性改革深入推进,"三去一降一补"取得显著成效。煤炭、钢铁行业大力破除无效供给,产能利用率同比提高、利润保持较快增长。

例如,河钢集团牢固把握供给侧结构性改革这条工作主线,以"三去一降一补"为抓手,通过去产能、调结构、补短板、强弱项,使企业的布局结构明显优化,产品提档升级,运行效率显著提升,产业迈向价值链中高端,集团核心竞争力明显增强。河钢集团把化解钢铁过剩产能作为重中之重,积极处置"僵尸企业",将去产能与转型升级有效结合起来,提高供给体系质量和效率,既做好减法调存量、又做好加法优增量,实现经济布局结构的优化。坚持管理提升,实现提质增效。持续开展对标行动,深入推进降本增效,大力压缩管理层级,精简机构人员,加快剥离企业办社会和解决历史遗留问题,切实减轻企业负担,着力提高企业运行质量和效益。坚持创新驱动,培育发展新动能。把创新作为发展的第一动力,积极推进产学研用合作,加快推动科技创新、商业模式创新、品牌创新、管理创新,以创新赢得新一轮发展优势,实现经济增长动能转换。

(二)以管理、技术、市场为驱动,推动企业扭亏增盈

新旧动能转换的内核是新旧技术的更迭,从而更好地满足市场需求。随着原有的要素结构渐渐打破,旧要素通过制度、技术变革焕发新活力,新要素加入后,一方面在与旧要素耦合的基础上产生新的供给能力,另一方面在品质、种类、品牌等各个方面,更好地满足现实的需求。技术结构的转变,势必要求企业内部管理机制

相应转变，从而最大程度释放技术进步红利。

沧州大化集团有限责任公司为了摆脱产品不能适应市场、企业包袱沉重、亏损严重、濒临破产重组的困境，在关停亏损装置和企业，堵住"出血点"的基础上，技术创新与管理创新双管齐下，重塑企业发展新动能。一方面，深度实施技术改造，全力进行新产品开发，提高信息化水平，优化了装置运行质量与产品结构，向产业中高端升级。另一方面，构建以装置为核心的内部生产服务体系，控制"不变价成本"，准确研判国内国际两个市场，精准施策，最大程度提高落袋利润；拓展电商营销，扩大企业品牌影响力，提高企业盈利能力，并推进第三方实验室 CMA 和 CNAS 双认证认可，提高企业及产品影响，为企业新发展布局。通过这些措施，沧州大化集团有限责任公司提前实现了国务院国资委三年扭亏脱困的目标，产量、质量、收益率的大幅提升和人工成本大幅下降，强化了对市场的把控能力，年创造效益超过 5 亿元。

（三）把握新机遇，着力发展新兴产业

战略性新兴产业是以重大技术突破和重大发展需求为基础，对经济社会全局和长远发展具有重大引领带动作用，知识技术密集、物质资源消耗少、成长潜力大、综合效益好的产业，包括新一代信息技术产业、高端装备制造产业、新材料产业、生物产业、新能源汽车产业、新能源产业、节能环保产业、数字创意产业、相关服务业等 9 大领域。战略性新兴产业被寄予厚望，成为承担经济转型的重要抓手。不少企业依托业已积累的竞争优势，主动谋划，积极投入战略性新兴产业发展，把握新机遇，筹谋新发展。

例如，中国建材集团有限公司依据自身技术优势和产业布局，坚持"有所为有所不为"的原则，明确新材料产业的发展重点和目标，坚持"技术研发 + 产业化"的纵向协同发展道路，聚焦重点、因材施策，推动新材料产业的快速发展，为国家战略性新兴产业发展和重大工程提供了保障和支撑，多项成果填补国内空白，产品性能达到国际先进水平，并实现大规模工业化生产。

中国是全球锂离子电池最大的生产国，国内锂电池生产所需的六氟磷酸锂依赖进口，严重制约了我国锂电池及相关产业的发展和技术进步。焦作多氟多实业集团有限公司依托氟技术优势，通过对"氟"和"锂"两个元素的研究，掌握六氟磷酸锂核心技术，实现产业化，进而研发车用锂电池，在车用锂电池的正极材料、负极材料、隔膜和电解质等技术方面，取得关键性突破，并且研发以锂电池为基础的新能源汽车动力总成，开始布局实施新能源转型发展战略。

三、依托国家重大工程，加强技术创新和研发

当前，世界新一轮科技革命和产业变革正孕育兴起和交互影响，创新既是我国实现"双中高"的重要支撑，也是推进供给侧结构性改革的重要内容和培育国际竞争新优势的重要依托。一些企业依托一批体现国家战略意图的重大科技项目和工程，构架支持正向自主研发的体系框架，搭建多元主体参与、具有多层次协作关系的产业协同创新网络，支撑项目成功研制目标的顺利实现，加速释放创新潜能，培育新动能，改造提升传统产业。

（一）建立需求驱动的正向研发，推进自主品牌做大、做强

当前，我国技术整体上已经迈入到了自主创新为主的新阶段，再期望大规模引进国外正在使用或储备的先进技术已不现实，必须靠自力更生、自主创新。我国企业主动面向世界科技前沿、面向国民经济主战场、面向国家重大需求布局创新，搭建正向自主研发的体系框架，努力攻克更多前瞻性、原创性、颠覆性的技术和产品，推进自主品牌做大、做强。中国航空工业集团公司通过与国际航空航天和防务领域对标，建立相应的知识体系、方法体系、工具链谱系。面向联合作战和装备能力，建立装备体系能力联合生成新模式；面向航空装备研发，建立基于模型的航空装备敏捷研发和虚拟综合与快速验证环境；面向产业协同，建立多领域、多专业模型定义和连续传递机制，打通了从基于作战概念的航空装备能力定义、需求生成到装备

研发全链路，实现了以架构为中心、基于模型、数据驱动的航空装备正向研发新模式，全程可追踪、可迭代、可验证，提升了航空装备正向研发能力，实现航空装备从跟踪式发展向自主创新转变。

（二）高效整合和配置企业内外的资源，打造产业协同创新

面对重大工程带来的技术突破和管理提升的机遇和挑战，企业搭建一个跨学科、跨领域、多类型主体参与的新型组织平台，整合相关学科、专业领域中的各类资源，带动和联合各类相关组织，高效地开展协同攻关。中国运载火箭技术研究院以水下发射大型固体运载火箭研制工程为牵引，以强国强军为首责，以重大工程突破性创新能力建设为目标，搭建产业创新生态网络，通过产业协同创新的组织能力、核心技术研发能力、优势价值创造能力、型号产品保证能力等四大能力的培育建设，高效整合和配置企业内外的资源，以顶层设计牵引模块化分工和各类组织的协同攻关，形成了由工程问题牵引、各基础研究单位参加、工程实践和理论研究紧密结合的深度融合新模式，解决预研基础缺乏、核心技术缺失、工业基础薄弱等诸多瓶颈问题，圆满完成水下大型固体运载火箭的研制，开创我国水下发射大型固体火箭发展的新局面，实现领域技术的跨代式发展，大幅度提升国家国防战略威慑能力。

（三）统筹军民产品研发路径，系统性促进军民产品研发深度融合

习近平总书记在十九届中央军民融合发展委员会第一次全体会议上发表重要讲话指出，要坚定实施军民融合发展战略，坚持富国和强军相统一，形成军民融合深度发展格局，构建一体化的国家战略体系和能力，为实现中国梦、强军梦提供强大动力和战略支撑。国防科技和武器装备领域是军民融合发展的重点，也是衡量军民融合发展水平的重要标志。中国核动力研究设计院将军民先进反应堆研发作为开放的复杂大系统，以"军民反应堆一体化产品研发战略"为核心，按照"自主创新、军民融合、技术引领、型谱化发展"的军民反应堆产品研发战略，运用"军民融合

产品技术路线图",从"需求、产品、技术、项目、资源"五个维度统筹军民产品研发路径,系统性促进军民产品研发深度融合;并以经典的"物理—事理—人理"("物理"指工具、方法等,"事理"指程序、流程等,"人理"指组织机构、人才等)系统方法论为指导,抓住三个方面的研发核心要素,构建"军民融合先进反应堆研发管理体系",全面提升了中国核动力研究设计院军民反应堆自主创新能力和核心竞争力,实现了军民重大先进反应堆型号研发目标,取得了良好的国防效益、经济效益和社会效益。

四、借力金融资本,助推实业稳步发展

近几年,国家加大对传统产业转型升级和实体经济发展的支持力度,并逐渐上升到战略层面。为破解经济社会转型升级发展中所面临资金瓶颈,以"脱虚向实"为核心的产融结合成为新趋势和发展的新动力。越来越多的投资机构和实业主体以支持实体产业发展为着力点展开布局,大力支持新旧动能的转换和实体经济的发展。

(一)开拓产业链金融业务,服务主业稳步发展

船舶工业是国家经济发展的支柱产业之一,是国家装备制造业不可或缺的重要组成部分,全面参与国际竞争,且具有典型的周期性特征。自2008年金融危机以来,船舶海工行业呈断崖式下滑并跌入历史性低谷区间,中国船舶工业集团有限公司造船产能出现严重过剩,"订单难、交船难、盈利难"困境亟待破除。为此,中国船舶工业集团有限公司提出"产融结合"战略,在香港地区创建中国船舶工业首家厂商系租赁企业,利用境外资本,撬动造船资源,带动有效需求,服务于船舶海工装备业稳健发展和转型升级。

中国船舶(香港)航运租赁有限公司以"产融结合、服务主业"为战略使命,树立"担起重任、随行就市、严控风险、质量第一、效益优先"的经营理念,作为中国船舶工业集团有限公司当时境外唯一的全资子公司,承担境外投融资平台的重

要职责，致力产业升级，将中国船舶工业集团有限公司民船制造从跟随战略上升到引领战略；发挥"懂船"的专业优势，在行业周期陷入低谷与缓慢复苏之际，主动抢抓资产价值空间、拓展战略性船型的市场导入，以融资租赁、经营性租赁、联合投资、自主投资等交易方式，链接中船"设计+制造+服务"，把握国际、国内两个市场，打通融资端、资产端和客户端，做实、做精船舶海工服务业，带动中国船舶工业集团有限公司民船制造从跟随走向引领，促进船舶工业平稳发展、船舶企业转型升级。

中国船舶（香港）航运租赁有限公司主动作为，逆周期投资管理，争取订单的同时，主动创造订单，累计签约61.8亿美元，每年新增投放约10亿美元，保障集团平稳发展的同时，优化了集团产品结构，突破了高端船舶市场瓶颈。目前，中国船舶（香港）航运租赁有限公司已经在全球持有船舶资产的租赁公司中排名第四，也是其中最大的一家厂商系租赁公司。中国船舶（香港）航运租赁有限公司产融互动，服务集团主业高质量发展的经验，值得广大企业尤其是制造企业学习借鉴。

（二）主动适应资本市场规律，规范市值管理

自2012年以来，深国际控股（深圳）有限公司以资本的角度审视企业自身的产业和资本经营现状，从产业经营、资本经营和影响力经营（即"产、融、社"）三个方面着手，对上市公司的经营内容、业绩考核、管理层激励、投资者关系、信息披露、品牌建设等方面开展全方位、系统化的提升再造，以产业经营为基础增强主业盈利能力，以资本经营助推企业快速发展，以影响力经营提升市场认可度，实现企业内在价值与资本市场价值的正向反应。

深国际控股（深圳）有限公司探索了国有控股上市公司在香港成熟资本市场条件下实行市值管理的有效方法，在打造优势主业、培育可持续盈利能力和规范公司治理等方面取得显著成效，为股东创造更好价值回报，香港市场对此做出了正面回应：2012年初至2017年末，深国际控股（深圳）有限公司的市值规模由84亿港元升至逾300亿港元，更在2018年上半年冲高至350亿港元的规模，市值年复合

增长率由 9% 增至 29%；期间，股价涨幅为 125.45%，远高于同期恒生 A+H 股指数 56.20% 的涨幅，也远高于恒生综合中型企业指数 11.28% 的涨幅。

（三）服务政府战略、遵循市场规律，持续探索国有资本运营经验

国企改革"1+N"系列文件多次提出改组组建国有资本投资、运营公司，通过股权运作、价值管理、有序进退，促进国有资本合理流动和保值增值。这是以管资本为主改革国有资本授权经营体制的重要举措。

重庆渝富资产经营管理集团有限公司顺应"以管资本为主改革国有资本授权经营体制"的需要，按照重庆市委、市政府及市国资委的统一部署，按照"以战略产业为重点的投资平台、以金融股权为主的持股平台、以国有资本运营为核心的市场化专业化平台"的国有资本运营公司新定位，逐步构建"自有资本投资＋基金集合资本投资"的双轮驱动投融资模式。围绕金融、类金融产业和战略性新兴产业投资领域，服务政府战略、遵循市场规律，实施战略性股权投资和财务性股权投资，发挥国有资本的放大功能，充分运用市场化基金工具，以国有资本作为支点带动金融资本、产业资本等各类社会资本共同服务于地方发展战略，努力解决"钱从哪里来""投到哪里去""投后怎么管"的问题，通过市场化的资本运作实现政府目标、助力地方经济社会发展。

五、把握"一带一路"机遇，深化国际化经营与风险防范

"一带一路"倡议为企业转型升级、充分利用国内外两个市场带来了重要的机遇。随着"一带一路"倡议的全面推进，中国企业对外投资取得了长足的进步和发展，业务规模跨越式增长，因地制宜探索多种方式进一步深化国际化经营合作，共享发展成果。"一带一路"的建设为我国企业"走出去"提供了更大的发展机遇和潜在收益，然而其背后也有诸多风险，既包括宏观层面的东道国政策、经济、法律

等风险，也有微观层面的企业自身运营、市场等风险。企业要想在目标市场生存并发展，就必须识别风险及其产生原因，并采取解决措施。

（一）将自身优势与海外资源进行整合，实现国际化跨越发展

借助"一带一路"建设契机，在海外大型项目建设和运营中，有效整合国内产业链资源，积极对接沿线国家创新发展需求，将国内优势产能与沿线国需求相结合，推进合作共赢，真正意义上实现国际化跨越发展。中国路桥工程有限责任公司以"共商、共建、共享"为原则，围绕"政策沟通、设施联通、贸易畅通、资金融通、民心相通"，系统推进蒙内铁路的规划设计和施工建设。立足当地发展，与肯尼亚共商规划方案。联合国内龙头企业输出中国铁路全产业链能力，确保项目质量。中国路桥联合国内融资、勘察设计、施工建设、三电工程、机车车辆采购、运营维护等铁路产业链各环节龙头企业，发挥各自优势，有效确保蒙内铁路质量，对推动"一带一路"建设走进非洲腹地具有重要战略意义。

（二）实施区域差异化管理，提升国际化经营效率

根据各区域呈现出的业务发展多样性、市场环境复杂性等不均衡特点，企业改变以往统一化的管控模式，而根据区域机构发展特点合理选择不同的管控模式，激发区域活力，催生内生发展动力，带动企业整体价值最大化。中国港湾工程有限责任公司立足区域化发展，实施差异化管理，在全球范围内整合优势资源，重构组织架构，落实区域化管理权责；因地制宜，对区域机构开展差异化管理；积极寻求广泛合作，提升国际化经营能力；以四大产业为引擎，以品牌建设为后盾，以信息化管理为支撑，多点发力、多措并举、多层推进，国际化经营效率和质量持续提升，从传统国际工程承包商向国际基础设施领域一体化服务的组织者和领导者的企业目标快速前进。

（三）建立风险评估机制，有效防范国际化经营风险

"一带一路"有关项目的建设、投资和运营始终面临着安全风险、负面舆情、非政府组织对中国企业和项目的组合式干扰，构成"一带一路"建设的最大现实挑战。为此，中国企业积极寻求管道沿线利益相关方的广泛合作，在社会安全管理方面建立跨国一体化协调体系，建立风险评估机制，积极应对海外安全风险，联防联治，从而推动公司战略目标的实现。中油国际管道公司结合自身项目特点与管理优势，分析识别运营所在地的主要社会安全风险，明确社会安全管理职责，寻求项目所在地区相关方的协作，建立社会安全风险评估机制，健全社会安全风险预警机制，落实人防、物防、技防、信息防"四防"资源，完善社会安全投入机制，提高防范预警和过程控制能力，常规化开展应急演练，运用联动机制，加强海外社会安全培训，对社会安全工作进行系统化管理，降低业务活动中的社会安全风险，确保管道安全运行，有效应对境外社会安全风险，为保障国家能源安全做出重要贡献。

六、履行企业公民责任，与利益相关方共享共赢

企业是现代社会经济活动的重要主体，其成功与社会的和谐发展密切相关。随着我国经济发展进入新常态，在保持经济平稳健康发展的同时实现就业稳定、民生改善、文化繁荣和生态良好，离不开企业对社会责任的切实履行。正如习近平总书记强调的："只有富有爱心的财富才是真正有意义的财富，只有积极承担社会责任的企业才是最有竞争力和生命力的企业"。

（一）践行绿色发展，助推生态文明建设

推动绿色发展，可以实现环境保护与经济发展的深度融合，是解决生态与发展问题、推动经济高质量发展的"金钥匙"，是实现生产发展、生活富裕、生态良好的文明发展道路。神华黄骅港务有限责任公司明确建设成为绿色港口的目标，和港

口建设单位中交第一航务工程局有限公司密切合作，在自动化、环境保护、港口运行维护等诸多领域共同开展众多技术创新，开发煤炭本质长效抑尘系统，构建五道粉尘治理防线，攻克粉尘治理难题；改造水道管网，加强污水收集和处理，建设湿地和人工湖，治理含煤污水；开发全天候无人智能堆料系统，实现堆料取料无人化操作，进而实现从翻车机房到码头的整条业务线的无人作业，改善港区劳动条件和环境；加强与地方政府、周边居民等方的合作，分类处置固体废弃物，开展岸电项目建设等节能减排活动，共建绿色和谐港区。目前，神华黄骅港务有限责任公司在技术工艺、信息化、自动化、生产效率、安全环保等方面均走在同行业最前列，成为当前煤炭装卸港口典型代表，为保障国家能源供应，环境保护，服务地方经济发展做出了积极贡献。

（二）投身产业扶贫，助力和谐社会建设

脱贫攻坚是近年来企业履责的重点，其参与方式、手段不断创新，并在扶贫的过程中，培育出了新的业务增长点，实现了企业、社会的双赢。中国邮政集团公司辽宁省分公司基于互联网技术的发展，顺应我国开展"健康中国"建设、推进健康扶贫、发展"互联网+医疗健康"等要求，积极思变进取，从邮政客户的健康医疗需求入手，在充分考虑广大乡村人民的医疗服务需求以及服务现状之后，开展基于"互联网+邮政网"的爱心健康服务体系建设。依托遍布城乡的邮政普遍服务网点，坚持"不收费、不卖药、不和医院分成"的原则，与专业医疗机构合作，自主研发"云健康"信息技术平台，共同打造服务基层的爱心健康服务平台，为邮政客户和普通百姓提供远程健康咨询、义诊、健康大讲堂、签约挂号、病历和药品寄递、急诊急救知识普及等基本健康医疗服务，推动医疗卫生服务资源下沉，普及健康医疗知识，缓解百姓"看病难、看病贵"问题，提高邮政网点使用效益，增强邮政差异化的竞争优势，实现社会效益与经济效益双提升。

（三）建立社会责任管理体系，将社会责任融入企业经营管理

企业公民意识的最终实现，需要相关制度、流程的保障。中国铝业集团有限公司以"社会责任管理模块和负面清单"为核心，以社会责任国际标准ISO26000规定的公司治理、人权、劳工实践、环境保护、公平运营、消费者权益保护、社区支持和发展七大核心议题为框架，明确履责领域和履责主体。通过梳理整合国际标准，确定公司治理、员工权益、环境保护、公平运营、社区支持五大领域，建立了理念体系、组织体系、制度体系、指标体系、考评体系为支撑的管理模块，同步推进负面清单管理，有效防范各类责任风险，形成了具有自身特色的社会责任管理体系，在责任竞争力、市场竞争力、品牌影响力方面取得了显著成效，增强了中国铝业集团有限公司解决环境、社会和员工问题的能力，充分发挥了行业排头兵作用。

专题篇

第四章　开放式整合的技术创新

2018年，中国国家创新指数全球排名从2017年的第22名跃升至第17名，成为有史以来首个跻身全球创新综合排名前20的发展中国家，标志着中国正迈入创新型国家的行列，朝着"跻身创新型国家前列"和"建设世界科技创新强国"的中长期目标前进。

"自主创新"这一术语是在中国的特定背景下产生的。在国内已有的研究中，傅家骥（1998）较早提出了自主创新的概念。他认为自主创新是企业通过自身的努力产生技术突破、驱动创新的后续环节、完成技术成果转化而获取利润的创新活动。[①] 陈佳洱（2005）认为"自主创新"通常有三层含义：一是强调原始性创新，即努力获得新的科学发现、新的理论、新的方法和更多的技术发明；二是强调集成创新，使各种相关技术有机融合，形成具有市场竞争力的产品或产业；三是强调对引进先进技术的消化、吸收与再创新。自主创新必须把这三者结合起来。[②] 刘永谋（2006）把自主创新与模仿创新、合作创新并列为三种可以选择的创新战略思路，而自主创新是指为依靠自身的技术力量进行研发并实现科技成果的商业化，进而获得市场的承认。他还首次提出了自主创新的特征：自主性、领先性、知识依赖性。[③]

陈劲和尹西明（2019）认为，2018年中国国家发展的战略趋势正从创新驱动走向创新引领，其中自主创新是核心引领动力。他们将中国企业的自主创新探索与成就总结为六个方面，即以人工智能为核心的数字科技创新、以掌握核心技术为主的制造业创新、以科学为基础的创新、围绕高附加制造目标的复杂系统产品创新、

---

① 傅家骥. 技术创新学[M]. 北京：清华大学出版社，1998.
② 陈佳洱. 基础研究：自主创新的源头[J]. 科学咨询，2005（12）：11-14.
③ 刘永谋. 主创新与建设创新型国家导论[M]. 北京：红旗出版社，2006：14-21.

从互联网到万物互联的创新以及面向"一带一路"和全球共赢的全球化整合创新。[①]

然而，随着技术创新与管理模式的快速变化，传统企业奉行的封闭式创新已经日渐被淘汰，更多企业转向开放式创新模式。开放式创新与自主创新的有机融合，既能够通过对外的信息、技术和管理等的合作与交流，提升企业的自主创新来源，从而大大降低企业创新的成本与风险；同时也能够确保企业创新与市场的动态匹配，确保企业创新能力的持续发展。

技术创新与开放式整合创新也是本届企业管理创新申报成果的一大亮点，尤其体现在从互联网到万物互联的创新、内外协同的合作创新以及系统整合创新等方面。

一、从互联网到万物互联的创新

互联网、云计算、大数据等信息技术飞速发展，带来了各行各业经营理念、商业模式的巨大变革。诸多行业都在探索以"互联网+"理念为引领，依托互联网平台，推动互联网与各行各业的融合、推动跨界竞合。

作为传统行业的邮政，因其拥有广泛的地理网络而著称。而我国大多数偏远乡村，在医疗健康领域存在着巨大的需求。随着互联网技术尤其是远程诊疗技术的应用越来越广，对于幅员辽阔的我国而言，邮政网与互联网的融合，对于拓展医疗健康服务具有十分广阔的空间。在此背景下，中国邮政集团公司辽宁省分公司（以下简称辽宁邮政）积极探索互联网时代下的转型升级，尤其是推动线下的邮政网与线上的互联网有机融合，推动邮政与医疗机构的跨界合作，不断升级服务功能，拓展服务内容。

辽宁邮政自2015年年末起开始试点探索建设"互联网+邮政网"爱心健康服务体系，首先明确自身在爱心健康服务体系中的定位，即发挥网络优势，充当合作医疗机构和百姓之间的桥梁纽带，为医疗机构搭建平台、提供场地、组织人员、提供服务，帮助医疗机构提高服务效率，帮助邮政客户和百姓更便利、低成本地享受

---

① 陈劲，尹西明．从自主创新走向整合创新[J]．企业管理，2019（1）：16–18．

医疗健康服务，从本质上与现行诸多互联网企业开展的"互联网＋医疗健康"模式以及医疗机构开展的"互联网医院"模式等区别开来。

辽宁邮政在提供爱心健康服务中，坚持"不收费、不卖药、不和医院分成"的原则，充分体现邮政爱心健康服务体系具有社会公益服务的性质。自主研发了基于互联网技术的"云健康"信息技术平台，依托遍布城乡的邮政普遍服务网点，在辽宁省扶贫领导小组办公室、辽宁省卫生健康委员会的支持下，从客户健康需求入手，与专业医疗机构共同打造服务于基层的爱心健康服务平台，推动医疗卫生服务资源下沉，缓解百姓"看病难、看病贵"问题，助力"健康中国"建设和推进健康扶贫。同时，提高邮政网点效能，增强邮政差异化竞争优势，在提高经济效益的同时，也实现了政府、邮政、医院和客户的多方共赢。

海尔集团公司在 2018 年 9 月首创的"生态圈、生态收入、生态品牌"的物联网创新范式，围绕"智家定制"（智慧家庭定制美好生活）的战略原点，构建食联生态、衣联生态、住居生态、互娱生态等物联网生态圈，无疑是世界领先的技术创新和管理创新范式，正引起全球的高度关注。

物联网时代，万物互联是基本特征。然而，传统的家电并不能承载这一功能。比如，传统的洗衣机功能比较简单，因为没有安装智能传感器等设备，不能融入到物联网，只能承担家庭洗衣功能，这种洗衣机就是传统的电器。海尔集团公司实施生态化战略的一个重要举措，就是将"电器"升级为功能和模式完全不同的"网器"。"网器"颠覆了传统家电企业的商业模式，可以实现人机互联、机机互联，从而可以把用户聚集在平台上，进行持续交互和交流，共同打造一个智慧家庭生态圈。

以海尔集团公司正在构建的"衣联智慧生活生态圈"为例，通过这一实践来剖析其生态化战略（如图 4-1 所示）。[①]

---

① 曹仰锋. 海尔 COSMOPlat 平台：赋能生态 [J]. 清华管理评论，2018（11）：28-34.

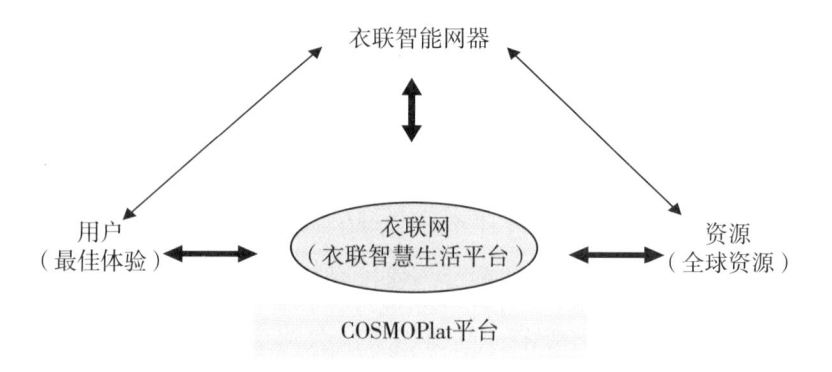

图 4-1　衣联智慧生活生态圈

图 4-1 展示了海尔集团公司"衣联智慧生活生态圈"的模式及其包含的核心要素,这是基于用户衣物生活场景而打造的整体智慧生态方案。显然,这是一个多边平台。在这个平台生态圈中,海尔集团公司具有自主产权的工业互联网平台 COSMOPlat,是整个生态圈的基石,即"平台中的平台"。

因此,海尔集团公司的开放式自主创新体现在管理范式创新上,以用户最佳体验为中心,以智能网器为触点,以物联网为平台,整合全球资源,构建企业、用户、资源共创共赢的新型生态体系。

二、内外协同的开放自主研发

中国企业管理的开放式自主创新,并不是一味强调独立自主,更不是闭门造车,而是以开放的视角重视与国内外多方的协同与合作,通过积极缔结国内外各类合作关系,提升协同式的自主研发创新能力。

中国商用飞机有限责任公司上海飞机设计研究院(以下简称上飞院)是中国商用飞机有限责任公司(以下简称中国商飞公司)的设计研发中心,是国内大中型民用飞机设计研究机构,承担着我国拥有自主知识产权的 ARJ21 飞机,以及国家大型飞机重大专项中大型客机项目的设计、试验、预研及关键技术攻关等历史使命,为中国民机事业的蓬勃发展做出了重要的历史贡献。上飞院坚持走"具有中国特色、体现技术进步"的民机研制道路,以自主创新为战略基石,积极吸收凝聚国内外各种优势资源和创新要素,致力于突破掌握一批民机研制关键技术,健全完善符合研制规律、具备自身特色的科技创新体系、研发专业体系、项目管理体系、标准规范体系和知识管理体系,着力打造一流的总体设计能力、超强的系统集成能力、独特的试验验证能力和快速的应用转化能力,努力创建一流人才队伍、打造一流自主品牌、建设一流研发中心、铸造一流航空企业。

上飞院在提升自主研发创新能力的过程中,十分重视各类合作关系的建立。例如,全程参加了美国麦道公司超高涵技术任务及国际合作项目,出色完成了中美合作生产的35架MD-82/83和2架MD-90干线客机联络工程和适航任务。

随着科技的迅猛发展和创新模式的不断变化,上飞院更加重视培育内部协同设计研发能力、内外协同创新能力,并努力构建基于开放协同创新的智能设计研发平台。近年来,上飞院基于协同的创新活动日益活跃,围绕满足多型并行发展,满足与美国公司、北研中心异地协同研发的需要,重点拓展在先进民用飞机安全、航空技术咨询与服务两大领域的研究能力,构建全球异地协同的设计研发能力网络,加强与合作伙伴进行创新过程与成果的网络化合作与共享。

例如,C919大型客机是我国按照国际民航规章自行研制、具有自主知识产权的大型喷气式民用客机,于2017年5月5日成功首飞,目前正在全力开展试验试飞工作。C919项目的一级供应商已达193家,遍布世界各地。如果没有全球协同研制,将大量增加供应商的驻场人数及沟通协调时间,从而大幅提升商用飞机的研制成本,降低研制效率。同时,推进协同研发将极大地促进以上飞院为龙头的民机产业体系的快速发展,在实现型号研制成功的同时带动民机产业体系的快速形成和壮大。

在内外协同的自主研发创新探索中,军民融合成为一些企业的重要战略选择。例如,在过去的一段时间,北汽集团军用车型研制和民用车型开发两套体系相对独立,甚至在人力、物力、财力方面形成了内部竞争关系,导致北汽内部研发资源得不到有效利用,甚至产生了浪费。建立军民资源共享平台,融合军用标准、民用标准和管理经验,大力发展军民通用技术,在人才、技术、资源等方面实现成果相互转化、管理深度融合,是实现企业内部资源最大限度有效利用的必然途径。

北京汽车研究总院有限公司通过变革传统组织架构、搭建军民通用车族平台、融合军民研发流程、构建军民统一的知识管理系统等一系列做法,形成了一套完整的军民融合研发体系。该体系破除了民车企业参与军车项目研制的组织障碍,解决了企业军民双重流程困扰,提升了车型研制效率,实现了军民技术双向转化,集中统一管理军民知识资产,充分互通共享军企优势资源,大大降低管理成本,减少了损耗和浪费。

三、聚焦主业的开放式自主研制

我国航空发动机工业经历了维护修理、跟踪仿研、改进改型、自主研发等发展阶段,基本建立起配套齐全的航空发动机工业体系,几十年来已经研制生产数十型航空发动机产品。但是,由于长期以来对航空发动机发展规律认识不足,技术储备薄弱、工业体系基础不强等主客观因素影响,前期研制的航空发动机大多以跟踪仿研和引进为主,没有抓好关键技术消化吸收,加之引进项目挤占和削弱了自主创新资源,测绘仿制的思维束缚了自主发展,导致自主设计缺乏足够的经验积累,还未建立起完整的具有我国自主知识产权的研发体系;自主创新能力较为薄弱,自主发展战略缺失、步伐缓慢,自主研制的道路十分曲折,难以跟上当前航空装备和航空工业建设发展的需求。

进入新时期,航空发动机的发展被提升到国家战略高度。当前,国外新一代军、民用发动机技术和产品快速发展,加之我国航空装备加速更新换代,迫切需要加快航空发动机自主研制,为航空装备现代化建设提供切实可靠的保障,愈发凸显了自主研发的重要性。聚焦主业,加快提高我国航空发动机及关键零部件的核心制造能力,尽快满足军民用客户需求,实现先进动力的自主研制生产、自我保障,是我国航空发动机产业发展的战略选择和必由之路。

中国航空发动机集团有限公司(以下简称中国航发),坚持"业务聚焦、资源聚焦、精力聚焦"的战略原则,科学谋划聚焦主业战略布局,围绕主业整合资源,开展自主创新体系建设,强化战略执行机制,加强人才队伍建设,塑造特色文化,大力提升航空发动机自主研制能力,实现"从主业要效益、从主业要战略地位、从主业要领军人才",快速走上了实现航空发动机自主研制的科学发展之路。

中国航发建立以"一个主业、两大市场"为引领的战略实施体系架构,为聚焦主业战略落地明确了方向、路径和条件保障(如图4-2所示)。

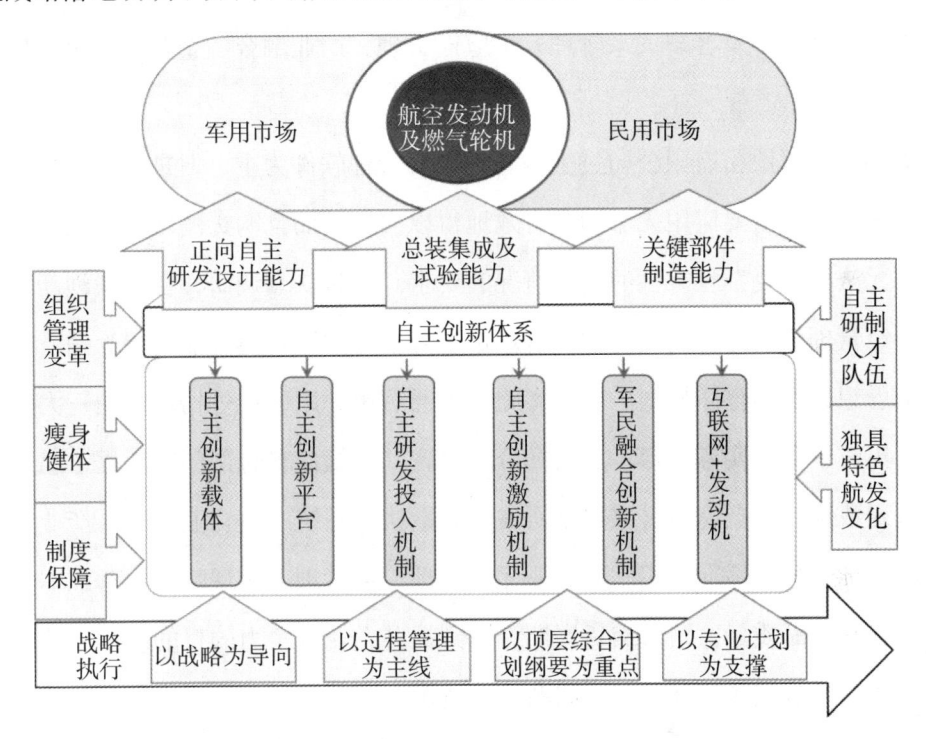

图4-2 中国航发聚焦主业战略实施体系架构

中国航发通过打造"自主创新载体、自主创新平台、研发投入机制、军民融合创新机制、'互联网+发动机'信息化平台",建设自主创新体系,催生"自主设计能力、总装集成与试验能力、关键部件制造能力"三大自主研制核心能力,助推主业发展目标实现。

四、系统集成的开放自主创新

系统集成创新是指用系统科学与系统工程的思想和方法来研究和开发集成创新项目，以系统集成的方式创造出前所未有的新产品、新工艺、新的生产方式或新的服务方式，或者新的经营管理模式。[①] 在本届创新成果中，企业系统集成的自主创新形式多种多样，涉及客户关系管理、供应链管理、产业融合、企业与城市共生等多个领域。

大连冷冻机股份有限公司过去一直以购买管理软件为主，但是非标个性化的市场需求使得一些重要应用无法即时有效地得以实施，而且购买的软件也无整合集成功能，无法应对复杂且柔性的现场情况的要求。通过认真调研，在引领创新、创造价值的经营理念指导下，确立"以自主定制开发为主，外协专业支援为辅"的系统化实施思想，遵循整体规划、分步实施、先通后扩原则，通过构建定制三大平台系统即"集成平台、实务平台、大数据分析平台"，横向整合部门间数据，纵向集成业务流程数据，重点突出自主定制研发的制造执行系统，整合业务链、产业链的数据资源，统一数据标准，实施数据一元化管理，从管理上实现降低运营成本，提高生产效率和产品质量，缩短交货周期，达到提升企业竞争力的目的，为企业未来新事业新发展增势储能打好基础（如图4-3所示）。

---

① 王众托. 大力发展系统集成创新减速自主创新步伐 [N]. 管理工程学报, 2010, S1: 6-11.

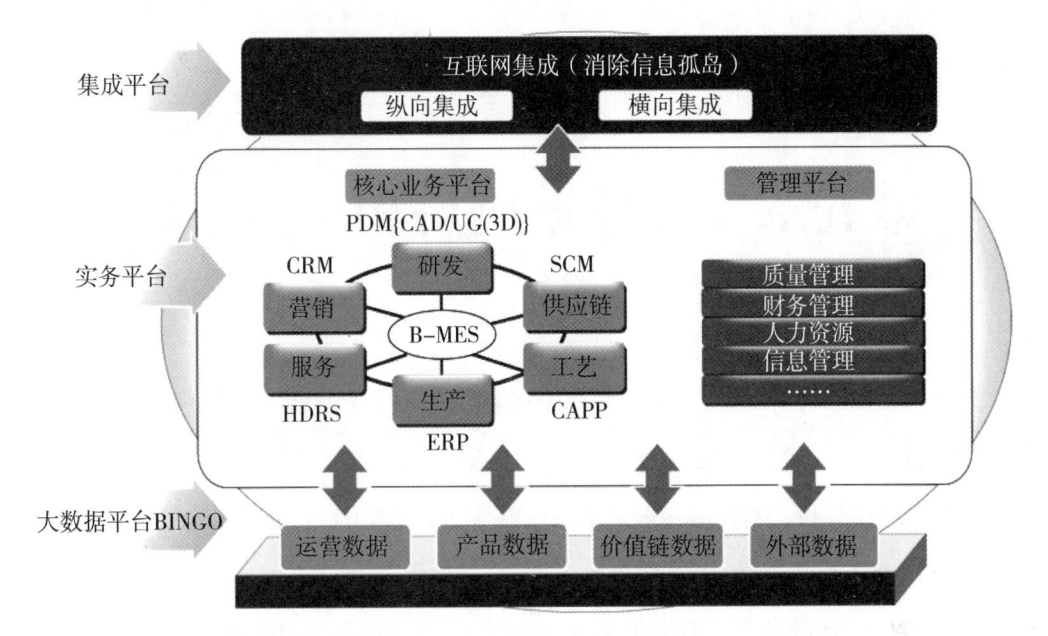

图 4-3　基于整合视角的智能化制造执行系统的自主开发和建设框架

系统集成创新还体现在流程整合创新上。湖北三环锻造有限公司是一家采用模锻工艺生产钢质模锻件的专业化企业，是国内领先的卡、客车转向节生产厂家。为满足国际高端客户需求，率先改变行业长期存在的离散型生产组织方式，探索实践工艺全流程整合的智能化生产新方式。通过虚拟仿真形成数字化车间布局，通过研发攻关打通锻造生产上下游工艺中的四个关键离散点，通过定制化采购和产学研合作等方式引入先进的数字化装备、工业机器人、传感器和工业软件系统，实现生产操作装置和相关信息的互联互通，打造柔性生产指挥系统，实现生产作业、车间、生产管理和经营管理四个层面的智能决策管理，应用先进技术建立全流程在线质量管理和能耗管理新模式，形成从上游下料到下游探伤的锻造生产全流程工艺整合的"一个流"生产新方式，取得了显著成效。

第五章　大数据应用和平台建设

近年来,在全球范围内,运用大数据推动经济发展已经成为明显趋势。所谓大数据(Big Data),指多维度、复杂多样的数据,需要先进的技术进行获取、存储、分布、管理以及分析。大数据一般具有5V特点,即规模(Volume)大、种类(Variety)多、变化速度(Velocity)快、准确性(Veracity)和价值(Value)大。正是由于大数据具有纷繁复杂的特点,使得挖掘海量数据中的价值信息变得越来越难,为了解决这一难题,科学家提出用云计算。云计算将庞大计算程序自动拆分,再由大系统联合进行分析整合,将有价值的信息提供给客户。大数据与云计算相辅相成,大数据重在收集信息资源,云计算重在数据挖掘和分析计算。[①]

我国各行各业也在积极抢抓大数据带来的新的发展机遇,为经济转型发展提供新动力。2015年9月,国务院发布了《促进大数据发展行动纲要》,工信部于2017年1月出台了《大数据产业发展规划(2016—2020)》,各地也纷纷出台有关大数据的发展规划和行动方案,逐渐将大数据发展和应用提升到国家战略层面。

大数据管理也是本届管理创新成果的重要特征,大数据在企业中的应用也日益广泛,逐渐从支持性工具走向核心战略资源,从大数据资产管理、大数据分析决策,发展到大数据产业链与平台建设。

---

① 孙孟.大数据分析能力与人力资源绩效的协同创新关系探究[J].现代工业经济和信息化,2019(3):72-73.

一、大数据资产管理

互联网思维、大数据思维、平台思维、整合思维等新概念正加速推动人们思维模式的改变，推动企业管理创新理念的改变。

中国邮政集团公司山东省分公司（以下简称山东邮政）全面分析企业面对的机遇和挑战，紧紧围绕"数据化"和"强体验"，积极探索大数据助推企业经营、管理的有效途径，创新建立山东邮政客户动态感知体系，建立"线上＋线下"客户价值动态全景视图，通过建立"用数据说话、用数据决策、用数据管理、用数据创新"的数据驱动机制，促进数据流与物流、资金流的融合。通过强化资源整合和协同发展，做强寄递业，创新金融业，服务农村电商，促进传统邮政业务转型，不断满足客户新时代下高效、快捷、综合、多变的需求。

山东邮政将大数据纳入资产管理之中，加快山东邮政大数据建设应用和产业化布局，明确大数据在企业经营管理中的战略地位，打破数据孤岛，以数据资源整合共享为基础，从决策支持、产品创新、交叉营销、流程优化、服务支撑、风险管控等6大方向，完善全渗透、全覆盖、专业联动、上下贯通、内外打通的综合数据服务体系。以"互联网＋"和大数据为两大"引擎"，以"平台＋工具＋大数据＋活动"为抓手，利用大数据分析客户生命周期，跟踪用户行为和消费偏好，实现敏捷的客户价值感知，推动客户、产品、邮政物流价值重构，实现客户服务提升。

山东邮政在数据资产管理中，实现从静态名址数据向动态客户数据转变、从单维客户数据向多维客户数据转变、从数据基础支撑向全面渗透转变、从数据封闭应用向数据共享服务转变、从单向线下推送向线上双向互动转变，落实数据助推金融领先、驱动寄递跨越、引领邮务创新、支撑平台崛起、服务电商落地的五个重点，强化人才队伍、管理体系、考核机制、系统建设和安全管理的五项保障，打造有效支撑综合营销和决策优化的数据综合服务体系（如图5-1所示）。

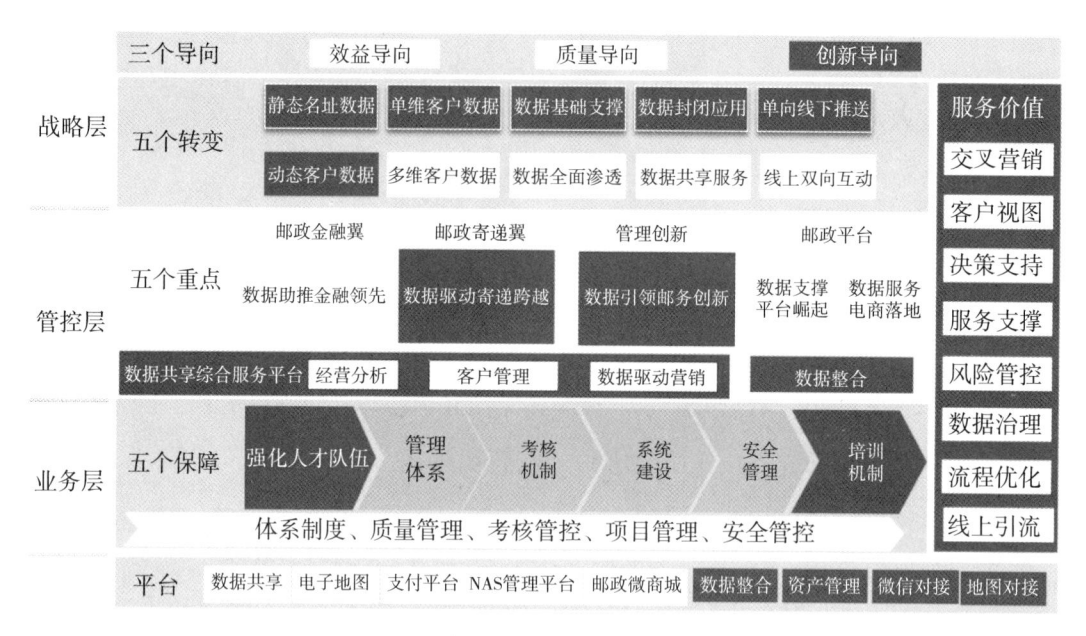

图 5-1 山东邮政数据综合服务体系图

山东邮政整合企业内部现有数据资源，包括全部生产数据、客户数据、交易数据、商品数据、流量数据等，与企业资金、运行、服务、客户、安全、资源等有关的数据导入大数据平台，进行整合、归类，形成动态更新机制。一是建立山东邮政数据资产目录，实施主数据管控，元数据管理，数据生命周期运营。二是建立并实施数据架构规划、设计和运营管理。包括企业数据架构，数据的存储、分布及生命周期管理，数据运维和模型运营等。三是制定并实施数据资产运营甘特图，严格遵守数据制度体系，确保数据资产运营效果。四是明确数据资产申请应用反馈的闭环流程，提升流转效率。五是强化数据资产安全管控，构建山东邮政数据安全防控体系。数据资产标准化管理和全程跟踪，有利于提升数据安全，有效配置企业资源，辅助生产流程优化，经营降本增效和管理效能提升（如图 5-2 所示）。

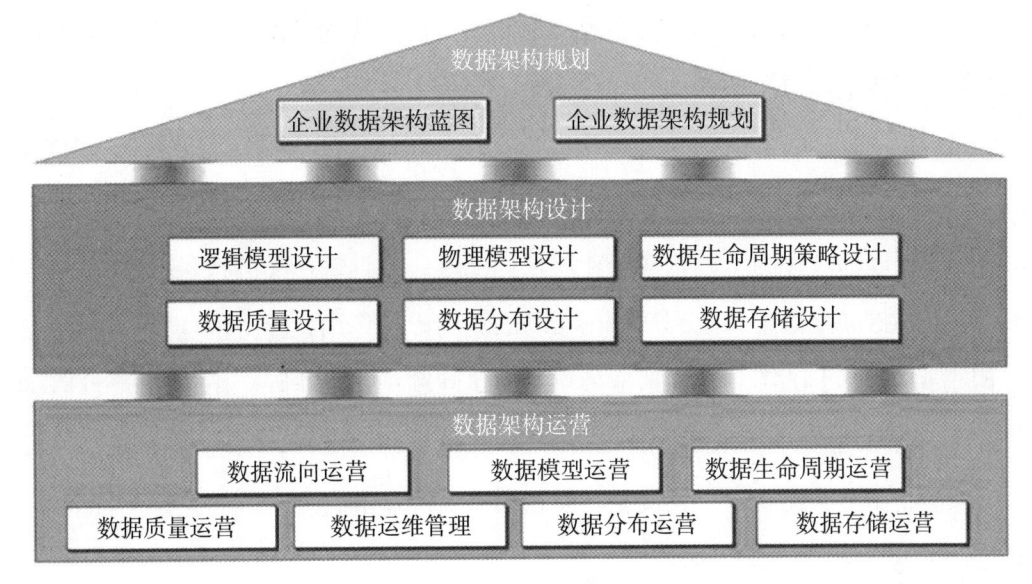

图 5-2　山东邮政数据资产地图构架图

二、大数据分析决策

大数据的有效利用可以创造巨大的潜在价值。许多行业和承担业务职能的组织可以利用大数据提高人力、物力资源的分配和协调能力，减少浪费，增加透明度，并促进新想法和新见解的产生。

方大特钢科技股份有限公司（以下简称方大特岗）是一家集采矿、炼焦、烧结、炼铁、炼钢、轧钢及钢材深加工于一体的钢铁联合企业。由于生产过程中产生的质量数据分析缺乏信息化支撑，大大影响了公司质量的提升。公司管理理念强调"用数据说话"，没有分析就没有发言权，这与六西格玛的精益化管理思想一致，需要对大数据的统计分析。然而公司信息化程度不高，现场大量工艺、质量基础数据来自人工采集，不可避免会存在人为干扰，对这样的数据进行分析效果事倍功半，甚至出现数据分析的结果与理论相悖的情况。且要对海量数据进行统计分析，需借助数据统计工具软件实现，因此在开展数据分析之前，必须花费大量的人力时间将纸质数据转录为电子记录，录入的过程中还难免出错，即使剩下的少量电子记录也很难保障数据的格式一致。这些都会极大地制约公司对现场基础数据的分析运用，直接影响到现场生产过程中的质量优化。

面对以上问题，方大特钢通过构建信息化、智能化的质量管控平台，实现物流和信息流的同步，对生产、质量数据的全流程可视化监测，提高现场操作的及时性和准确性；以标准化为基础构建企业质量标准库，将钢铁产品的特性描述统一定义产品规范码贯彻全流程，起到产销衔接时的共同语言作用，保持信息的一致性，避免不同部门理解上的不一致而造成效率及质量问题；通过实际运用到订单设计、生产执行、检测判定、仓储发运及产品研发、质量提升全流程，实现精益生产、质量管控，企业在资源配置、工艺优化、质量控制、产业链管理、节能减排及安全生产等方面的智能化水平显著提升。

中国电建集团中南勘测设计研究院有限公司（以下简称中南院）在以往的工作中积累了大量工程数据信息，但由于没有一个共享的数据平台，这些数据信息以项目和人员为单位呈现零散化分布，很多重要的经验数据停留在口口相传的传播形式上，缺乏系统化整理。将已有的碎片化、零散化数据进行归整，是一个系统而复杂的工作，需要大量的人力资源投入。中南院为应对企业转型的巨大挑战，适应转型业务成本管理需求，以信息技术和"互联网+"为抓手，以构建转型业务成本管理能力为目标，以协同化造价信息管理系统为平台，通过技术手段解决管理问题，逐个解决传统成本管理中的痛点，从成本信息智能获取、辅助决策、便捷询价、数据可视化、用户黏性培养、权限分配六大维度出发，构建成本管理能力。

中南院的造价咨询工作(含成本管理)的专业特点决定了从业人员常常需要面对海量的数据信息，传统的工具和手段在面对大数据时往往捉襟见肘，因此，为切实有效地进行管理创新，必须借助现代计算机技术的帮助，利用计算机的数据归集、处理、分析优势，对数据信息进行快速而精准的收集和处理分析（如图5-3所示）。

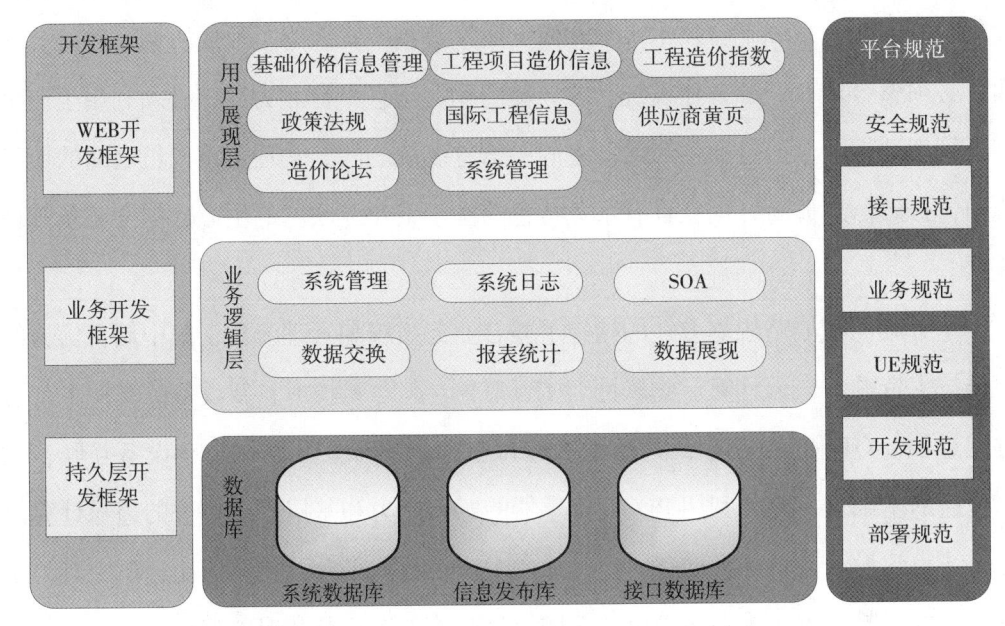

图 5-3　造价管理创新需求的信息化结构图

工程造价信息管理系统自 2017 年 1 月投入使用以来，取得了显著的效果，累计为 243 个项目提供了服务，节约时间 16100 个小时，创造产值 1271.73 万元，大幅度提高了中南院的成本管理能力。

三、大数据产业链管理

随着企业的成长，无论是内部业务部门还是不同职能部门都积累了大量的数据信息，同时，随着企业之间合作的开展，企业之间的大数据也需要共享，这就对大数据的产业链协同发展提出了更多的要求。大数据的产业链管理能够让不同的利益相关方更加容易地及时获取信息，利用共享大数据提高人力、物力和财力资源的分配和协调能力，加强整个产业链和合作生态系统的协同发展。

上海城投水务集团公司（以下简称水务集团）的核心产业链分别由原、制、供、排、污五大分子公司管理运营，上下游企业生产运行彼此依赖，生产全链条管理对集团经营管理至关重要。然而，水务集团的基层生产单位地域分布较广、生产线建设时间跨度大，系统平台技术水平和数据质量参差不齐。为了形成协调一致的统一体，必须整合现有资源，建设统一的、集约化的信息平台。为此，必须利用生产全链条管理数据，全面打通生产设备之间、信息系统之间、管理运维人员之间的信息流通，打破信息孤岛，创立具有水务特色的基于工业互联网的生产数据全链条管理模式。

水务集团在战略规划方针的指导下整合业务组织和管理流程，集中储备优秀的各类技术资源，在云计算、物联网、"互联网+"等新技术、新设备的支持下，通过促进IT、OT和CT融合，打造了水务行业特色的工业互联网。在设备互联、数据互通的基础上，充分利用PLC、传感器的感知能力和基层生产单位的边缘计算能力，统筹建设水务集团标准化、集约化的生产大数据平台及相关应用分析工具，增强了对原、制、供、排、污等全产业链上生产管理、运行状况的态势感知能力。通过数据集成与数据治理，实现了基于工业互联网的生产数据全链条管理新模式。水务集团初步利用生产全链条的数据资产，通过业务建模、算法优化、模拟仿真，营造核心业务的数字化"双胞胎"，促进了集团业务管理创新和节源增效，响应并支持了市政府"智慧城市"的建设目标。

四、大数据平台建设

随着大数据在各行各业的应用，一系列尴尬问题也不断出现，常见的问题恰恰是"大"与"小"的不对等。对于大多数企业而言，大数据及其分析的设想和概念并不适用于企业信息化系统中存储的小体量数据，通过分析有限的资源、产品类型、交易信息，企业依旧难以获得他们预期的决策力。再者，全国数据中心建设也呈现各自为政、互不协调的问题，缺乏一体化的战略规划，不符合基于云计算的大数据中心发展趋势，对大数据产业的发展也造成了不利影响。

基于这种情形，北京市供销合作总社所属的北京供销大数据集团股份有限公司（以下简称供销大数据集团）做出了一个战略决策，搭建大数据业务平台，建设大数据产业的"国家队",将农业信息化发展和农业大数据建设作为优先发展的领域,通过数据中心等基础设施建设以及完善的"供销云"布局,推动大数据技术在种植业、畜牧业、渔业、农产品加工业等领域的生产、销售和管理中的深度应用。同时,区别于过去单独数据中心或单独数据中心园区的建设,进行一体化国家数据中心的基础设施建设规划,兼顾顶层规划和底层实施的统一,建设全国一体化的国家大数据中心,满足安全可控、规模化布局且具备大数据领域全产业能力这三大条件,引领企业转型升级。

供销大数据集团秉承"数据中心+"的理念,结合当前市场形势和竞争格局,基于自身资源、技术、人才等核心竞争力,按照"3+10+X"的战略布局,立足北上广深等互联网核心区域,发展全国重点省会城市及运营商网络骨干节点等重点地区,并根据客户需求兼顾其他区域,建设覆盖全国、规模最大的全国一体化的国家级大数据中心集群,为客户提供功能完备的互联网基础设施服务。通过自下而上的大数据中心一体化生态布局,不断优化以"产品+服务+解决方案"为核心的产品体系,提升市场竞争力,以上层应用带动底层发展;整合云、CDN和大数据平台,打造一体化一站式服务体系,满足客户数据存储、数据交换、数据分发、加速和数据分析等需求,服务于政府、金融、教育、医疗等垂直行业。

供销大数据集团利用物联网、移动互联网等新技术,围绕着大数据采集、提供、交换、处理、整合、获取、使用和反馈等环节梳理信息资源管理全生命周期流程,开展信息资源规划,建立完整、统一的信息资源管理体系,搭建了大数据管理平台,包括大数据建模平台、大数据交换和共享平台、大数据服务平台和大数据管控平台。拥有核心技术安全可控的大数据管理平台,成为面向客户打开大数据能力的"金钥匙",在为政府和企业大数据管理提供统一门户的同时,确保用户大数据系统安全,对于推动我国大数据产业落地具有积极意义(如图5-4所示)。

图 5-4 供销大数据集团的大数据管理平台

目前，单一的数据中心建设模式已无法满足各类企业的需求，必须通过数据中心的互联互通，形成"一体化"的网络布局，通过进一步拓展大数据产业链的发展空间，打造一条完整的数字信息产业链，形成面向未来的具有连接性和智能化的大数据中心服务体系。

第六章 多方合力驱动转型升级

当前我国经济仍处于转方式、调结构、转换动力的关键期,企业能否依托转型升级来提升自身的竞争力,成为生存与发展的关键。在本届管理创新成果中,企业的转型升级既有外部机遇和威胁的推动,更有自身发展战略的驱动,表现形式也多种多样,如产业链延伸式转型升级、与城市协同的产融结合式转型升级、智能化转型升级、文化驱动的转型升级等。

一、产业链延伸式转型升级

随着行业竞争日益激烈,或者所在行业发展受限,越来越多的企业依托产业链延伸的方式,进行市场拓展,加快转型升级。

青海盐湖工业股份有限公司(以下简称盐湖股份)是青海省政府国资委管理的大型上市企业,坐落于青海省格尔木市。前身为"青海钾肥厂",成立于1958年,是从盐湖卤水中提取、加工、生产化工产品的企业。钾肥是粮食的粮食,中国是一个钾资源紧缺的国家,且是全球最大的钾盐消费国,消费量占全球20%以上,但钾资源探明储量2亿吨(折氧化钾),仅占全球储量2%。盐湖股份所在的察尔汗盐湖总面积5856平方千米,是我国探明储量最大的钾镁盐矿。从建厂开始,盐湖股份通过自主创新与引进再创新,突破多项核心技术,使得氯化钾生产能力大幅提升,但仍无法满足我国钾肥产品的自给率。而察尔汗盐湖蕴藏着丰富的矿物资源,各类资源储量达600多亿吨。其中氯化钾5.4亿吨、氯化镁40亿吨、氯化锂1204万吨、氯化钠555亿吨,均居全国首位,还伴生有硼、溴、碘等珍贵的矿产,潜在经济价值达 99.71 万亿元。长期以来，盐湖股份从氯水中只是提取钾，其余排放，产品回收率低，不仅导致产品单一的抗风险低的问题，还大大浪费了其他矿产资源的开发利用价值。

因此，自 2005 年以来，盐湖股份提出了"深化改革、提升管理、做专做精、持续发展"指导思想，提出"盐湖生态镁锂钾园"的发展战略目标和"走出钾、抓住镁、发展锂、整合碱、优化氯"的战略布局，由最初的单一氯化钾产品向更多系列产品延伸，由农用钾肥制造向工业、农业、航天航空、建材、医药等多领域迈进，实现公司的转型升级（如图 6-1 所示）。

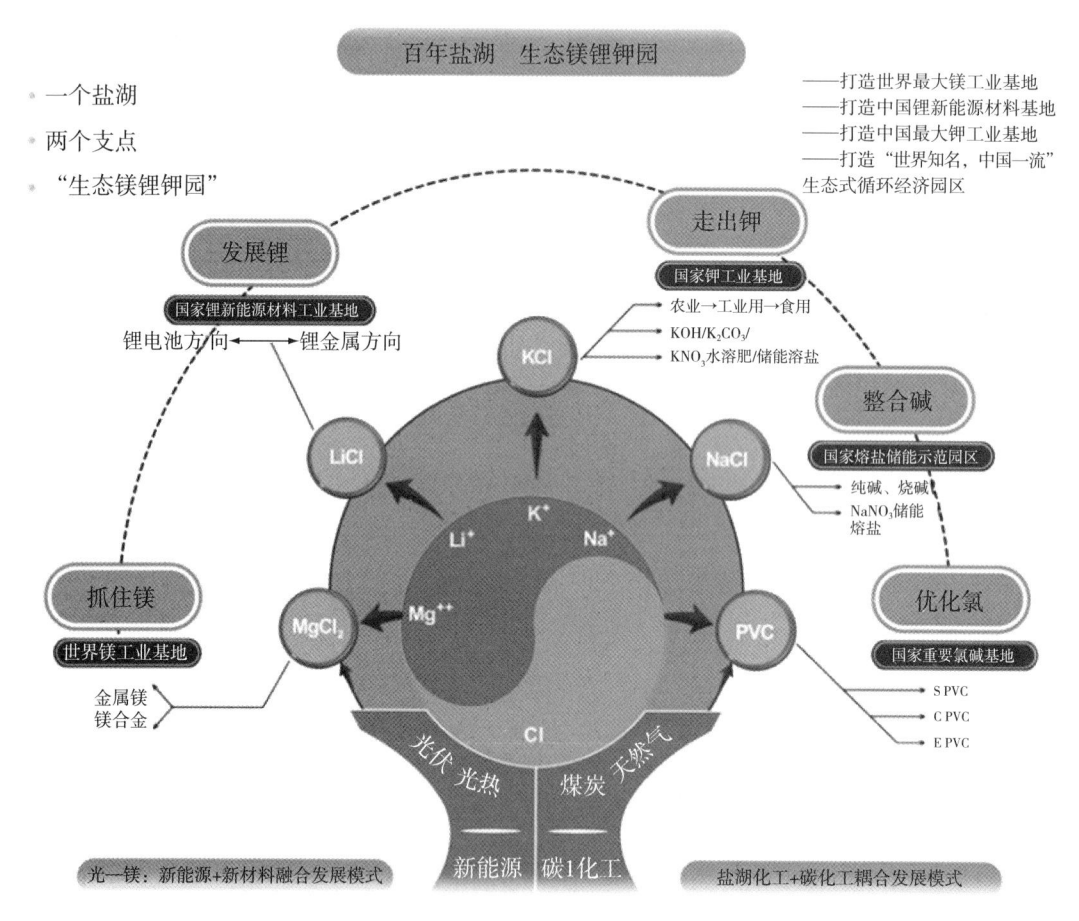

图 6-1 盐湖股份生态镁锂钾园战略示意图

二、产融结合式转型升级

2005年,首钢集团有限公司(以下简称首钢)自觉服从国家奥运战略和首都城市发展功能定位,在全国率先实施钢铁业搬迁调整。2010年年底,首钢北京地区各钢铁厂全面停产,向社会兑现了首钢的庄严承诺。"十二五"期间,通过新钢厂建设、企业联合重组,首钢钢铁业形成了"一业多地"发展新格局。与此同时,首钢非钢产业的发展却面临许多困难和矛盾。一方面,产业层次偏低,无法满足北京城市高端业态要求;另一方面,当时绝大多数非钢业务严重依赖于钢铁业,无法独立面对愈发激烈的市场竞争。首钢非钢业务必须实施战略转型,发展高端及都市产业,从而打造市场竞争新优势。首钢只有自觉服从首都"四个中心"战略定位,高质量、高标准建设北京园区,围绕城市运营服务大力发展非钢产业,成功完成非钢业务转型升级,才能促进企业与城市共同发展,为治理首都"大城市病"、打造和谐宜居之城做出应有的贡献。

钢铁业搬迁调整后,首钢以搬迁腾退土地开发为契机,将土地开发、基础设施建设、产业布局紧密结合,积极推动非钢产业战略转型升级,确定了非钢产业战略定位及业务组合,大力培育具有战略价值的新产业,全力提升园区开发与运营管理能力,科学高效利用腾退空间,多措并举打造非钢业务转型升级的保障体系,实现了良好的经济效益、环境效益和社会效益(如图6-2所示)。

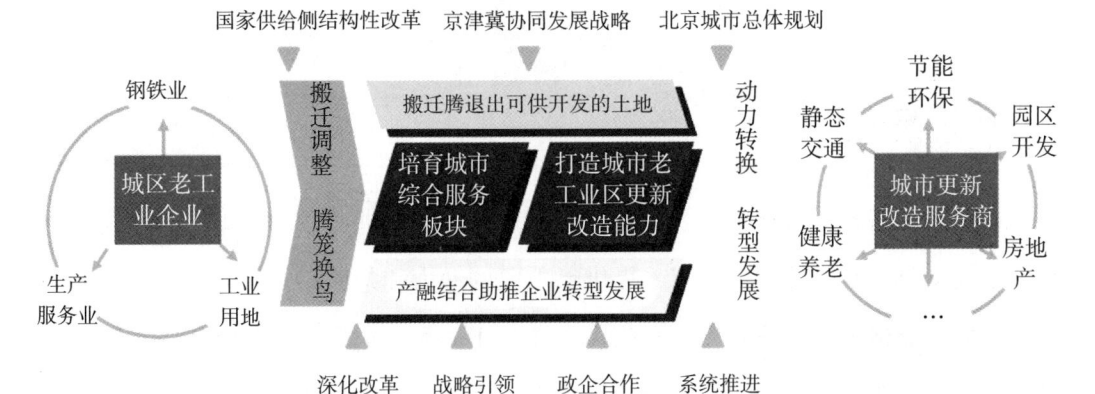

图6-2 首钢非钢业务战略实施路径图

"十二五"中期以后,首钢非钢产业进入了转型升级新时期。面对不断变化的严峻市场形势,首钢深入贯彻国家和北京市要求,主动求变,在2014年出台《首钢关于全面深化改革的指导意见》,提出"通过打造全新的资本运营平台,实现钢铁业和城市更新改造服务业两大主导产业并重和协同发展"的战略目标,将非钢业务首次提升到首钢"主业"的战略高度。2016年8月,首钢确定了"十三五"时期发展战略,即打造有世界影响力的钢铁产业集团和有行业影响力的城市更新改造服务商。这个时期首钢重点围绕首都城市功能定位发展多元非钢业务,未来首钢产业结构将由钢铁业为主转向钢铁业和城市更新改造服务业并重发展(如图6-3所示)。

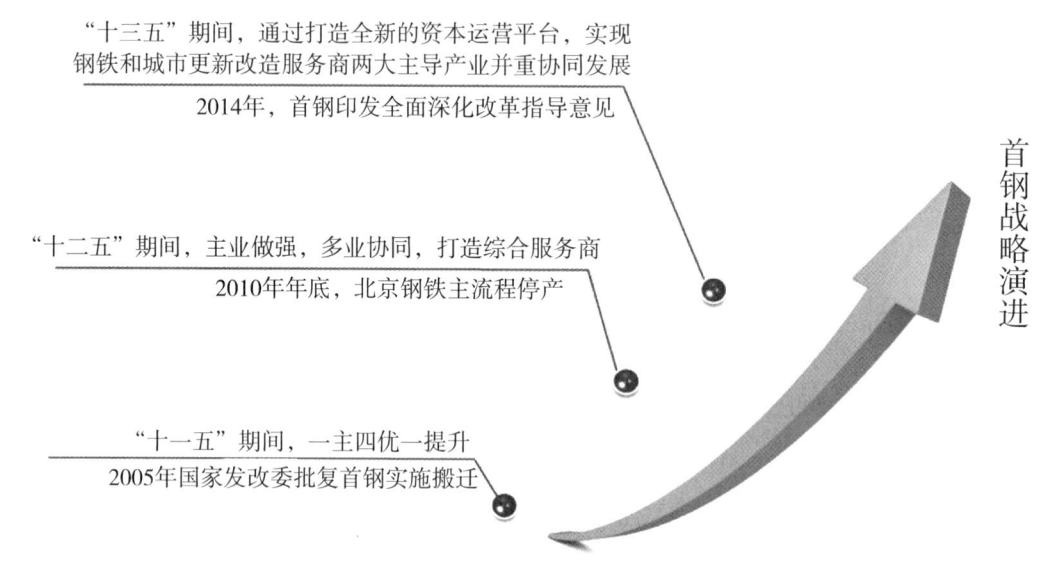

图6-3 首钢战略演进图

三、智能化转型升级

在企业转型升级过程中,智能化为企业产业结构和业务领域转型、提升经营和管理绩效以及探索新的创新空间,提供了重要的动力和条件。

例如,无锡市工业设备安装有限公司(以下简称无锡安装)依靠智能化,大大拓展了企业的业务延伸空间,为探索服务管理新模式创造了机遇。无锡安装长期的主营业务是为建筑业提供机电设备安装服务,而机电工程完工交付业主后就结束了相关业务,后期的机电运维管理服务都是交给没有前期安装经验的维修公司或物业公司。这种产业链的分割不仅不利于安装企业的可持续发展,而且使得后期物业服务中大量机电问题难以得到迅速而满意的解决。因此,无锡安装决定改变传统的只有施工而忽略后期服务管理的商业模式,探索机电工程全生命周期管理的新思路、新技术方法,依托智能化手段,向服务管理延伸,顺应行业发展趋势,加快企业转型升级。

无锡安装在机电管家智能化管理平台研发中,引入物联网技术、BIM 技术,并结合大数据分析技术分别从机电系统的运行维护管理、节能降耗管理、故障预报警管理以及备品备件库管理等方面进行重点开发。获取的成果实现机电系统从设计、安装到维护管理的全生命周期综合管理,以国内外领先的技术,实现我国"互联网+"战略在机电安装行业的落地,率先实现向机电行业服务管理方向发展的新突破。

再以山东新汶矿业集团有限责任公司(以下简称新矿集团)为例。新矿集团为了从根本上改变依靠煤、依赖煤的传统产业结构,制定了以新旧动能转换为目标的业务优化升级规划。新矿集团在征集各单位新旧动能转换重大工程项目的基础上,完成了新旧动能转换实施规划的编制。新矿集团明确了在区域上以省内单位存量变革为发展母体,以内蒙古、新疆增量崛起为动能两翼,通过省内优化升级区、内蒙古集聚协同区、新疆转换提升区的联动发展,加速构建"一体两翼、三区呼应"的发展格局;在产业上积极构建以煤炭产业为基础,电力、化工、现代服务业为支柱,新能源、金融、其他新兴产业为支撑的"1+3+3"产业格局。新汶矿业依托在新疆、内蒙古拥有的丰富煤炭资源,立足建设国家重要的新型能源产业基地,布局煤电、煤焦、煤气化三大一体化产业,建成了一批煤炭深度转化项目,实现跨界融合发展。

同时,新矿集团坚持"互联网+煤炭",推动物联网、大数据、人工智能等在煤炭工业的应用,通过建链、补链、强链,培育立足煤、延伸煤的新业态,建立多元化盈利模式。大力发展现代金融物流贸易,实施"国内+国际""贸易+金融""互联网+大数据"三化融合,利用下属香港国际公司前沿区位优势,建立起大宗商品全球化经营网络，覆盖南美、东南亚、非洲等20多个国家，与必和必拓、FMG等巨头开展供应链合作，占据直接获取资源和价格的先发优势。同时，打造了集电子采购、电子招投标、大宗物资贸易、企业微信为一体的"新智云"综合交易平台，提高物流仓储工作效率和智能化水平。与此同时，以"创客中心"创建活动为载体，实施全方位、全流程、全产业链的颠覆创新，为企业改革脱困、转型升级集聚了新动能。按照安全生产、经营管理、非煤企业、基本建设、党群宣传、后勤物业六大专业，组建创客中心，形成跨部门、跨专业、跨领域的创客联盟，采取线上线下的方式进行创客分享，打破专业、单位限制，注重发挥集群优势，引导成员组团攻关。

智能化转型升级不仅体现在企业自身的业务结构上，也体现在通过智能化推动城市和区域的产业结构调整和转型升级。例如，国网张家口供电公司（以下简称张家口电力）为了落实2022年冬奥会"绿色奥运、低碳奥运"的承办理念，确定了"绿色、低碳、可靠、智能、经济"的电网建设目标。一是举办绿色奥运。2022年实现冬奥专区电力消费100%来自清洁能源发电。二是举办低碳奥运。张家口市区域可再生能源消费量占终端能源消费总量比例从2014年的7%提升至2020年的30%和2030年的50%，崇礼地区可再生能源消费比例达到55%以上，北京2022年外受电比例将达到70%，增加清洁能源的消纳比例。三是建设可靠电网。根据区域定位不同，将冬奥赛区目标电网供电可靠性定位为"六个九"，即99.9999%，达到世界领先水平。将崇礼城区目标电网供电可靠性定位为"五个九"，即99.999%，达到世界一流水平。四是建设智能电网。通过应用智能电网技术，建设一系列支撑绿色、低碳冬奥的智能电网综合示范工程，实现电网智能运行，引领能源和电力技术创新。

张家口电力分析"奥运专区建设""张家口市可再生能源示范区"等重点任务建设需求和任务，将"绿色、低碳、可靠、智能、经济"总体目标及相关指标分解到各个业务环节，开展"全维度"创新管理，协同内外部资源，依托"全专业"参与，将奥运专区电网建设的要求融入电网规划和电网建设全过程，内外部紧密协同，构建电网项目规划、前期、可研、核准、建设、审计、监测、评价全过程管理流程，

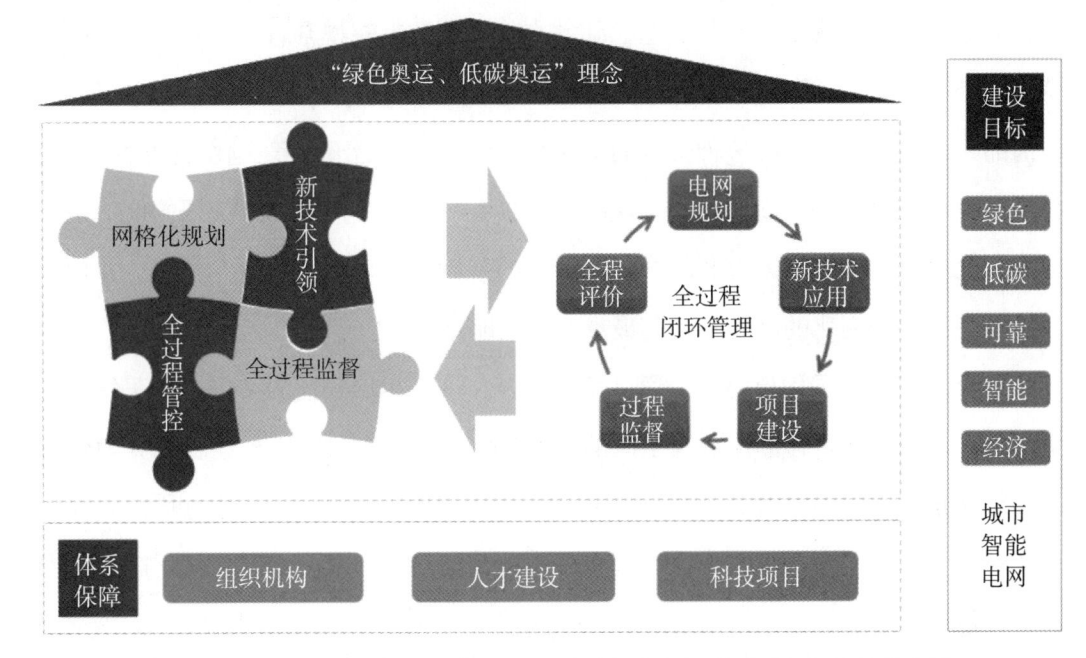

构建"规研建督评"全过程闭环管理模式（如图6-4所示）。

图6-4 以举办低碳绿色奥运为目标的城市智能电网建设总体框架

张家口电力的城市智能电网建设将推动张家口将成为连接东北亚互联电网的重要节点，成功地提高京津冀地区的清洁能源消纳比例，解决发展与环境的矛盾，打造支撑"绿色冬奥、低碳冬奥"的奥运专区电网，并将全球能源互联网三大要素全部融入冬奥专区电网规划建设中，形成了全球能源互联网的"样板间"，形成可推广、可复制的电网发展典型示范。

四、文化驱动的转型升级

企业为了摆脱低端竞争的陷阱，提升自身的品牌价值，拓展更为广泛的国际市场，企业文化的塑造以及文化创意的纳入，对于企业的跨文化管理以及品牌价值提升，发挥着重要的作用。

浙江杭州万事利集团有限公司（以下简称万事利）在丝绸行业依靠文化创意与

技术的双轮驱动，为企业转型升级提供动力。

万事利成功实现从"产品制造"到"文化创造"的转型升级，关键是确定了坚持以丝绸为主业，走高端丝绸品牌发展道路的战略目标。万事利没有把丝绸当成一个商品，而是作为中国的一种特有的文化来经营，从打造五千年文化的品牌，走高科技丝绸产品之路的角度来经营。丝绸本身具有一定的生命力，可挖掘的价值是无形的，无尽的。丝绸是万事利的根、万事利的基础。万事利做精做专丝绸，并把产品提升到品牌和文化的高度，是其最重要的战略定位。

而万事利的高端化道路在于通过品牌整合，进一步培育丝绸文化，回归丝绸高贵形象，再造丝绸奢侈品形象。中国的丝绸品牌必须要有民族特色，要充分融合中国传统文化元素和国际时尚元素，重新认识丝绸，挖掘丝绸文化。通过科技研发、产业转型、文化创新等方式拓宽丝绸产品领域，把简单的产品提升为文化产品，提高附加值。

万事利的丝绸产品以品牌为支撑，从丝绸面料向文化礼品、丝绸艺术装饰、丝绸艺术品方向发展，拓宽产品领域。万事利的商业模式是建立在对丝绸历史文化属性精确挖掘的基础上。从产品制造走向文化创造，万事利不仅实现了文化价值，而且也实现了更高的经济价值，树立了传统产业转型升级的典范。再进一步，万事利实现从"文化创造"到"品牌塑造"的飞跃，要做"世界的万事利"，形成具有国际竞争能力的中国民族品牌。

中国制造业在从中低端向中高端迈进，从国内市场向全球市场拓展的过程中，要想在激烈的竞争中脱颖而出，必须率先走自主创新、高质量发展道路。徐州工程机械集团有限公司（以下简称徐工）力图树立世界一流品牌，引领工程机械行业可持续发展。

除了加强其质量文化之外，徐工还将可持续发展融入品牌建设，推动构建人类命运共同体。按照国家"精准扶贫、精准脱贫"战略指导要求和"创新、协调、绿色、开放、共享"发展理念，徐工主动担当社会责任，积极实践"让世界更美好"的公益价值观，在抗震救灾、教育助学、扶贫济困、行业发展、绿色环保五大公益领域，精准实施非洲水窖、海外蓝梦计划、全球好机手、行业技能大赛、蓝梦童行、美丽乡村、希望小学"微心愿"、绿色创新大赛、绿色再制造等14个特色公益品牌项目。以"非洲水窖"项目为例，从2016年至今，徐工为埃塞俄比亚干旱缺水地区的7个村建造了81口水窖，为当地6700多名居民解决了洁净用水问题，有力提升徐工在非洲的品牌美誉度和责任标签形象。2018年徐工在非洲市场占有率同比增长16%，远超国内外竞争品牌。

第七章　全面系统的风险防范

由于企业经营环境的复杂多变以及企业经营规模和范围的变化，企业的风险管理日益重要。尤其是随着中国"一带一路"建设的推进，企业面临的各类风险也日渐复杂。

本年度的企业管理创新成果中包含许多对风险管理创新的探索，涉及的风险类型十分广泛，有战略风险、公共安全风险、国际支付风险、市场风险、运营风险、信用风险、法律风险、财务风险、金融风险、战略风险等，同时也涉及风险管理的不同环节，如风险识别、风险估测、风险评价、风险控制和风险管理效果评价等。

一、基于高质量发展的战略风险管理

企业在追求高速发展的过程中，片面追求扩大规模和拓展业务，往往导致决策失误，甚至陷入重大战略风险。因此，在高质量发展战略推动下，企业首先需要对影响企业发展的全局性和长远性战略风险进行有效管理。

广西北部湾银行自2008年成立至2012年期间高速发展，资产总额从100亿元快速扩张到1217亿元，受经济环境诱惑未能保持战略定力，无视风控能力，盲目拓展钢贸行业客户和广西区外客户，留下较大行业性和集群风险隐患。加上部分人员道德失控，在不良动因诱使下放松业务质量要求，连续出现多起风险事件。

北部湾银行借鉴西方要塞式资产负债表原理，实施战略纠偏以着眼可持续发展、充实资本以提升竞争实力、增提拨备以强化风险防御能力、布局抗压性资产负债以巩固盈利能力、强化管理以提高影响力，实现困境突围和管理提升；并在此基础上结合自身实际探索进行中国城市商业银行式的创新，通过不对称管理资产负债表表内外事项以实现表内外业务良性互动发展、扩大资本内涵和采取不对称绩效考核以发挥战略智力、人力等资本在增强银行发展实力中的协同效益、不对称安排资金来源与运用以应对新金融业态竞争对银行传统资产负债管理模式带来的挑战，转型升级，实现建成中国—东盟自由贸易区一流区域性银行的目标，走高质量发展道路。

二、构建公共安全风险管理体系

中国路桥工程有限责任公司承建的蒙内铁路标轨项目（简称蒙内铁路），位于肯尼亚境内，是东非铁路网的第一段，是"一带一路"早期落地实施的项目，具有重大的国际政治和经济意义，是中非"十大合作计划"的开山之作，也是"一带一路"建设在东非门户区域落地的典范之作，是中肯合作的旗舰项目。

蒙内铁路为应对复杂变多的项目外部环境，秉承"生命重于一切、多方共保安全"的安全理念，首创了海外公共安全管理模式。

为保障项目实施，蒙内铁路建立了新颖的"三级四层"公共安全管理模式（三级：总经理部、分指挥部和各项目部；四层：公共安全领导小组、公共安全部、德威安保人员、当地安保力量），开创了我国境外项目公共安全管理方面的先河。蒙内铁路本着国内外联合、共保安全的思路，与国内专业安保公司建立了战略合作伙伴关系，聘用肯尼亚国家武装力量（行政警察 AP、铁路警察 RP、野生动物保护警察 KWS、森林警察 KFS 等）及当地保安，共同创建蒙内铁路专属的公共安全管理架构。

蒙内铁路在"三级四层"的公共安全基本管理架构的基础上，从人员组织、规章制度、应急反应和实施运行三个方面，建立完备的公共安全管理体系。其中，人员组织是整套体系的核心，也是"三级四层"的具体体现；规章制度是体系运行的保障，是项目公共安全管理循环链的程序文件，包含了以"公共安全责任制"为核心的整体性安全制度和各种单项安全制度；应急反应则包括预警、预防和预案系统三大板块，目的是建立各种应急反应机制，完善安防应急设施的配备和使用；实施运行是整套体系落地的关键,包括安全检查、安全考核、教育培训等各项技术措施。

蒙内铁路建立了公共安全情报搜集和发布机制,每周发布《肯尼亚及周边国家公共安全快讯》(中英版)。此外与驻肯使馆、肯尼亚警察部门、肯华联会等多个渠道建立了信息沟通机制和情报共享机制,同时积极开展公共安全应急演练,不断完善和维护安防设施建设,排查各类隐患,有效规避各种风险,全面提升项目的安全防范和应急处置能力。项目实施全过程中,蒙内铁路全线未发生重大公共安全事件,生产、生活秩序持续稳定。

三、风险管理平台建设

在互联网和国际化发展的推动下,企业的风险管理需要更加满足实时性、整合性、全球性和动态性的要求,突破过去分散化、局部性和事后性的限制。

例如,东方航空公司在开拓国际市场过程中,采取直销模式,通过低成本运营、网络销售的方式迅速覆盖全球。但是在交易量增加的同时,支付欺诈率也显著升高,欺诈交易普遍呈现技术含量高、欺诈手段隐蔽、跨国跨时区攻击、远程操控等特点。在2014年前,东航的国际直销业务并未自主建设支付风险管理平台,完全依赖第三方支付公司管控风险并承担损失。这种支付风险转移的模式,会引起支付风险控制措施过度严格,错误拦截正常订单。以上因素,均会导致支付通过率远低于正常水平,直销收入减少,旅客购票体验变差,投诉增加。为此,东航2014年开始着手全面建设国际直销业务支付风险管理体系,制定规避风险的应对策略,搭建信息管理平台,协同线上线下全过程管控,持续优化协作流程;提升防范风险的能力,实现对国际直销支付风险的全面管控,支撑东航的战略转型,并逐步对外推广国际支付风险管理经验。

东航通过筹建风险管理平台,整合来自各系统的销售数据和支付数据,进行转换、重组、关联、聚合。结合数据分析和用户评级,将规则库管理、风险管理(事前、事中、事后)、工单管理等功能,作为信息系统建设的主要目标(如图7-1所示)。

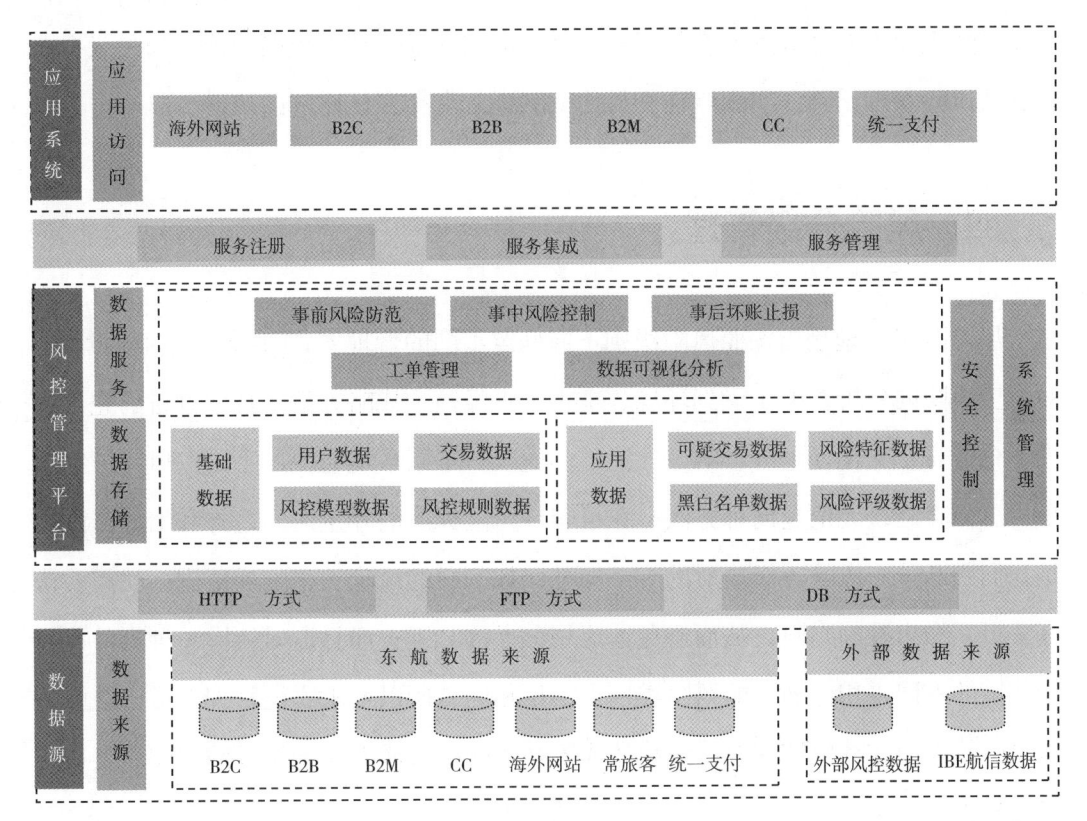

图7-1 支付风控管理平台系统架构图

支付风险管理平台具备事前风险防范、事中风险控制、事后坏账止损的功能，通过对用户的个人特征、客户价值、客户信用、飞行行为及风险特征的分析，完成用户画像勾勒和用户评级。用户交易经过风控规则引擎，实时或批量进行风险扫描产生评分，给出交易通过、交易拒绝或交易协查的结论。覆盖的业务范围包括：快捷支付、境外支付、积分支付、移动支付、现场支付、虚拟账户支付等。系统对接东航联合办公系统进行协查工单管理，实现各部门风险监控、风险处置、案件调查、坏账管理的协同工作。

在风险防范能力方面，风险管理平台对东航信息资源进行梳理整合，对直销渠道的运价波动趋势、旅客群体、航空淡旺季、热门航线分布等要素进行精准、细致分析，制定出100余个针对不同特征群体的风险策略组，并且通过不同的规则策略对可疑交易进行筛选、判断。不仅如此，东航还利用自有旅客、航班、交易历史等的海量数据积累,结合外部合作机构及其他航司的欺诈交易黑名单库,通过联合防控降低风险管理误判;实现欺诈交易比例和正常交易误伤比例的双低、双可控。

四、风险分级管理

风险分级管理是指按照风险级别不同确定不同的管理方式。在各类企业运营中,对安全风险的分析,由于受到环境、个人水平经验、战略方案、技术设备的先进程度、企业安全文化理念等影响,往往不同的人、不同环境会得出不同的风险分级结果。总而言之,无论是何种方法,在可容许风险标准的界定区间之外和临界范围,是我们判断采用风险等级应对的唯一标准,如判断的风险属于临界范围,就需要认真分析,做出准确判断,从而避免造成划分上的区别;而且,对待同一种事件,由于环境的不同,相应划入的风险类别也不尽相同,所以要求安全管理人员,在此类风险的管控中尤其应该注意,避免造成不必要的投入或者应该投入的相对不足造成隐患扩大化。[1]

江汉石油工程有限公司通过强化工程质量过程监督管控,推行重点环节质量负责制,实现涪陵国家级页岩气示范区高标准高质量目标。公司通过对施工现场全天候、全过程监督管理和安全量化考核,实现涪陵页岩气项目安全生产无事故;通过强化"绿水青山就是金山银山"的环保理念,落实现场施工各项环保制度,有效管控确保环保目标实现的关键节点,实现页岩气绿色开发。例如,与常规天然气相比,页岩气开发区域具有钻井数量多、资源消耗量大、污染源点多面广、环境影响范围大及环境事故风险高等特点。针对页岩气的开发可能会引发的环境问题,公司在研究涪陵页岩气田开发情况和当地自然环境的基础上,发现涪陵页岩气开发对生态环境的影响主要体现在对耕地及植被的破坏、水污染、噪声影响、空气污染、钻屑固化填埋影响等方面,为了加强涪陵工区环保管理,落实环保责任,杜绝环境污染事

---

[1] 张明.安全风险分级管控和隐患排查治理双重预防机制在水电建设施工中的应用[J].价值工程,2019,10:41-43.

件的发生，公司组织了全面的环保风险、隐患排查工作，排查出环保风险点58项，并按照分级管控、节点控制的原则，将风险、隐患按照公司（项目管理部）、二级单位、分公司（项目部），基层队三级进行管控，落实了相应的责任单位和部门，有效控制现场生产的环保风险。

中国葛洲坝集团第一工程有限公司（以下简称葛洲坝一公司）是涉及水利水电、水务、环保、市政和公路等多领域经营的综合性大型施工企业近年来随着国际化战略的开展，面临着国外政局动荡和社会环境恶化带来的安全风险、经验不足导致的投资回报和经营风险、文化差异导致的跨文化沟通交流风险、与所在国融合过程中导致的社会风险等诸多风险。能否有效管控好国际项目风险，已成为影响葛洲坝一公司高质量发展的重要因素。

葛洲坝一公司按照"识别—预警—管控"的风险管理思路，通过强化认知、分类梳理、优化管理、排查预警、突出重点、注重过程和做好支撑，构建了涵盖总部、海外分支机构和国际项目部的立体化风险管控体系，形成了国际项目风险闭环管理，对国际项目进行全面风险管控，风险管控能力持续增强，促进项目顺利履约，推动公司优质高效发展。

葛洲坝一公司从风险概率和危害程度两个维度，对梳理出的主要风险点进行分级管理（如图7-2所示）。

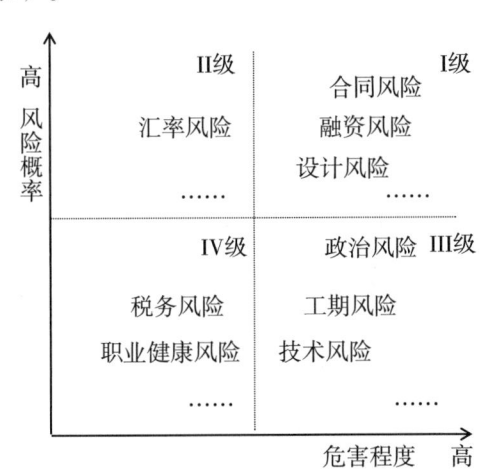

图7-2 国际项目风险分级图

葛洲坝一公司围绕梳理出的国际项目关键风险点，按照风险分析、制订方案、过程控制和评价监督的思路，开展国际项目风险管控。针对安全质量环保事故、舆情危机、群体性事件、自然灾害等可能造成重大损失或者不良影响的风险事件制订应急预案，并积极开展突发事件应急演练活动，一旦发生相关风险事件，立即启动应急预案，以降低突发风险事件带来的不利影响。同时，根据国际项目进展情况动态调整风险管控重点，确保项目的顺利进行。

第八章　外协内联的管控体系变革

随着企业经营业务领域以及市场范围的逐渐扩大，随着各类协作关系的逐渐丰富，企业的管控能力大小将直接影响到企业的顺利发展。企业在管控体系变革方面的创新主要体现在外协式质量管控、全要素体系化成本管控、业财一体化管控和全产业链组织管控等方面。

一、外协式质量管控

长期以来质量管理都是企业内部管理的重要内容，然而随着企业对外合作的增强，尤其是随着与外部合作方的协作活动的增加，企业的产品质量日渐受到外部供应商的影响，因此企业对质量的管控也逐渐由被动式的内部管控，走向主动的外协管控。

例如，中国航天科技集团公司第五研究院（以下简称五院）是中国最主要的空间技术及其产品研制基地。近年来随着宇航型号任务快速增长，外协产品种类和供方数量也快速增加。但是，由于短时间内外协产品质量管控能力未能有效提升，外协产品质量问题导致的卫星推迟出厂、在轨不能可靠稳定工作的问题时有发生，特别是部分典型通用外协产品，由于产品质量问题，严重影响了五院的信誉，也影响了宇航事业的平稳发展。究其原因，主要在于宇航产品外协质量管理跟不上发展的需要。从质量管理模式来看，源于科研型企业的外协质量管理措施流程化驱动不足，质量措施以职能型管理为主，流程的覆盖性、管理的规范性较差，传统的外协质量管理重点是围绕对外协供方质量体系审核开展的供方准入管理，更多关注外协结果或问题的事后处理，缺乏有效的外协过程把控能力；管理专业化和精细化不够，不能适应外协管控由单一的质量符合性到围绕可靠性、安全性、环境适应性等专业化、精细化管控的需求，从机制上对外协单位能力和产品关键环节的管控严重不足，质量问题多发。

五院在借鉴国际先进宇航外协质量管控思路的同时，创造性地将外协质量管控与矩阵式宇航项目管理工作体系相结合，创立基于组织面向项目的矩阵式外协质量管控体系(Conducting of Matrix Quality Management and Control System of Aerospace Enterprise to Its Suppliers，简称 MQMCSS)。应用系统化方法，分析不同类型外协项目质量管控特性，识别管控的关键过程域；应用结构化方法，将各关键过程域与（横向）组织的供方能力、（纵向）项目控制要点等进行解析，形成基于组织能力成熟度评价的外协准入机制＋航天器项目产品保证要求传递落实机制的矩阵式外协质量管控体系。解决传统外协质量管控的局限性，解决外协对象复杂、外协项目差异性大条件下的外协产品质量控制有效性问题。探索出一条适用于"多层级、多种类、小批量、高可靠"外协配套项目的质量管控新模式，也为航天科技集团"全领域、全级次、全过程、全要素"供应商管理及体系建设工作提供有益的经验（如图8-1所示）。

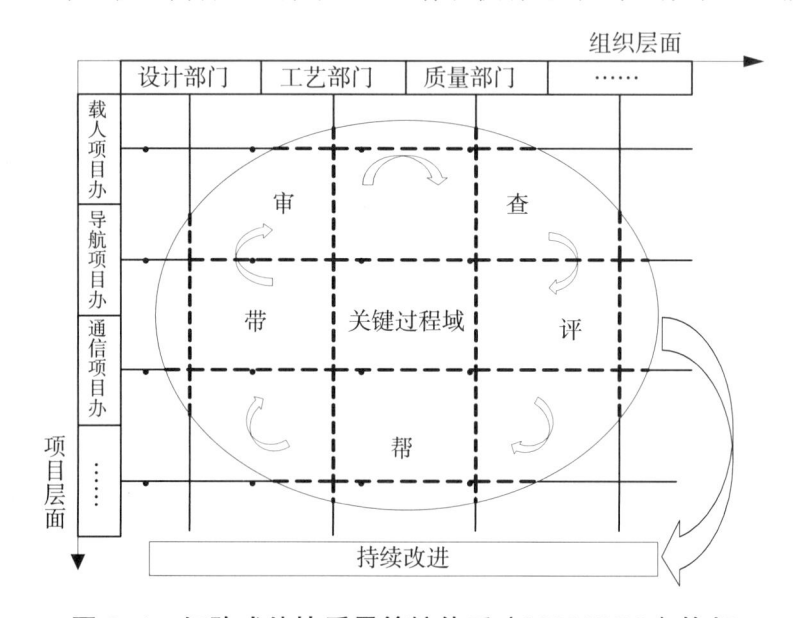

图 8-1 矩阵式外协质量管控体系（MQMCSS）构架

宇航矩阵式外协管控体系实施后，面向组织的外协产品保证能力建设和面向外协项目的产品保证的工作效果逐步发挥作用，适应宇航产品研制特点的质量管理体系和产品保证要求有效延伸，质量管控效率和效果逐步提高，被动式外协质量管理局面逐步扭转。

二、全要素体系化成本管控

陕煤集团神木张家峁矿业公司以创建世界领先中国一流现代化煤炭企业为愿景，坚持"绿色开采、低碳发展"理念，大力推动全要素体系化成本管控领先战略，以效益优先思维，以工匠精神作为，在追赶超越中实现了公司价值最大化管控目标。公司以持续改进千万吨矿井的规模效益为目标，遵循生产工艺的价值增长过程，通过划分责任中心、优化成本核算、重组控制流程，制订全面预算、全过程控制、全局优化的成本管理方案，构建"六大"成本管控责任中心、"八大"成本系统及"十一个"成本控制关键点，建立以指标体系为基础、以计算模型为核心的信息化系统，实现了以成本管控体系建设全面促进公司成本管理走向信息化、标准化、精细化、流程化、规范化、高效化良性发展轨道的目标。

体系化成本是以千万吨矿井的资源赋存和开采技术条件为基础，纵向贯穿矿井勘察、设计、施工、生产、运营、复垦等全生命周期，横向覆盖人、财、物、产、供、销等全要素成本组合。体系化管控成本是指以持续改进千万吨矿井的规模效益为目标，遵循生产工艺的价值增长过程，通过划分责任中心、优化成本核算、重组控制流程，实现全面预算、全过程控制、全局优化的成本管理方案。体系化成本实施追求的是全局优化应力求避免局部优化，同时追求规模效益并且强化总额控制，通过各种管理手段最终实现集成效益。体系化成本管控的对象是企业的责任管理成本、流程作业成本、环节优化成本、创新管理成本以及"互联网+"成本管理信息平台。体系化成本管控的原则包括事前总额控制、全生命周期管理、分时分类发生以及托管包责运行等。

体系化成本管控框架是由"六大"成本管控责任中心、"八大"成本系统及"十一个"成本控制关键点串接组成，纵向通过千万吨矿井及地面作业的85个生产过程分解，横向按照43个成本要素分解各生产过程，是实现了千万吨矿井的全面预算、全过程控制的成本管理体系（如图8-2所示）。

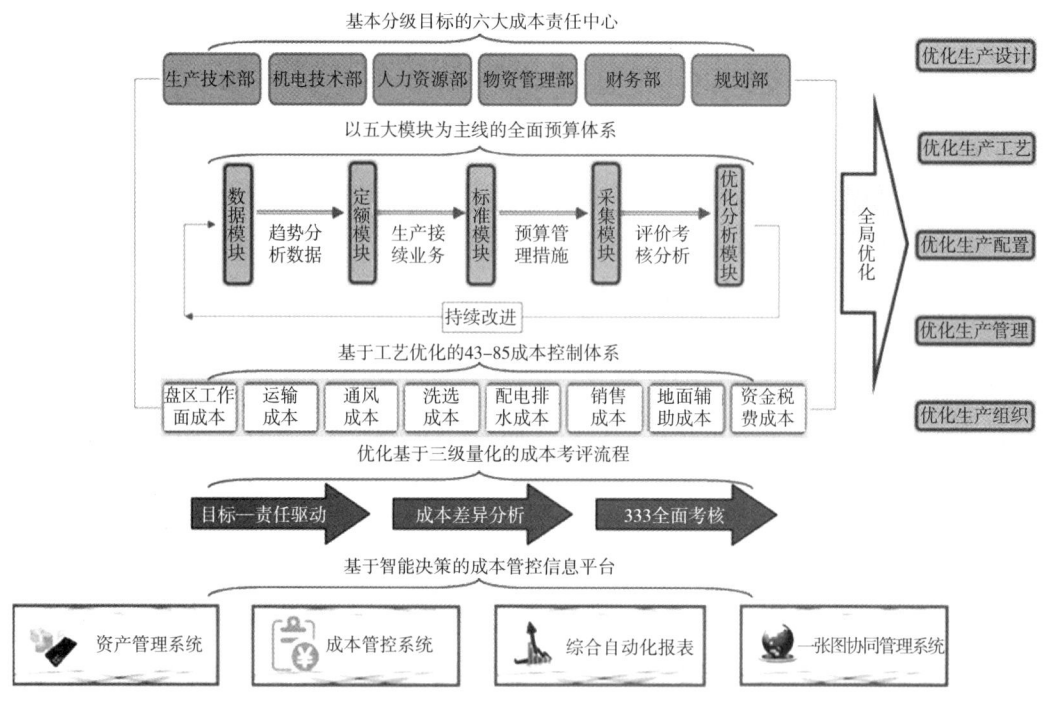

图8-2 体系化成本管控框架图

通过体系化成本管控的运行，大大提升了张家峁矿业公司生产成本的精细化管理水平。具体体现在：第一，夯实了成本基础管理，细化了成本管理单元细胞，健全了成本管理数据库，完善了各项管理制度和管控措施；第二，形成了成本管控全员、全方位、全要素、全过程"四全"管理，构建了公司全时空立体式成本管控网络；第三，公司成本管理日益走向信息化、标准化、精细化、流程化、规范化、高效化"六化"良性发展轨道，以精细化、高效化、标准化、流程化、规范化、信息化管理促进了公司成本管理水平的跨越式发展；第四，夯实了公司"五和六控七体系"管理根基，为全面提升公司管理水平奠定了坚实的经济基础；第五，通过体系化成本模式的运行，以经济效益最大化为目标，全面带动了公司"九强矿区"重点工作的顺利实施；第六，通过体系化成本管理最佳实践，为公司全面转型升级工作起到了示范和引领作用，使得以成本管理为核心的转型升级工作取得了实质性进展；第七，进一步落实了成本管理责任，增强了广大干部职工参与成本管理的热情和责任心，更加坚定了"人人都是利润源，人人都是管理者"的全员成本管理理念，为成本管理提供了坚实的人本支撑。

三、系统集成管控

随着企业国际化战略的实施，核心主业逐渐聚焦海外，原有财务管控体系不足以支撑业务的开展，管控范围、管控工具和内容有限，对国际项目的顺利开展带来极大风险。

中国电子进出口有限公司借助网络、数据库、管理软件平台等信息技术，将国际化企业经营中跨时差、跨地域、跨会计主体的业务流程、财务会计流程和管理流程有机融合，形成业财一体化的信息处理流程，实现境内、境外业财信息实时在总部集中管理，信息高度集成和实时共享，实时控制境内、境外经济业务，改变过去"信息孤岛"状况，真正将会计控制职能发挥出来，最终形成以预算为统领，资金为主线，管理会计为工具，财务会计为基础，内部控制为保障，信息系统为手段的价值创造型的一体化管控的国际化集中财务管控体系。

工欲善其事必先利其器，新的财务管理规划呼唤新的管理手段。为实现战略落地，促进业务发展，加强国际化业财一体化管控，信息化工作小组展开信息化调研，成立"以财务为核心的国际业务流程再造及信息化"项目组，制订中电进出口信息化建设蓝图，充分利用集成新核心信息系统解决财务管理中的关键问题是，全面预算管理、国际项目预算管理、绩效管理、专业分析决策、报表合并、总账管理、应收应付管理、资金管理、费用报销、资产管理、采购管理、库存管理和订单管理等，实现由业务管理、财务管理和决策支持管理三层相通的集成管理系统。

中电进出口建立了以 SAP 为核心的 ERP 系统，集成预算系统、费控系统、BI 系统、资金系统、MDM 系统、招标系统、影像系统、金税系统和 OA 系统（如图 8-3 所示）。

图 8-3　集成新核心信息系统

SAP 系统搭建全球化财务集中管理核心平台，包括支持多组织、多语言、多币种、多会计准则的核心总账系统、固定资产管理、合并报表、业务管理、应收业务、应付业务等功能模块，并实现多业态下多变组织的财务转换，有效灵活提升财务信息化的管理水平，重点是针对公司大分包 EPC 项目的特点，实现对项目的预算、核算和考核的管理。

四、全产业链组织管控

中国电建集团海外投资有限公司（以下简称电建海投公司）成立于 2012 年 7 月，是中国电力建设集团（以下简称中国电建或集团）旗下专业从事海外投资业务市场开发、建设、运营的法人主体，在集团内发挥"四大平台"作用，即海外投资平台、海外融资平台、海外资产运营管理平台和全产业链升级引领平台。

电建海投公司为实现中国电建集团全产业链价值创造，在海外电力项目投资建设管理实践中，构建了业主方、设计方、监理方、施工方"四位一体"组织管控模式。"四位一体"组织管控模式是以业主方为主导核心,充分发挥自身主动性和创造力,对产业链上下游资源进行重组、整合,构建"业主方+设计方+监理方+施工方"的组织管控。通过合同履约,以行政统筹为纽带,明晰合同边界条件,明确合同履约各方责任,紧紧围绕合同工期目标,通过多维度、多形式的管理引领,通过"五大坚持"(包括坚持战略引领、坚持问题导向、坚持底线思维、坚持复盘理念、坚持管理创新)管理方法,着力推进"五大要素"(包括进度、质量、安全、成本、环保)管控。通过进度计划管控、质量安全体系管控、合同风险管控、环保监督管控、方案科学优化、考核激励机制、党建企业文化等举措,提升风险管控和资源整合能力,有效控制经营成本和防范投资建设风险,强化了项目生命共同体意识,发挥了集团成员企业资源共享、强强联合和集成管理优势,实现了集团整体利益最大化和全产业链价值创造。体系建设、工程优化、管理创新、考核激励、党建与企业文化等工作,提升动力、放大效应,实现组织内的最佳协同,推进业务链向价值链转变。

电建海投公司作为集团全产业链升级引领平台,通过"四位一体"组织管控模式构建和实施,避免了合同管理模式下因合同利益诉求不同导致的信息不对称和合作不顺畅的问题。在"四位一体"组织管控中,集团成员企业不仅要服从合同约束,而且要接受行政统筹管理,电建海投公司从简单的投资主体上升到集团战略引领者,推动集团成员企业从整体利益、全局利益出发,互相理解和支持,合力解决项目中遇到的难题,强化"生命共同体"意识,实现信息共享、资源共享,有效降低经营成本,实现集团成员企业效益利益最大化。

与电建海投公司相似,中铁隧道集团一处有限公司也是通过"四位一体"的全产业链组织管控,来开辟海外"蓝海"市场,促进企业利润增长。公司依托集团"设计、施工、科研、装备修造""四位一体"的全产业链优势,通过建立以"责、权、利"为核心的责任体系,科学高效的海外工程前、后台管理组织机构,各参建方经济核算和利益分配机制,多措并举的海外工程综合保障体系,掌握施工"话语权",以自主勘测设计输出"中国标准"为工程建设服务,强化企业内部协同管理,确保工程履约，打破欧美工期判定，创造工程建设"好、快、省"的奇迹，大力培养海外工程专业人才，强化工程建设属地管理，积极推动本土化建设，建立海外劳务用工基地，重视宣传管理、扩大品牌效应，实现"走出去""站住脚""扎住根"的海外市场开拓扩展的管理目标。

中铁隧道的海外项目通常采用EPC（设计、采购、施工总承包）工程总包模式，为适应海外项目总承包特点，结合自身综合能力，提出"四位一体"协同管理理念，集中所属设计、施工、科研和装备修造等资源于海外工程项目，充分发挥设计单位的勘测设计能力，施工单位的专业化施工能力，科研单位的工程难题科研攻关能力，装备修造单位的施工配套装备设计制造能力，通过"四位一体"协同管理，使各单位形成合力，提升管理效能（如图8-4所示）。

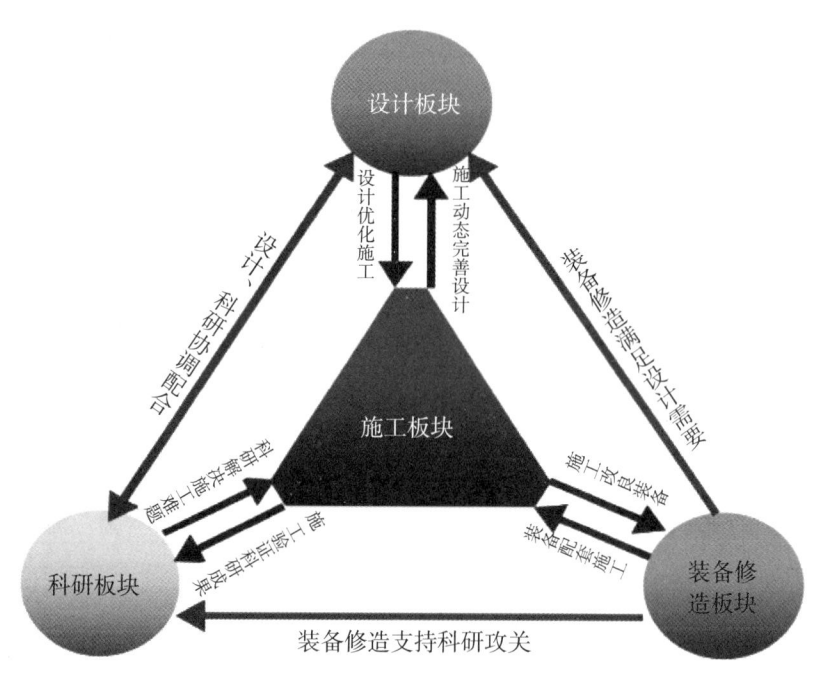

图8-4 "四位一体"协同管理示意图

在企业实施组织管控中，由于"四位一体"需要协同来自不同单位的各项资源，而各方都有不同的管理目标和利益诉求，因而如何加强各方的协同作用就成为管控成败的关键。因此，在统筹管理聚集于项目的各项资源时，项目部需要从共同目标树立、经济利益分配和职责分工等方面着手构建共同体，确立"一荣俱荣、一损俱损"的协作观，从管理目标、思想认识上进行统一；构建以项目整体盈利、参建个体才能得利的分配机制，促使各方开源节流做大"利益"蛋糕；科学合理划分各参建单位责、权、利，破除"藩篱"形成利益共同体。

第九章 数字化的全面绩效管理

人力资源是企业获取竞争优势的重要资源，更是企业管理创新的重要主体。绩效管理作为人力资源管理与开发的核心，在提升员工绩效和增强企业竞争力中发挥着重要的作用。本届企业管理创新成果中，绩效管理涉及数字化绩效管理、协同绩效管理、平台绩效管理以及全面绩效管理等多个领域。

一、构建数字化绩效评价体系

目前，随着数字化在各行各业的不断推进，数字化绩效管理体系建设也日益得到企业的重视。然而，数字化作为一种现代信息化管理方式，极易受到传统管理理念的排斥，导致多数企业仍旧很大程度上依靠传统的人事管理。受传统绩效管理方式的影响，首先，在绩效管理的评价标准层面，绩效评价的指标可量化性不强，科学性相对欠缺，这使得绩效管理的基础不扎实，指标不明确的绩效管理对员工工作的评价可能产生不公平的认定，严重损伤员工的工作积极性；其次，在组织结构层面，绩效管理部门在组织结构上缺乏一定的独立性，导致绩效管理的工作仍然面临领导的"节制"，人为因素对于绩效管理评价的干扰严重影响了公正合理。

中国航空工业集团公司雷华电子技术研究所（以下简称雷达所），为了进一步提升其市场竞争力，解决产品构成较为单一、技术目标不甚清晰、市场意识不强等问题，决定以发展战略为牵引，以矩阵式绩效管理为基本逻辑，在传统无序的人治、主观管理的背景下，从目标、过程、评价、改善各方面入手，融入OKR（Objectives and Key Results，目标与关键成果）、CMMI（Capability Maturity Model Integration，能力成熟度模型集成)、JIT（Just In Time）生产制造等理念，构建分层分级的指标管控体系，在数字化运营管控大数据平台支撑下，不断优化业务流程，促进企业不断改进提升的闭环管控，全过程、全要素提升科研生产管理，促进经济指标、市场响应、科研生产和人员效率等运营质量指标的持续提升，实现相关方共赢，实现运营质量提升（如图9-1所示）。

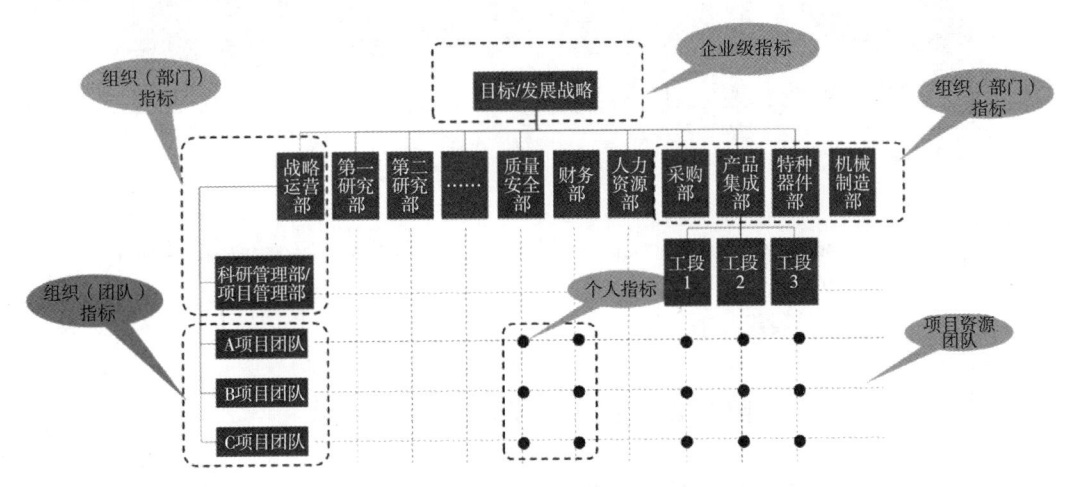

图9-1 雷达所提升运营质量的组织绩效管理

绩效评价体系的构建，使得评价与业务实现深度交融，实现"所级评价团队，团队评价员工"两级管理体系。所级年度绩效目标在团队高效履职过程中逐步实现。绩效评价牵引团队的履职方向，在履职过程中做出更高成效；牵引部门明确员工履职目标，在履职过程中做出更高成效。绩效评价的最终目的是促进全员成长，是企业发展的根本所在。OKR目标管理系统、项目管理系统、生产管理系统作为业务载体，承载各类业务工作数据信息，是数据集成的核心基础；绩效评价体系是以牵引实现研究所战略目标为核心，对部门及员工的履职情况的综合系统的机制；绩效评价信息系统是建立在业务信息平台上，集成各信息平台的核心数据，支撑对部门及员工的综合评价（如图9-2所示）。

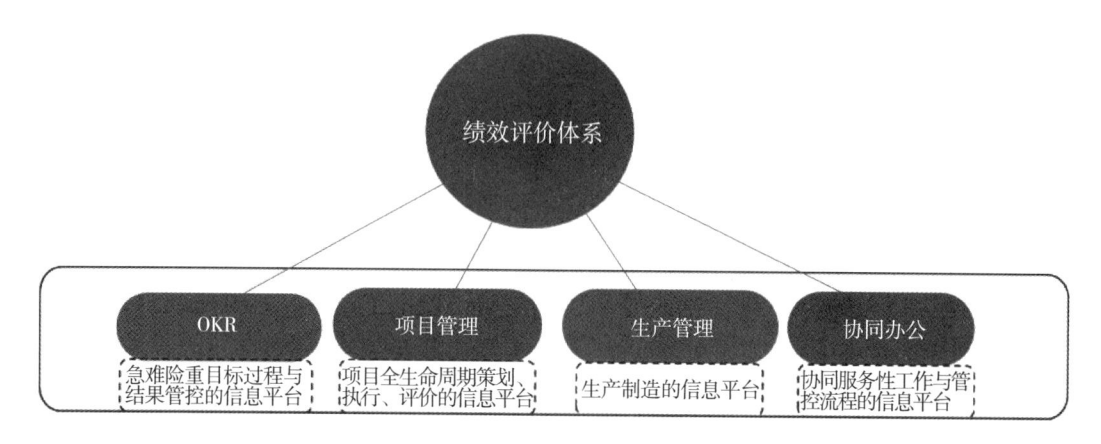

```
                    ┌─────────────┐
                    │  绩效评价体系  │
                    └─────────────┘
         ┌──────────┬──────┴──────┬──────────┐
       ┌────┐   ┌──────┐      ┌──────┐   ┌──────┐
       │OKR │   │项目管理│      │生产管理│   │协同办公│
       └────┘   └──────┘      └──────┘   └──────┘
    急难险重目标过程与  项目全生命周期策划  生产制造的信息平台  协同服务性工作与管
    结果管控的信息平台  执行、评价的信息平台               控流程的信息平台
```

▶ 绩效评价体系不等同于信息平台，评价的最终目的是促进全员成长，是企业发展的根本所在

▶ 信息平台是工作的载体，信息平台承载各类工作的数据信息，是数据集成的核心基础

▶ 绩效评价体系是以牵引实现研究所战略目标为核心，对部门及员工的履职情况的综合系统评价，是建立在四大信息平台上，以来自不同信息平台的大数据，支持对部门及员工的综合评价

▶ 信息平台不仅是定量数据的来源，也是定性评价展现内容的信息来源

图 9-2　绩效评价体系与业务平台

在运行过程中，雷达所提取了大量的可以有效反映雷达所人力资源、项目开展、生产推进的数据，为进一步实施大数据分析、形成知识沉淀的"智慧院所"建设提供了坚实的数据基础。通过对数据的深度挖掘，为组织能力改善，运营质量提升提供决策依据。自 2015 年到 2017 年的三年间，根据运行过程中的各种反馈和问题，及时总结经验教训，雷达所对各信息化系统进行了反复的迭代升级，如更精细化的 OKR 系统 2.0、更强调结果导向的任务系统 2.0、更多维度考核的评价系统 2.0、更合理调度的 MES 系统 2.0 等，持续实现业务系统优化改进（如图 9-3 所示）。

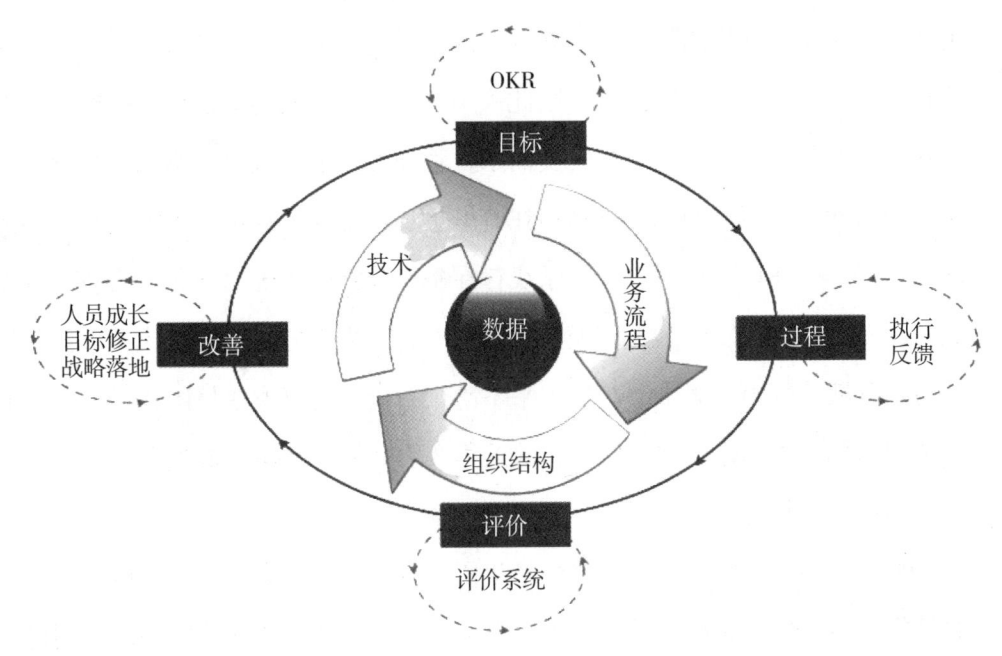

图 9-3　雷达所"目标—过程—评价—改善"的组织绩效持续改善

在数字化绩效考核体系建设中,不同企业需要根据自身的市场定位、行业特点、发展阶段以及所处的经济环境等因素,确立考核指标及其权重。完善的公司绩效考核指标一般包括四个方面,即财务指标、核心竞争力指标、管理指标以及外部利益指标。在这四个指标中,财务指标是当前企业业绩考核的关键性指标,核心竞争力指标主要关注企业的创新和研发能力,管理指标反映了企业内部控制状况,而外部利益指标是一种市场反映情况的评估手段。

二、构建协同绩效管理体系

企业发展中需要重视战略协同,既要创造不同业务部门之间的协同效应,更要建立与外部合作伙伴之间的协同效应。绩效管理协同作为战略协同的重要组成部分,也是战略协同效应实现的重要保障。

中国核工业集团公司的业务涉及核军工、核电、核燃料循环、核技术应用、核环保工程、核能服务以及新能源开发等核工业产业链中多个业务相互关联的领域。

在过去几十年时间里，集团发展主要来源于国家投资，依据的是国家生产、建设计划，并且具有多项"专营权"优势，因此采用的是总部集权的运营型管控模式。中核集团从工业部门、行业性总公司转变而来，管理模式上行政化色彩未完全消失，企业化、经营性转变不够彻底，仍然存在着思想观念转变不到位、体制机制不够灵活等问题。财务、计划、科研等部门条线存在条块分割，系统内部各自为政，难以集约经营，发展平台、发展水平和经济效益都不高。集团公司内部各成员单位独立经营，力量分散，资源不集中，利用水平不高，系统内没有形成集团式运作，产业发展距离规模化、集约化发展程度低，缺乏集约管理能力，集中调配资源的能力不足，整体的竞争力有待提升。

中国核工业中核集团（以下简称中核集团）自身是一个完整的产业链，是典型的链式结构，各单位之间存在较多的上下游关系，因此各产业环节之间的协同能力决定了整个产业链的发展能力；同时，中核集团是三级管控模式，总部、板块和成员单位之间的协同配合决定了整个中核集团的运营水平。从中核集团与外部的关系来看，也需要与供应商、合作伙伴，甚至是与中央主管部门、地方政府加强协作，才能较好地完成任务，实现发展目标。大力推动管理模式创新，构建起协同性绩效管理体系，是中核集团战略上的一次重大选择，也是中核集团又好、又快安全发展的必由之路。

2013年开始，中核集团吸收现代绩效考核体系的先进成果，借鉴国内外大型军工集团的绩效管控经验，开始构建协同型绩效管理体系。按照体系整体构建方案，通过组织体系、制度体系、执行体系的统筹构建，依托信息化系统的建立，形成以计划-预算-考核一体化体系（简称JYK体系）为核心，覆盖总部、板块和所属单位以及所有经营单元的协同型绩效管理体系，在实施的过程中持续改进，逐年迭代优化，历经5年的持续努力，最终完成协同型绩效管理体系的构建，在责任体系、资源配置、产业链、国内外市场开拓方面实现全面高效协同，助力中核集团在军工科研生产任务、国内外市场开拓上取得了突出成绩。

三、基于信息化平台的绩效管理

随着信息技术的发展，网络信息技术和信息平台被广泛地应用于各个领域，信息平台的搭建已经成为各行各业发展的重点之一。目前，在企业绩效管理方面，由于没有统一的信息化平台，导致信息采集和信息处理效率低下，从而导致企业绩效管理效率和质量低下。为此，加强信息化平台的建设非常必要。同时，运用信息化平台加强企业绩效管理，提高员工的工作积极性，从而提高企业的绩效管理水平也是顺应时代发展的必然选择。

因此，利用信息化平台实行绩效管理是企业管理创新的重要方向。国网辽宁省电力公司沈阳供电公司为提升客户服务水平，更好实施数字化岗位绩效管理，促进客户、企业和员工多方共赢，坚持以客户为中心，以规范化、精益化为主线，以持续提高服务效率为着眼点，创新利用先进信息技术手段，遵循"科学制订分解绩效目标、全过程实时在线管控、公开透明考核评价、优化完善激励机制、动态优化提升"的指导思想，明确创新实施全面绩效管理的整体方向，建立界面清晰的绩效管理组织体系，科学制订绩效目标并层层分解落实；构建数字化管控平台，为岗位绩效评估提供科学依据；建立公开透明的绩效考核评价机制，科学评估员工绩效；优化完善激励机制，促进企业与员工活力提升；建立动态优化机制，促进循环改进不断提升。从组织体系、管理制度、考核评价、激励引导等方面形成了一整套完善的全面绩效管理体系，员工执行力和积极性显著增强，市场前端服务能力不断提升，企业管理效率效益和客户满意度大幅提高。

为有效消除各层级经营单元点多、地域限制等不利因素，新疆电信公司通过搭建统一的"四位一体四级穿透"大数据管控系统平台，实施多维度、可穿透的管理与评价，跨域关联整合数据，逐步实现核心数据穿透到一线。

首先，为确保多维度、可穿透的管理与评价实施，新疆电信公司通过搭建集规划、预算、资源配置、考核"四位一体四级穿透"的管控系统平台，提升各层级管理驱动力。

通过建立智慧化管控系统平台，全面提升管理效率与效益，为四位一体闭环管理向四级纵深穿透提升提供支撑保障。一是系统平台汇聚反映各层级运营能力与效率的核心数据，通过充分利用大数据分析，查找企业运营和管理流程中存在的问题，制定针对性改进举措，不断优化内部管理规则与决策流程。二是围绕营销、服务、管理和网运，开展重点大数据模型开发和应用建设，形成数据驱动企业智慧运营的数据应用能力。三是针对系统输出的问题推行派单功能，打通"派单—执行—反馈"闭环流程，由区公司向分公司派单，通过OA待办、短信提醒等多种方式派单到责任人，采取资源牵引、报账控制、通报考核等手段，确保责任落实到位。

系统平台经过指标筛选梳理、报表表样设计、底层数据汇聚、中层数据建模等建设阶段。四个层级共涉及指标650个，系统平台按月自动向各层级经营单元推送近1000份管控报告、7000张报表、35000个图形展示，每月推送汇聚基础数据达400多万条。通过整合15个系统数据，涉及新疆电信公司10个管控部门、覆盖16个分公司、90个县公司、781个支局，基本覆盖新疆电信公司所有经营责任单元。

"四位一体四级穿透"系统通过将企业网络、产品、渠道三大运营体系中的核心数据穿透到支局并进行效益效率评价，汇聚了企业运营的核心基础数据，通过对数据跨域关联整合并进行运用，有效支撑业财融合分析、产品效益评估、资源使用效率评价等环节的决策分析及数据运用，奠定丰富的大数据基础。智能化数据平台实现大数据汇聚、分析与预警功能，让四个层级更多管理者把精力集中到一线生产经营上。基层各类报送报表、数据分析工作量明显减少，取数看数快捷方便，各层级管理效率逐步提高，有效支撑一线业务开展，全面提升支撑服务水平，实现主要信息横向贯通、关键运营数据直达一线。

一是系统推送四个层级数据，为同层级组织之间的横向对标提供了数据基础；二是由系统自动出具各经营层级管控报告并进行短板分析，自动形成各层级经营管理基本面分析；三是引入企业健康度评价体系、价值效益效率指标评价体系，引导各层级不断提升价值管理和价值创造能力。四是嵌入毛利模型，形成标准的4G、FTTH、物联网、渠道、天翼高清、政企、翼支付等维度的毛利模型，便于各层级在日常管理中调用数据。五是加载公司"比学赶帮超"对标结果，支局作为"比学赶帮超"的最小单元，把每一个支局与标杆的对标结果和整改方案，在系统中以格式化的数据结构进行加载，系统每个月输出的结果和标杆目标进行比对，并自动输出整改执行结果，逐步实现支局动态"结对子"功能。

四、建立全面绩效管理体系

中央深入三项制度改革特别强调国有企业必须通过深化内部用人制度改革，强化价值评价和价值分配，推进全员绩效考核，科学评价不同岗位员工的能力贡献等措施，提高企业盈利能力、提高劳动生产率、提高潜在增长率。

绩效管理作为人力资源领域最为基础的模块，是企业驱动战略、落实具体任务目标、提升员工价值创造能力、营造良好高绩效氛围最微观的管理界面。航空工业成都飞机工业（集团）有限责任公司（简称航空工业集团成飞，以下简称成飞）的各下属单位在高强度生产任务状态下，员工绩效管理存在与战略、文化脱节；组织绩效目标与个人绩效目标脱节；只关注结果、忽视过程与行为；考核指标的制订忽视管理意义；管理者定位不清、能力短缺，与员工缺乏沟通等诸多问题，对绩效考核过分关注，让"年终排序"及"分配拉开差距"等成为管理者的"大难题"，造成内部管理压力和管理成本变相增加，管理成效层层打折，员工绩效管理无法推动目标落地，变相成为负担。这些问题已严重影响员工绩效管理作用的发挥，不能有效承接成飞战略目标及组织绩效。因此，员工绩效管理体系优化是实施企业发展战略、促进转型升级和解决现实管理需求的关键举措。

成飞选择了提升组织效能的员工全面绩效管理，以组织效能的提升为牵引，建立员工绩效管理与组织效能提升的强相关关系；以"全面绩效管理理念"为出发点，将组织绩效目标层层分解到员工，通过提升员工素质、引导员工行为、改进员工绩效，确保员工产生高绩效，一方面促进价值观落地、组织目标有效达成，另一方面促进组织核心能力形成和组织效能的提升。本成果所指的"员工全面绩效管理"是通过构建"全要素的指标体系""全过程、全主体、全周期的运行体系""全周期、多维度的激励体系"及"全支撑的保障体系",实现对员工绩效的全面管理,从而实现对价值、目标与人的管理,达到提升组织效能、企业转型升级的目标(如图9-4所示)。

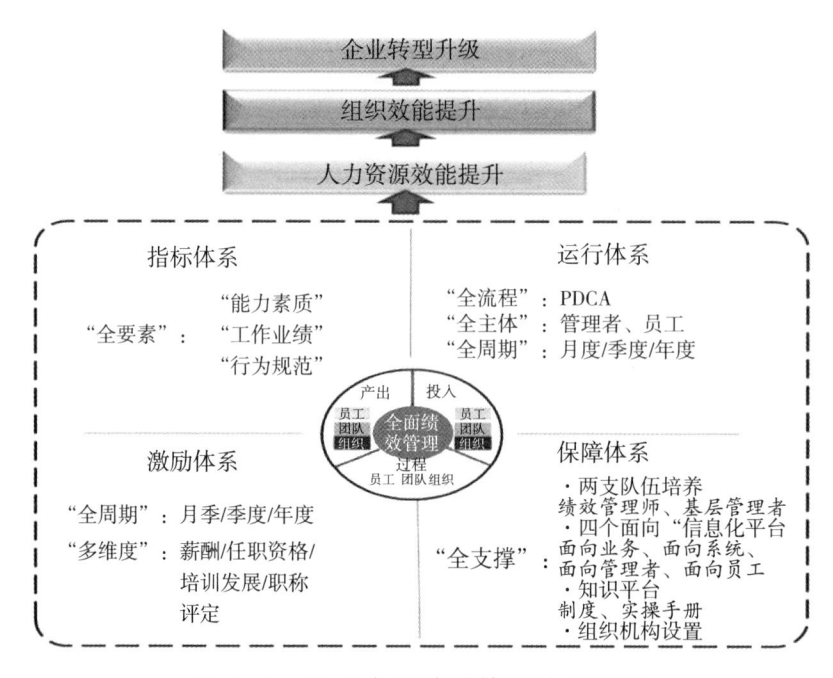

图9-4 员工全面绩效管理体系模型

成飞的员工全面绩效管理体系打破了"员工绩效管理就是人力资源部的事"的错误认识及习惯,赋予公司高层、用人主本、业务部门在员工绩效管理中的不同角色与职责,从员工绩效管理的决策者、组织者、推动者、实施主体等角度明确相应的职责及作用发挥,从而全方位、立体式推动员工绩效管理在成飞的持续深入推广,发挥最大效用,促进组织绩效的提升,促进了员工职业发展和组织的长远发展。

第十章　价值创造型的社会责任

履行社会责任作为当今企业发展的时代潮流，日益得到各方关注，成为社会经济发展对企业角色功能定位的基本要求，企业的定位已逐渐从单一的追求经营利润发展到全面履行社会责任的企业公民。党的十八届三中全会把"承担社会责任"明确为深化国有企业改革的六大重点任务之一；党的十八届四中全会提出社会责任立法；党的十八届五中全会提出"创新、协调、绿色、开放、共享"五大新发展理念，都与企业社会责任息息相关。

本届企业管理创新成果中，社会责任管理方面的创新涉及领域较为广泛，主要体现在社会责任项目化管理、构建绿色管理体系、精准扶贫治理创新等方面。

一、社会责任模块化管理

在经济全球化的背景下，社会责任也成为企业核心竞争力的重要组成部分。积极承担社会责任已经成为争创世界一流企业、提升企业核心竞争力的关键要素。目前，越来越多的企业基本具备社会责任管理理念，并在落实国家宏观调控政策、民生改善、节能减排、生态发展等方面做出了积极贡献。然而，在具体实践中，由于对社会责任的内涵认识有待深化、社会责任管理水平偏低，管理体系有待健全完善等问题。社会责任管理作为企业管理创新的重要内容，尚未真正融入企业改革发展的全过程，企业自身软实力的竞争力有待提升。因此，如何围绕价值创造，不断深化企业社会责任管理内涵，在企业经营过程中实现企业和社会综合价值最大化，并形成持续推进的长效机制，已成为企业提升企业竞争力、树立企业良好社会形象的重要课题。

联合国可持续发展目标明确要求，企业在获取经济收益的同时，必须承担起相应的环境责任和社会责任，2011年颁布的社会责任国际标准ISO26000规定的公司治理、人权、劳工实践、环境保护、公平运营、消费者权益保护、社区支持和发展七大核心议题为框架，明确了企业履行社会责任的具体标准，为全球企业提高责任竞争力提供了共同规范和普适价值。已经进入全球化竞争领域的大型央企，必须按照国际标准，切实履行好社会责任，形成国际竞争软实力，不仅要提供优良的产品质量与服务，还要树立良好的社会形象，以责任竞争力赢得市场。企业任何一项决策、生产经营活动，都要充分评估、考量对社会和环境的影响，以及对各利益相关方的影响。

中国铝业集团有限公司与国内外大型企业相类似，在推进社会责任工作起步阶段，对社会责任的内涵理解不深、管理边界不清，存在认识上的误区。比如，将履行社会责任仅仅当作是做好公益事业和环境保护，或者认为企业发展壮大之后才需要履行社会责任，或者认为企业是经济实体，履行了经济责任就是履行了社会责任。上述模糊认识，导致企业社会责任管理体系建设滞后，社会责任实践范围有限，缺乏集团战略层面的组织实施，引发了因职工安置问题与地方政府和当地社区产生矛盾、因排放超标被国家环保部门约谈、因环境问题被媒体曝光等负面事件，严重影响和制约了集团转型升级步伐。

从2014年起，中铝集团以ISO26000国际标准为指导，以构建"社会责任管理模块和负面清单"为核心，从五大履责领域入手，建立了理念体系、组织体系、制度体系、指标体系、考评体系为支撑的管理模块，同步推进负面清单管理，有效防范各类责任风险，创新实践"五步法"操作流程，将国际标准融入运营管理，形成了具有中铝特色的社会责任管理体系，在责任竞争力、市场竞争力、品牌影响力方面取得了显著成效。

中铝集团的社会责任管理模块由规划目标、管理体系、利益相关方、管理关联方、理念体系、组织体系、制度体系、考评体系八个部分构成。在战略层面，明确集团社会责任工作总目标和未来3~5年的阶段性目标。在运营层面,管理体系是整个管理模块的核心部分,基本涵盖了集团各单位、各部门作为运营管理方,在生产运营发展过程中涉及社会责任工作的具体内容。在基础层面,理念体系、组织体系、制度体系和考评体系作为保障社会责任管理工作的重要支撑。在操作层面,准确识别了内外部利益相关方,明确政府、股东、员工、供应商与客户、环境、社区、行业、社团等都是参与和沟通中铝集团社会责任管理的利益相关方。构建和完善了总部管理决策、板块公司分解落实、实体企业执行反馈的管理运转流程(如图10-1所示)。

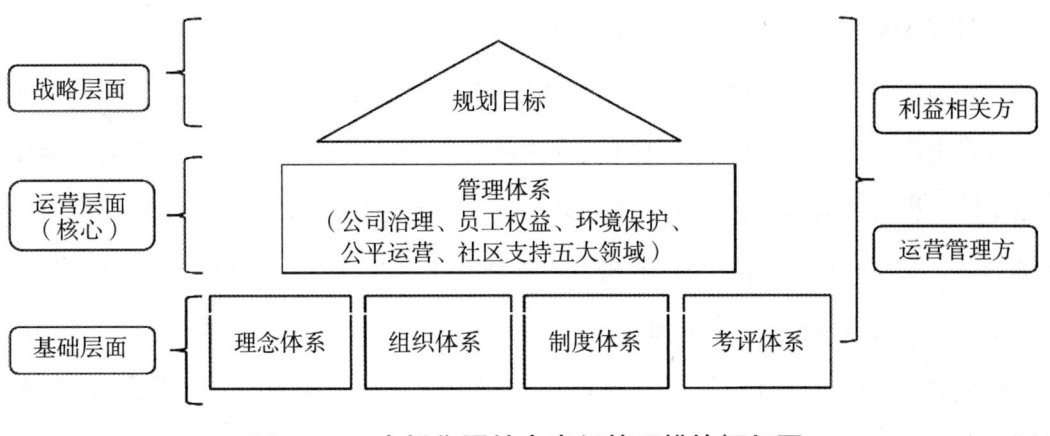

图 10-1　中铝集团社会责任管理模块框架图

在确定管理模块的基础上,中铝集团借鉴运用负面清单管理办法,深入研究社会责任国际标准ISO26000七大核心议题下的217个细化指标,按照"画红线、找重点、可操作"的原则,筛选、整合出符合集团运营实际的底线指标,转化语言风格,将通用指标内容转化为具有行业特色、便于执行考核的管理语言,研究制定了社会责任管理80项负面清单。

通过模块化和负面清单管理,履责意识不断增强,增强了中铝集团解决环境、社会和员工问题的能力,激发了动力和活力,有效防范了运营风险,提高了运营效率,促进了生产经营的持续改善,行业引领作用日益强化,责任品牌传播更加广泛。

二、建立社会责任根植项目管理

国网浙江省电力有限公司(以下简称国网浙江电力)坚持"人民电业为人民"的企业宗旨,切实履行央企社会责任,连续六届被评为浙江省最具社会责任感企业,企业社会责任工作持续保持"浙江引领"和"国网领先"。企业在社会责任管理中的重要创新成果就是基于价值共创的社会责任根植项目管理。

针对大型国有企业基层履行社会责任能力提升的难题,公司以企业"经济、社会、环境综合价值最大化"为目标,以价值共创为导向,以项目制运作为抓手,大力推进组织、机制、流程管理创新,通过引入先进社会责任管理理念,建立健全高效协同、根植落地的社会责任管理组织体系,构建实施全面涵盖社会责任根植项目选题、立项、实施、总结、评价和提升等各环节在内的一整套全过程闭环管控体系,科学进行社会责任根植项目论证与立项,强化社会责任根植项目的精益管控与落实,开展社会责任项目根植"百千万"行动等孵化培育,促进社会责任管理循环改进不断提升,探索形成了企业社会责任项目化管理模式。

社会责任根植项目普遍量大面广点小、主题分散在基层各个单位,传统管理方式更注重整体统筹性,强调社会责任一体化管理,而对具体每项工作实施的管控穿透力不足,难以适应透过社会责任工作推进社会责任理念深根厚植的新要求。为提高社会责任管理实施的有效性,在健全完善组织体系的基础上,国网浙江电力以项目制管理运作为核心,将社会责任管理工作项目化、系统化,遵循"PDCA"管理循环原则,创新开发包括选题、立项、实施、总结、评价和提升六个环节的社会责任根植项目制管理工具,形成社会责任根植项目实施路径和有效模式(如图10-2所示)

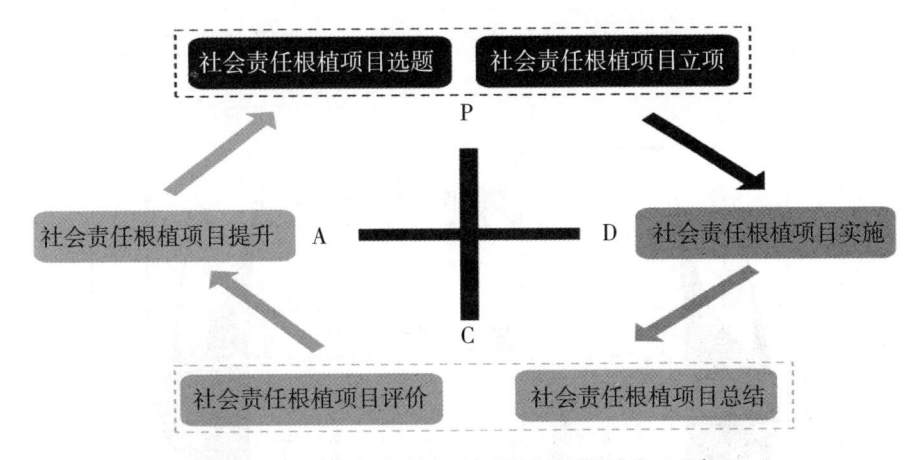

图 10-2　社会责任根植项目实施路径示意图

为有效实现先进社会责任理念的落地根植，健全完善管理体系，国网浙江电力按照"加强统一指挥，打破专业壁垒，强化协同配合，提升工作效率"的方向，着力建立健全"省、市、县"三级联动组织体系和社会责任根植项目"1+N"工作机制；注重吸纳外部力量，搭建多方共赢参与合作机制，推动社会责任根植工作"纵向联动"和"横向协同"，实现社会责任管理体系上下联动、内外延展。

三、构建绿色管理体系

中铁五局集团有限公司（以下简称中铁五局）自2015年以来，以京张高铁为载体，实施以生态优先、环境友好、资源节约为核心的全方位绿色施工管理。在施工中，中铁五局将绿色发展理念融入项目建设全过程，创新开展京张高铁全方位绿色施工管理的探索和实践。中铁五局通过系统规划部署、健全组织机构、完善管理制度、强化培训教育、加强检查考核等方式，构建京张高铁绿色施工管理体系并确保工作落地。同时，以施工组织、科技攻关和信息化管理为支撑，保障工程顺利推进；以文物保护、现场绿化和绿色驻地建设为抓手，最大程度维护生态原貌；以扬尘、污水和土壤治理为重心，严控施工过程污染；以节约材料、淡水、能源和土地资源为核心，有效降低各类资源消耗。通过这一系列举措，构建了京张高铁工程全方位绿色施工新体系，实现了良好的综合效益，树立了企业绿色施工品牌（如图 10-3 所示）。

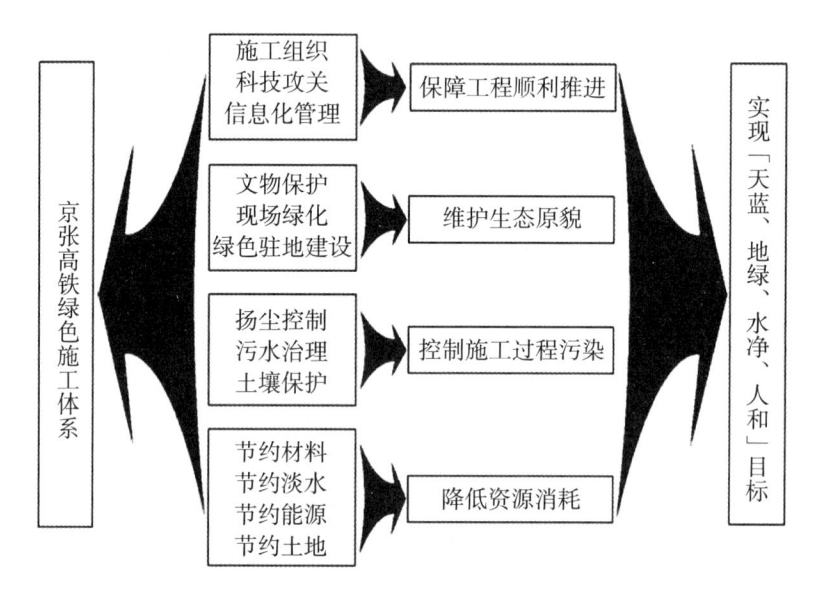

图 10-3　京张高铁全方位绿色施工管理体系图

通过全方位绿色施工管理体系的家里，一方面中铁五局转变以往工程项目施工零散、单一、相对粗放的环保管理模式，在京张项目建立并实施以生态优先、环境友好、资源节约为核心的全方位绿色施工管理新体系，取得了良好成效，成为国内高铁绿色施工的样板，发挥了引领示范作用。另一方面，实现了生态环境的有效保护。一是保护了文物安全。项目开工以来，工程共使用炸药 1400 余吨，爆破作业 21000 余次，经专业机构评估，未对周边长城和老京张铁路青龙桥车站等国宝级文物产生不良影响。二是维护了周边生态环境。八达岭长城等国家级旅游景点及周边的生态环境得到有效保护，实现了施工现场与周边生态环境的和谐统一。三是施工过程污染得到有效治理，较好地实现了"天蓝、地绿、水净、人和"的目标。

与中铁五局相似，华北油田公司也将"建设环境友好型企业、实现绿色和谐发展"的管理理念贯穿到油气生产管理全过程，以优化产品结构为核心，统筹重点环节治理与全面系统推进，做到油气产业发展和环境保护的有机统一，通过树立绿色发展理念，加强环保制度和考核机制建设，大力发展清洁能源产业，强化环保型产能建设和油气生产关键环节控制，深入开展节能降耗，构建环境应急处置机制，确保油气生产环保达标，提高资源利用效率，实现华北油田公司安全、环保、清洁、可持续发展。

公司通过持续强化环保监督工作，采油过程中存在的环境隐患得到了有效治理，高排放问题得到了有效控制，尤其是在白洋淀湿地、二连草原等环境敏感区域，没有造成一处环境污染，没有发生一起安全环保事故，有效避免了环境污染给企业带来经济损失，规避了环境污染给企业带来的颠覆性风险。同时大力推进的"气化农村"工程，积极推进地热能源综合利用，助力京津冀节能减排，改善空气质量，赢得了地方政府的广泛支持和赞许，获得良好的社会效果，并取得了显著的经济效益。

四、精准扶贫管理创新

党的十九大报告指出："新时代的精准扶贫要与扶志、扶智相结合，实现脱真贫、真脱贫，要坚持大扶贫格局，深入实施东西部扶贫协作，解决区域性整体贫困，确保2020年决胜全面建成小康社会。"[①]

河北深州农村商业银行作为深州市扶贫开发领导小组成员，将实施精准扶贫作为其责任和义务，以农村信用工程建设为载体，以大力推广小额贷款为手段，以培育发展富民产业为方向，以增加建档立卡贫困户收入为核心，促进农村信用环境改善和金融产品创新，着力消除金融排斥现象，提高贫困村金融服务覆盖率、可得性和满意度，促进金融供给和需求有效匹配，在保证商业可持续的前提下，根据金融服务市场的层次性和金融服务具体对象的特征，拓展农村金融供给渠道，提升农村金融发展水平，撬动金融机构向贫困地区和贫困农户精准下沉金融产品和服务，更好地满足贫困农户脱贫致富和间接扶贫的金融需求。

深州农商银行通过金融扶贫机制建设工作，与地方政府深度融合，建立无缝对

---

① 习近平.决胜全面建成小康社会，夺取新时代中国特色社会主义伟大胜利——在共产党十九次全国代表大会上的报告[R].2018年10月18日.

接的沟通协调机制，有效发挥了村、社区、企业党支部参与农商银行工作的积极性，充分发挥其人熟、地熟、情况熟和在地方有威信、组织能力强的优势，确保营销客户的深度挖掘，有效拓展和占领了市场。通过金融扶贫机制建设工作，金融扶贫的积极帮扶行动获得了贫困群众的一致好评，给予他们脱贫致富的巨大动力，坚定了脱贫攻坚的信心，为广大信用农户发放小额信用贷款，实现农民增收、农业增效、农村富裕，为加快农村基础建设提供强有力的金融支撑。同时，实施普惠金融，提高融资效率和社会效益，提升农村产业结构和农业产业化经营，改善农村经济社会环境，鼎力支持美丽乡村建设，促进县域经济快速发展。

再以国网湖南省电力有限公司郴州供电分公司（以下简称郴州公司）的光伏扶贫为例。如何将履行社会责任与脱贫攻坚有机融合，促进精准扶贫落地实施，是电网企业面临的新挑战。由于很多农村地区特别是贫困地区处于电网末端，电力供应能力不足，存在断电、限电等问题。实施光伏扶贫，可以有效解决拥有屋顶资源、空闲土地的贫困地区农民的用电问题，对改善农民生产、生活条件，推动贫困地区农民尽快脱贫，能够发挥重要作用。

郴州公司紧紧围绕实施促进生态产业发展的光伏扶贫项目管理这一目标，以精准扶贫、绿色发展为指引，以光伏扶贫项目为依托，牢固树立精准扶贫要"输血"更要"造血"的理念，坚持"精准施策、精准推进、精准落地"，立足电网实际真心实意为贫困群众办实事解难题。通过深入开展光伏扶贫实施调研，统筹电网规划建设；多维融合"光伏+"应用，打造光伏生态扶贫产业链。在此基础上，进一步建立光伏等清洁能源并网服务机制，加强源网荷柔性调节，保障光伏等清洁能源消纳；健全完善业务培训体系、运维服务体系和技术支撑体系，为生态产业光伏扶贫提供坚强保障。通过实施这一系列举措，实现了精准扶贫、拓展产业生态链、促进企业和社会生态效益提升的目的，初步探索形成了通过产业发展实现有效扶贫的新模式。

案例篇

第十一章 中航工业集团：基于数字系统工程的正向创新型研发体系建设

中国航空工业集团有限公司（简称中航工业集团）是由中央管理的国有特大型企业，承担着提高我国国防和军队现代化水平的战略使命，满足维护国家主权、安全和发展利益的军事需求，为国防安全提供歼击机、轰炸机、运输机、无人机等先进航空武器装备，提升我军空中进攻、战略投送、战略打击、侦察预警、舰基航空、空基反潜、无人作战、空天作战、电子作战、陆上立体机动能力，为我军战略转型和有效履行使命奠定坚实基础。同时，集团积极推动国防科技和装备的军民融合，为交通运输提供水陆两栖飞机、支线飞机、民用直升机、公务机等先进民用航空装备。中航工业集团下辖100余家成员单位、近27家上市公司，员工逾45万人，2017年实现营业收入4035亿元，实现利润165.5亿元，成为《财富》世界500强排名第161位的大型企业集团，位列航空航天与防务板块前列。

一、制订数字系统工程应用，构建正向研发体系的顶层规划

中航工业集团采用架构引领、基于模型、数据驱动的创新方法，建立与国际航空航天和防务（A&D）领域对准的数字系统工程应用体系，构建完整的支持数字系统工程方法应用的知识体系、方法体系、工具链谱系——面向联合作战和装备能力，建立装备体系能力联合生成新模式；面向航空装备研发，建立基于模型的航空装备

敏捷研发和虚拟综合与快速验证环境；面向产业协同，建立多领域、多专业模型定义和连续传递机制。实现需求驱动的正向研发，提升航空装备创新研发能力，实现根本上实现航空装备从跟踪式发展向自主创新转变。

装备研制项目是中航工业集团数字系统工程方法应用的最主要主体，涉及到飞机系统、子系统、组件研制各个单位，需集团层面从推进组织策划、知识体系构建、人才队伍建设、工程应用实践等方面统筹规划、协同推进。以数字系统工程方法为指导，以系统工程流程为主线，构建正向研发体系，实现基于体系架构方法的需求生成、需求驱动的正向设计和基于模型的持续验证，助推航空装备创新、高效研制。

2014年，中航工业集团制定《航空产品系统工程建设规划》，明确了系统工程信息化平台建设背景、目标、总体架构、建设路径和实施要求，提出了统一中航工业集团系统工程业务架构、软件工具及技术服务模式；成立了集团系统工程推进委员会、推进办公室和卓越中心：推进委员会是中航工业集团系统工程推进工作的最高决策机构，推进办公室是管理机构，负责系统工程推进实施和日常业务管理工作，卓越中心负责组织形成符合中航工业集团业务特征的系统工程方法论、工具软件应用模式、最佳实践和模型库，开展系统工程业务咨询、培训、认证、工具平台建设及实施服务工作；制定了全集团数字系统工程方法应用导航、试点、推广和型号全面应用的推进路径。

面对航空装备自主创新正向设计要求，采用国际标准建模语言与模型互操作标准，建立贯穿航空复杂装备需求定义、功能分析、架构设计、系统设计与分析的数字系统工程正向研发体系，实现全程模型化定义、连续追踪与持续验证。基于国际标准的系统建模语言（SysML）开展复杂装备需求分析、功能分析和架构设计，实现需求、功能向架构的分解分配与结构化追踪，提升需求管理和架构开发能力；基于多学科统一建模语言（Modelica）开展复杂装备多学科联合仿真，实现系统级功能/性能仿真验证；基于功能样机接口（FMI）标准实现SysML模型与Modelica模型元素的集成，实现逻辑架构向物理架构的映射与追踪，同时基于FMI标准实现Modelica模型与机械、电子、软件等子系统/组件设计与分析模型的集成，从而实现从几何样机向功能、性能样机的突破，进而将验证和确认后的需求、功能、架构模型传递给机械、电子、软件等相关专业，开展子系统/组件的研发，确保系统、子系统、组件设计的一致性（如图 11-1 所示）。

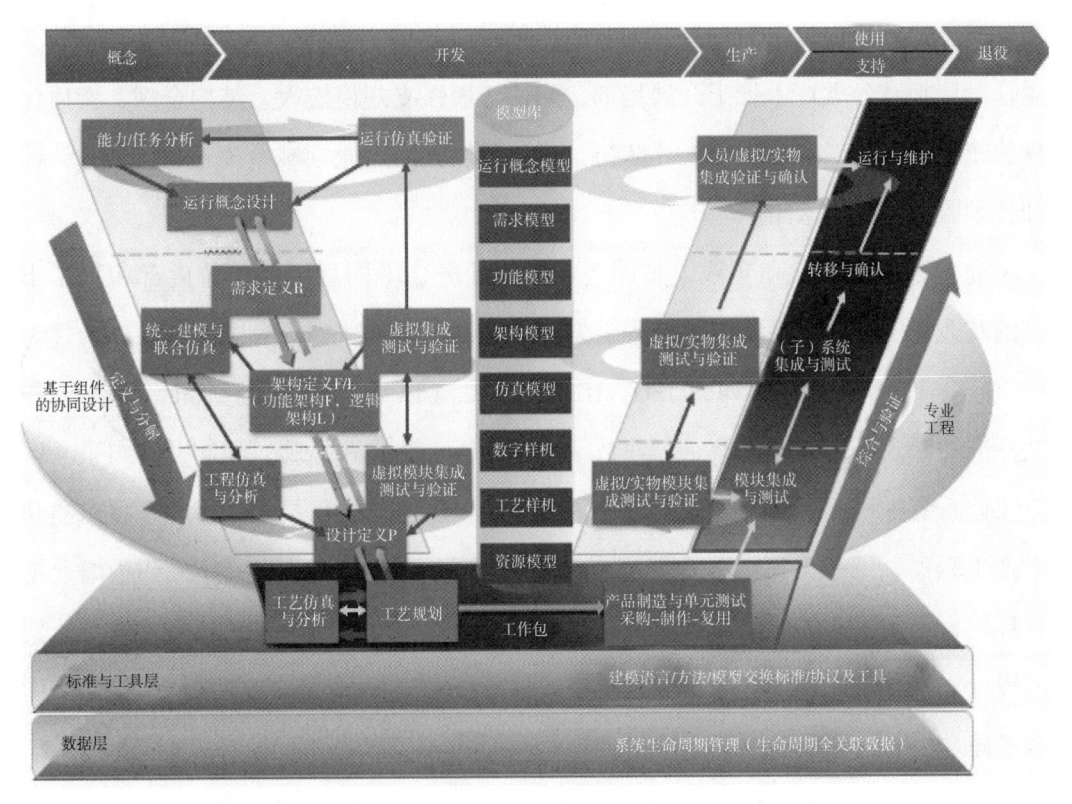

图 11-1　复杂航空装备数字系统工程创新研发体系

二、建立数字系统工程标准体系，为研发模式转型奠定基础

2013 年，中航工业集团公司陆续加入了国际系统工程协会（INCOSE）、对象管理组织（OMG）、开放组织（TOG），引入了复杂组织体架构和系统工程领域相关方法论、流程、方法和标准规范，翻译并出版了《系统工程手册》《基于模型的系统工程方法论综述》《TOGAF 标准》《敏捷系统工程》等核心知识体系，并选

择国际系统工程协会（INCOSE）系统工程知识体作为推进的理论和方法依据。联合国际系统工程协会、清华大学共同建立了国际系统工程师联合培训与认证体系，形成创新驱动发展的实践载体、资源安排和生态保障，明确企业、高校、学会组织等各类主体功能定位，面向航空工业集团范围内各单位总师、副总师、型号主管、主任设计师及各类技术骨干开展培训，加快汇聚一支规模宏大、结构合理、素质优良的航空创新型系统工程师人才队伍，成为我国国防工业领域系统工程培训、认证和技术服务高端技术团队。

通过5年的探索和实践，集团公司不同业务、不同层级的单位内部积累了丰富的实践案例，数字系统工程流程、方法、软件工具和建模语言渐成体系。通过对INCOSE、OMG、SAE、TOG、ISO、IEEE、IEC、EIA等国际标准组织系统工程相关标准的深入研究，结合航空工业数字系统工程方法实践经验，编制并发布了《航空工业系统工程标准体系规划》，分为四类：顶层要求类、技术管理类、技术类和专业工程类。每一类又细分为三层：流程、方法/模板、建模规范/操作指南及工具环境，涵盖了业务与使命分析、利益攸关者需要与需求定义、系统需求定义、架构设计、系统设计、系统分析等系统工程核心技术流程，航空工业系统工程标准体系的建立为研发体系转型奠定了基础。

三、建立基于体系架构方法的航空装备需求生成新模式

传统研发模式下，武器装备研制需求主要针对特定军兵种，需求的生成、验证和确认仅针对特定领域，没有在整个体系大环境下进行考虑，缺少面向联合作战能力需求进行多层面、多视角、多组织的一致沟通方式，加剧了联合作战概念到武器装备能力与装备系统需求割裂的情况，军方和工业方也无法遵循统一的语言与模式从作战场景到装备需求进行有效对接，同时大量的需求文件基本上采用文档描述，存在大量模糊性，难以早期验证与确认，为后期研制埋下了问题隐患，制约了自主创新，只有突破面向联合作战概念的武器装备需求生成技术，才能实现前端需求的

正向捕获，从源头上驱动下游的功能和架构设计创新。

按照体系化联合作战模式，开展作战体系建模与能力需求论证，以飞机顶层作战能力要求为输入，采用体系架构建模技术 DoDAF/UPDM（防务领域统一建模框架），基于作战概念进行作战推演，基于能力进行指标分解，基于仿真进行指标评估，以作战系统（含飞机、武器、保障、训练系统等）为研究对象，论证提出针对主要作战任务的能力要求和体系需求与接口要求。以飞机为研究对象，围绕作战流程，结合对抗分析，提出飞机总体能力要求。在概念层级即能可视化表达联合作战概念、武器装备能力及需求，实现多层级、多视角、多组织的一致性理解，不仅可以通过全程的可追踪性实现需求的准确传递，同时可在武器装备研制之前提前验证和确认武器装备需求对未来联合作战概念及武器装备能力要求的满足度，提前洞察需求的缺陷，实现对结果的可预见，并支持对武器装备渐进式采办。

中航工业集团所有的主机所和主要系统所从 2013 年开始采用该技术开展各类飞机立项论证和顶层需求捕获，基于架构框架与模型体系，开发作战场景驱动的可视化任务与体系架构运行环境，通过仿真运行场景完成装备运行概念、能力体系、装备方案的同步、协同和综合验证，实现体系架构以及关键特征需求的评估和权衡，得到客户方的高度认可，创新了航空装备需求论证新模式，大大提升了航空装备立项论证的效率和成功率。

在某型飞机论证过程中，结合近距空中支援典型任务模型，以任务与体系架构统一建模平台为支撑，通过基于 UPDM 的装备论证方法，建立体系内地面引导员、地面指挥车、联合作战指挥中心、支援保障系统之间信息交互行为模型，开展模型的动态特性、协调性和时间特性的验证；采用可视化仿真技术，建立战区搜索、目标定位、支援攻击等时空作战演示场景，通过体系架构的行为模型驱动作战场景，开展空地作战概念、体系架构和主要功能的验证，实现任务体系架构模型和时空作战演示场景的联合动态仿真及关键特征的评估。

在某无人体系项目中，基于无人集群作战概念捕获装备系统需求，将作战任务活动分解细化到系统的功能中，形成无人系统能力需求。基于体系结构设计的装备体系需求获取方法从作战、系统、技术等几个方面获取需求信息，实现作战需求到装备系统需求的映射，将作战任务中提出的能力需求与体系中作战装备的功能需求对应起来，通过体系能力牵引功能设计，整个需求获取和分析过程对应体系结构产品设计过程，符合基于能力和自顶向下的正向设计思想。

四、采用基于模型的航空装备正向设计新方法

传统的装备研发模式是一种基于原型的逆向跟随式设计模式，一般通过原型类比的方式进行需求论证，功能和架构设计也难以突破原型机限制，顶层系统功能和性能指标在前期验证不足，系统行为通常在软硬件集成后再显现，主要靠后期的物理试验和试飞，严重制约创新能力提升。因此，迫切需要建立基于数字系统工程方法的装备正向研发体系，实现需求驱动的精细化设计。

基于模型的航空装备正向设计方法强调在产品研发的方案阶段通过模型详实地定义需求与系统功能，并进行架构设计与综合，使用标准化的系统建模语言建立需求、功能、架构模型，实现从需求到功能、架构的分解和匹配，通过模型执行和仿真手段实现系统需求和功能逻辑的验证和确认，在设计前期更早的确认需求的正确性、功能实现的合理性。主要包括以下三部分。

①基于模型的需求分析，围绕作战概念和作战想定，进行作战能力和作战场景的建模与仿真分析，从中得到分配到各个作战单元（关注飞机）的任务需求，作为该作战单元研制的顶层任务需求，进而开展系统需求分析与定义。

②基于模型的功能分析与架构设计，以作战体系分配给飞机的顶层任务需求和其他利益攸关者需求及系统需求为输入，逐层开展飞机级、系统级、子系统级功能分析、分解和分配，最终将顶层需求逐层向下传递到成品设备，得到整个飞机的逻辑架构。

③基于模型的系统综合与联合仿真，以上游得到的逻辑架构和分配需求为输入，开展各系统、子系统的物理方案设计和建模分析，并通过早期基于模型的虚拟集成

仿真，对设计方案进行虚拟验证、权衡分析和优化，同时将供应商的成品模型纳入系统早期虚拟验证过程，最终得到优化后的飞机物理架构和方案。

在新舟700商用飞机研制过程中，对12万条研制需求进行了条目化、结构化定义和管理，对航电、机电和飞控16个子系统进行了基于模型的用例分析和设计综合，建立了整个机电系统架构及ICD模型并开展了12个子系统的功能级虚拟集成验证，提升了型号工程需求管控能力和大系统综合能力，为型号需求的论证、综合性能的优化、成品技术指标的确定等提供了科学、量化的支撑，初步实现了"由基于文档的设计向基于模型的设计转变、由基于原型的逆向跟随设计向需求驱动的正向创新设计转变、由基于试验的后期验证向基于仿真的虚拟先验转变"，并对整个专业技术体系和研制流程体系的优化起到了良好的促进作用。

五、开发航空装备功能／性能／几何全数字样机

传统数字样机主要基于CAD技术描述装备的几何结构及相关非几何信息，包括设计尺寸、材料、工艺等，应用于设计过程检查以及装配分析，无法表达系统复杂的功能逻辑与内外部交联关系，也无法展现系统整体行为。需建立基于多维、多级数字样机为核心的大型飞机数字化工程设计体系。分别从功能、性能、几何三个维度，建立功能样机、性能样机和几何样机工程设计体系，每类数字样机按照研制进程，分为一级样机、二级样机和三级样机，分别对应初步设计、详细初步设计和详细设计。

几何样机以CAD技术为核心，通过三维CAD技术描述产品的几何特征及相关的非几何信息，反映真实产品结构的全构造要素，如几何尺寸、空间位置、装配关系、材料属性等，可用于产品的设计协调、干涉检查、虚拟装配。随着几何样机与机构运行学、虚拟现实等技术的结合，几何样机的功能拓展到运动机构分析、维修性／可达性分析、人机功效分析等。

功能／性能样机以CAE技术为核心，通过数据建模和数值仿真对航空装备机

电液多学科功能/性能进行分析、权衡和优化，可用于多学科系统仿真、CFD 计算、CAE 分析，进行产品机、电、热、磁、声、控制等多学科性能的建模、仿真、分析和展示。

在某运输机研制过程中，建立了全三维几何样机，实现了设计内部多专业之间基于几何样机的在线关联设计、设计协调和设计审查，显著提升了设计效率和质量；建立了 14 个部件级功能/性能样机设计系统，实现了基于数字化功能/性能样机的多专业协同仿真分析、供应商模型集成验证和机电液系统的大规模虚拟试验验证。

六、构建航空装备虚拟综合和验证新环境

传统复杂装备研制需要通过方案阶段的原理样件试验、工程研制阶段的初样试验和后期的铁鸟试验、地面试验等各类物理试验进行系统综合和性能验证，试验准备周期长，成本高，试验中发现了问题进行故障诊断和排查，修改设计方案，甚至推倒原有方案，进行返工，周期长、代价大。而物理试验自身有一定的局限性，以飞机为例，物理试验中无法完全模拟真实的飞行环境和飞行状态，较难考虑所有飞行条件，也比较难以表征系统软硬件的全部特征。

航空工业在型号研发中运用数字系统工程方法，基于模型开展复杂装备虚拟综合与试验，大幅度减少物理试验次数，降低成本和缩短研制周期。通过全系统数字样机的建立，对气动、机械、液压、电气、控制多学科子系统之间的复杂集成和耦合关系进行建模与仿真，通过虚拟仿真洞察和获取更多的品质，包括电液系统控制作动性能、机械运动与飞行状态、结构应力、疲劳损伤以及复杂的力纷争问题等，在整机级调优系统性能并优化系统设计。虚拟综合验证方式彻底改变现有的系统集成方法和流程，在早期设计阶段基于架构级和功能级模型即开始进行初步的系统集成，将系统综合与整体评价的工作提前，以提高系统方案成熟度，避免设计后期出现颠覆性问题。在详细初步阶段，进一步细化各系统的模型，进行系统关键参数的仿真，进一步优化系统的设计方案。在详细设计阶段，通过性能级仿真模型，动态

的反应各系统的瞬态行为，验证系统的瞬态性能特性。

某型飞机研发过程中，通过功能样机接口技术对电气、液压、环控、燃油、动力等多领域和机、电、液、控、热等多物理域模型的集成和综合，构建"虚拟集成飞机"，并开展系统级仿真验证，获得全系统的整体最优或次优解，实现了多方案快速权衡，减少设计中的错误和不必要的反复，尽早发现设计缺陷，提高了设计质量。

七、案例启示

（一）打破各种壁垒实现共享协同创新

随着跨国跨行业竞争的日益普遍，企业之间的竞争也更加有赖于建立强大的共享协同研发体系。中航工业集团从我国作为发展中大国所面临的多元复杂的安全威胁出发，基于高端装备面临产品对象、研制过程和研制组织的多重复杂性的特征，积极突破地区、部门和学科等壁垒，建立融合开放的共享协同创新体系。

共享协同的创新体系，通过深入推进产学研用结合，推动科技资源优化配置和高效利用，能够优先实现集团内跨专业、跨单位、跨地域高效协同，加强跨领域融合创新，围绕军民融合推进科技合作和战略联盟建设。

（二）依托数字系统工程推动自主创新

在全球新一轮科技和产业变革背景下，世界主要国家均提出了新型工业发展战略，其共性特征是以数字转型为核心，聚焦复杂组织体架构、基于模型的系统工程、认知计算、机器学习、工业互联网、大数据、云计算等新一代数字技术的创新应用，推动制造业组织与管理、工程与制造领域的变革。数字系统工程是新一代数字技术驱动的新型系统工程方法，其不仅带动了复杂装备研发范式转型，亦引领高端装备智能制造技术发展。在中国制造业转型升级及两化深度融合背景下，处于高端制造业的代表企业，正处于由跟跑为主转向更多领域并跑、领跑转型的关键阶段，因此，抓住新一轮数字技术革命的契机,构建面向复杂装备的创新研发体系,形成先进的航空装备正向研发能力,运用数字系统工程方法加速航空工业转型升级,成为必需的战略选择。

(三)自主创新更需要开放合作

中航工业集团之所以能够取得一系列重大自主创新成果,与其自始至终重视开放合作密不可分。只有通过广泛的合作与学习,公司才能保证自身创新方向的正确性和创新能力的不断提升。例如,在人才培养方面,中航工业就十分重视培养掌握国际系统工程知识体系的专业人才队伍。通过建立国际系统工程领域认可的航空系统工程师培训和认证体系,形成知识转移平台,对接国际系统工程师协会,导入国际系统工程知识体系,培养了大批系统工程型号项目实践人员。截至2017年年底,已累计完成40期,有近1500余名工程师参加了INCOSE国际系统工程培训,取得国际系统工程师认证(SEP)人数达到200余人(而在2012年之前,全国取证人数不足10人),国际取证的系统工程师数量已达到发展中国家前列。通过认证体系建设,为系统工程方法、流程在航空工业的实践奠定了人才基础,培养了航空工业系统工程领军人才。

第十二章　海尔集团：基于 COSMOPlat 工业互联网平台的大规模定制管理

海尔集团创立于 1984 年 12 月 26 日，是一家全球领先的美好生活解决方案服务商，旗下白色家电业务连续九年蝉联全球白色家电第一品牌。物联网时代，海尔已从传统的家电制造企业转型成为共创共赢的物联网社群生态，引领全球企业率先引爆物联网经济。

海尔在持续创业创新过程中，坚持"人的价值第一"的发展主线，全球率先探索了物联网时代的人单合一模式，颠覆西方传统经典管理模式，并以其时代性、普适性和社会性实现跨行业、跨文化的输出和复制。2017 年，海尔集团实现全球营业额 2419 亿元，全球利税总额首次突破 300 亿元。目前，海尔在全球拥有 10 大研发中心、24 个工业园、108 个制造工厂、66 个营销中心。2018 年，海尔提出生态圈、生态收入、生态品牌的"三生"体系，形成物联网时代的管理模式实践。海尔围绕"智家定制"（智慧家庭定制美好生活）的战略原点，构建食联生态、衣联生态、住居生态、互娱生态等物联网生态圈，创建物联网时代生态品牌，为全球用户定制美好生活。

海尔集团依托自建工业互联网平台 COSMOPlat，积极探索以用户为中心的需求实时响应、全程实时可视、资源无缝对接的大规模定制模式，并从一家家电生产企业成功转型为平台企业，基于 COSMOPlat 平台共创共赢的工业新生态正在形成（如图 12-1 所示）。

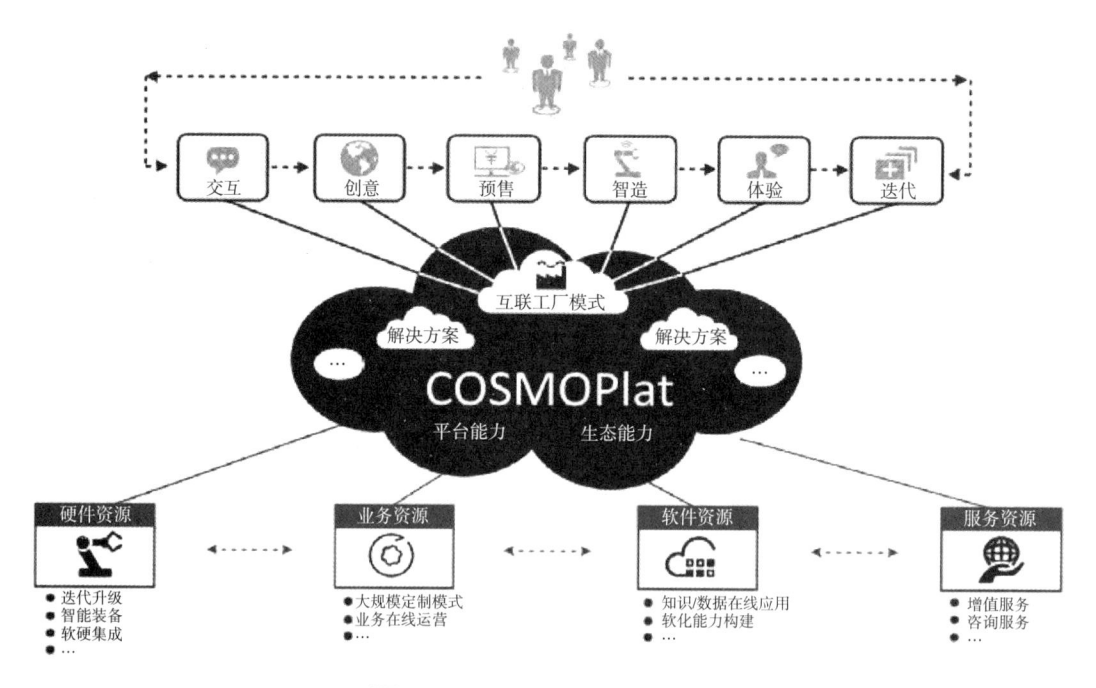

图 12-1　COSMOPlat 平台

海尔互联工厂从大规模制造转型大规模定制，变产销分离为产消合一，形成了转型智能制造模式的实践路径。同时海尔自主创新，打造了具有自主知识产权的工业互联网平台——COSMOPlat，是物联网范式下以用户为中心的共创共赢的多边平台，成为工业互联网世界第三极，它具备独创性、时代性、普适性三大特征，目前已形成了可推广的工业互联网平台的应用框架和建设模板。

COSMOPlat 以覆盖全周期、全流程、全生态的差异化特点，建设用户交互定制平台、精准营销平台、开放设计平台、模块化采购平台、智能生产平台、智慧物流平台、智慧服务平台等其他平台，利用互联聚合的各类资源将基础软件迭代升级，形成知识化、云化的全行业解决方案。[①]

COSMOPlat 是海尔推出的具有中国自主知识产权、全球首家引入用户全流程参与体验的工业互联网平台，其核心是以用户体验为中心的大规模定制模式。大规模定制标准是海尔基于"人单合一"管理模式，从多年的智能制造探索经验中提炼

---

① 本刊编辑部．海尔 COSMOPlat 房车行业解决方案 [J]．中国信息化，2018（8）：36–37．

出来的，本身具有可复制性。目前，COSMOPlat通过生态圈模式与七大模块互联互通，赋能衣联网、食联网、农业、房车等15个行业物联生态，并复制到11个区域和20个国家。

海尔基于COSMOPlat工业互联网平台的大规模定制管理创新为制造业从大规模制造向大规模定制转型提供了借鉴和示范作用，打造了深入落实供给侧结构性改革的新模式、新平台。

在2018年举办的汉诺威工业博览会上，COSMOPlat被德国国家科学与工程院院长、"工业4.0之父"孔翰宁称为"最好的工业互联网平台"。2018年，在世界经济论坛公布的全球首批先进"灯塔工厂"名单中，海尔成为唯一入选中国企业。

2018年4月，海尔COSMOPlat参展德国汉诺威工业博览会，德国工业4.0之父、德国工程院院长孔翰宁现场体验COSMOPlat示范线，高度评价"COSMOPlat全流程互联互通，是'完整的解决方案'"，并欢迎COSMOPlat到德国帮助企业转型升级。

此外，道琼斯市场观察、福克斯电视台、美国广播电台等欧美主流媒体多次对海尔COSMOPlat及其大规模定制模式进行了报道，全球最大财经资讯平台彭博社刊文《日本制造业进入向"中国模式"学习的时代》，基于海尔COSMOPlat的创新实践，提出世界制造经历了"欧美时代""日韩时代"，如今正在进入"中国时代"。

一、明确以用户体验为中心的大规模定制管理思路

海尔大规模定制管理创新源于企业近十年来智能制造转型升级的探索和实践，适应网络时代制造业转型升级和用户消费需求日益个性化的趋势，以大规模定制颠覆传统大规模制造，探索打造了物联网时代企业转型升级的新方案、新模式，构建起企业、资源、用户共创共赢的工业新生态。

海尔大规模定制管理不是以产品迭代为中心，数字化只是技术手段，

COSMOPlat不是简单的机器换人，而是以用户体验为中心，致力于创造用户终身价值，从而实现企业、用户、资源的共赢共享。这主要体现在两个方面：一是高精度指引下的高效率；二是在大数据基础上关注用户个性化需求的"小数据"。COSMOPlat是一个开放的开源平台，利益攸关各方可以参与共建平台、共享平台的成果，使平台不断迭代、优化、升级。海尔搭建具有自主知识产权的、以大规模定制为核心的COSMOPlat工业互联网平台，打通交互、研发、营销、采购、制造、物流、服务全流程七大节点，实现用户全流程参与体验，以用户需求驱动企业生产经营，推动供给侧、需求侧融合创新，精准满足个性化需求，实现传统产品经济转型为体验经济。同时COSMOPlat系统输出大规模定制解决方案，助力广大中小企业转型升级。COSMOPlat还将七大模块进行社会化推广，其开放性能让所有企业成功"复制"海尔的经验成果，并在最短的周期内完成从大规模制造向大规模定制的智能制造转型。

海尔大规模定制管理致力于为全球企业转型贡献一个世界级的全球引领的大规模定制模式和中国自主知识产权的世界级工业互联网平台；助力制造强国和网络强国战略，为中小企业提供大规模定制解决方案，帮助中小企业转型升级，助力新旧动能转换，实现高质量发展。

物联网时代，企业竞争最重要的资源是用户资源，即拥有多少终身用户。海尔大规模定制管理的目的不仅仅是创造企业的价值，更重要的是创造用户价值。大规模定制管理颠覆大规模制造模式，不是以企业、产品为中心，而是以用户体验为中心，创建一个使用户的体验迭代、体验升级的生态组织，围绕用户需求，生态攸关方持续满足用户个性化需求，共创共赢。

基于以用户为中心的理念与原则，海尔自主创新打造用户全流程参与体验的COSMOPlat工业互联网平台，COSMOPlat以大规模定制为核心，颠覆企业传统的业务流程和体系，让用户参与体验到交互、定制、营销、采购、制造、物流、服务等全流程，将传统的消费者转变为"产消者"即生产者与消费者合一，打造企业、资源与用户互联互通的生态系统，实现供给侧与需求侧融合创新。例如，研发方面，传统模式是企业设计产品再推销，产品是企业调研设计出来的，而COSMOPlat是让用户全流程参与交互和设计;制造方面,传统模式是顾客—工厂—物流—用户的流程,而COSMOPlat实现了每台订单都有用户信息,用户直连工厂,产品直发用户,实现用户与工厂的零距离;营销方面,传统模式是用户通过带有传感器的产品与工厂建立联系,而COSMOPlat模式是始终和用户连接,感知用户的情景,持续迭代用户体验。

二、打造以大规模定制为核心的工业互联网平台

COSMOPlat是海尔自主创新打造的具有中国自主知识产权、全球首家引入用户全流程参与体验的工业互联网平台。COSMOPlat颠覆传统的大规模制造转型为大规模定制,不是封闭的,而是一个开放的开源平台,利益攸关各方可以参与共建平台、共享平台,使平台不断迭代、优化、升级,持续创造用户价值。

COSMOPlat与其他工业互联网平台最大的差异化在于,它不是简单的机器换人、设备连接、交易撮合,而是以用户体验为中心,创造用户终身价值,实现企业、用户、资源的共创、共赢、共享,主要体现在两个方面。第一,高精度指引下的高效率:精准抓住用户需求,由为库存生产到每台产品都直发用户,深化供给侧结构性改革;第二,大数据基础上的小数据:关注工业大数据和数据安全,更关注用户个性化需求的小数据,实现从大规模制造到大规模定制。

以前的生产方式都是以企业为中心的进行大规模制造的线性制造模式,包括策划、设计、制造及后期维护。海尔的工业互联网是以用户为中心全流程的大规模定制平台,是非线性制造模式。它把大规模制造和定制化需求合二为一,既解决大规模制造成本的问题,也满足客户日益增长的问题。它是具有中国自主知识产权、全球首家引入用户全流程参与体验的工业互联网平台(如图12-2所示)。[1]

---

① 高保卫. COSMOPlat平台赋能企业转型——全价值链集成解决方案[J]. 中国工业和信息化,2018(9):54-58.

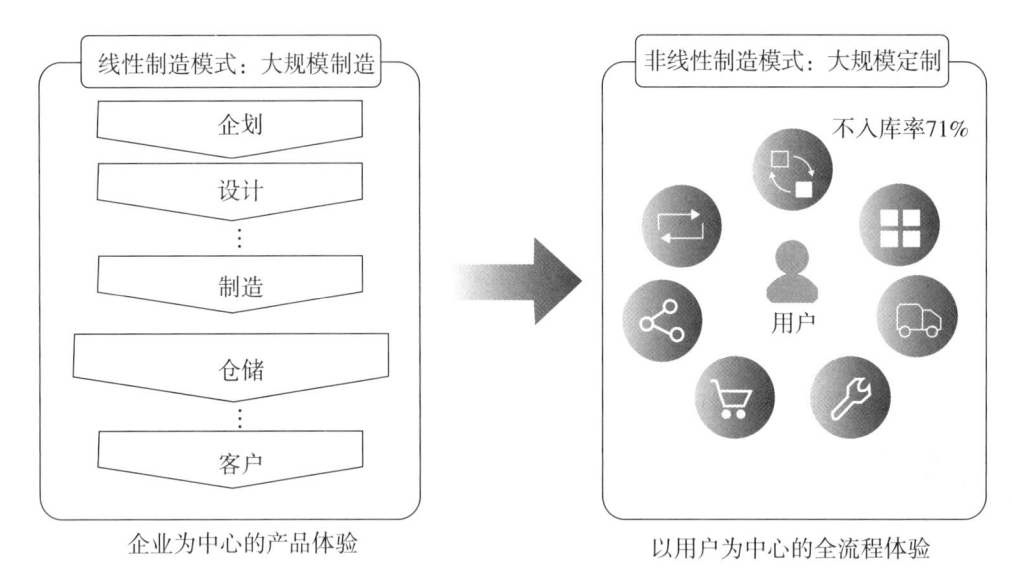

图 10-2 海尔的 COSMOPlat 工业互联网平台

具体来看，COSMOPlat 具有三大特征。

①全周期。产品由电器变为网器，从提供工业产品到提供美好生活的服务方案，实现了从产品周期到用户全生命周期延伸。企业与消费者的关系，由传统一次性交易的客户到持续交互的终身用户，解决了企业的边际效应递减的问题。海尔将传统企业围绕"产品生产制造"的生命周期转化为围绕"用户"的全生命周期，以创造终身用户为目标。全周期主要体现在两个方面：一是用户通过 COSMOPlat 平台对产品全生命周期进行参与，解决大规模生产与个性化之间的矛盾；另一方面，海尔通过用户对智能家电全生命周期的使用，从而改进产品，为客户创造新的需求。

②全流程。将低效的串联流程转变为以用户为中心的并联流程，以互联工厂为载体解决了大规模和个性化定制的矛盾，实现了大规模制造到大规模定制转型。海尔 COSMOPlat 平台不是简单的机器换人、设备连接、交易撮合，而是与用户连接，实现"三联"，即联全要素、联全流程和联网器，以及"三化"，即柔性化、数字化和智能化。

③全生态。COSMOPlat 不是一个封闭的体系，而是一个开放的平台，平台上的每个企业、资源方和用户都可以在平台上共创、共赢、共享，并推进整个平台非线

性矩阵发展。COSMOPlat 实现全球资源共创共赢。以用户最佳体验为中心，开放生态，共创共享。通过这个平台，所有的资源、合作伙伴与用户都将实现无缝交互。由线性价值链转化为非线性价值矩阵，即实现各方利益的最大化。

COSMOPlat 平台的技术架构是端云结合的分布式复合架构，具有根据不同业务场景快速编排和重构的功能，根据全流程应用场景可以分为用户交互、研发创新、协同采购、智能制造、智慧物流、精准营销、智能服务 7 大模块。

COSMOPlat 平台技术的另一特征就是广开源，支持第三方迭代开发，平台提供了大量核心价值模块以及广泛的融合工具，大部分的第三方都可以基于 COSMOPlat 平台开发自己的应用，或者将他们的应用以简单方式进行移植。海尔通过 COSMOPlat 平台多、快、好、省地在提质增效、模式转型、产业资源配置中提供服务。[①]

具体地说，COSMOPlat 平台可以提供两类服务：一是可以提供软硬一体、虚实融合的智能制造解决方案，如新工厂建设、老工厂升级、企业管理等；二是通过平台上沉淀的数据，提供基于大数据的增值服务，如预测性维护、全产业链的协同优化、资源共享集约、信用和金融服务等。

围绕创造用户体验，COSMOPlat 打通交互、研发、采购等七大流程全流程，并系统打造七大开放、专业的子平台，具体包括。

①用户交互定制平台（众创汇），该平台是一个用户社群交互定制体验平台，用户基于平台可以将各种对家电的需求、好玩的创意、精彩的评论等在线交互，这里是产品创意的源泉。

②精准营销平台，该平台基于 CRM 管理以及用户社群资源，通过大数据研究，将已有用户数据和第三方归集的用户数据进行梳理研究，同时，应用聚类分析，形成用户画像和标签管理的千人千面的精准营销。

③开放设计平台，任何一个实施多边平台战略的企业，都没有能力独自为用户

---

① 吴炯.共创共建工业互联网平台——海尔 COSMOPlat 助推企业转型升级[J]. 印刷经理人, 2018(9): 22–24.

创造价值，要想让生态系统繁荣昌盛，平台必须开放，吸引每一方都有数量足够的参与者，而且让他们能够从另一方参与者的互动中获益。该平台包含三个核心套件即开放创新平台（HOPE）、HID迭代研发平台和协同开发平台，累计在线资源"300万+"，涉及500多个方向、1000多个领域的"30万+"核心资源。

④模块化采购平台，该平台基于模块商协同采购平台开发，是针对模块商资源与用户零距离交互的需求而搭建的模块商资源服务和聚合平台，实现模块商按需设计、模块化供货。采购系统采用分布式架构，用户需求面向全球模块商资源公开发布，系统自动精准匹配推送。

⑤智能生产平台，该平台是产品的智慧制造平台，其部署了智能生产的智能软件，实现智能排产、实时监测、精准配送、计划与能源优化等，通过智能套件的部署，可实现百万级产品的个性化定制需求，实现工厂与用户、与资源的零距离，支持工厂大规模定制。

⑥智慧物流平台，该平台由核心的智慧运营和可视化两大类软件套件构成，包含平台预约管理、智慧物流TMS、配送协同平台、物流轨迹可视及智能管车平台等，可提供全国仓配一体的放心、省心和安心的一站式最佳服务体验。

⑦智慧服务平台，该平台创建了新的家电服务业态，解决用户对家电及时维修的需求，通过社会化外包、信息化等实现订单信息化，仓储智能化，为用户提供维修服务解决方案。用户购买产品后通过该平台一键录入家电信息，建立专属家电档案并上传，完全替代传统纸质保修卡，信息永不丢失。

从平台架构来说，COSMOPlat分为四层，即端边缘、工业云、模块云、行业/区域云。第一层的端边缘解决面向现场的设备连接等；第二层的工业云面向开发者，可以提高复用程度、开发效率；第三层是模块云（SaaS），面向企业解决模式转型、流程优化、提质增效等问题，同时面向用户解决个性化需求，以及产销合一的问题；第四层是行业/区域云，面向行业、区域产业提供场景解决方案，协同共享/资源配置优化。

三、以用户需求为驱动，实现大规模标准化制造向大规模"私人定制"转型

海尔大规模定制管理坚持以用户为中心，用户可全流程参与交互、研发、营销、采购、制造、物流、服务7大环节，实现企业与用户零距离互联互通，进而以用户需求驱动企业生产经营，精准满足用户个性化需求，实现攸关方的共创共赢。

以交互定制及研发节点为例，海尔通过顺逛等交互平台可实时获取用户需求，实现用户、企业、资源零距离交互。例如用户在以"顺逛"微店为核心的海尔社群生态圈中反映了对智能冰箱的不同需求，平台根据用户需求完成馨厨冰箱的虚拟设计、制造及交付等过程，用户全程参与交互，可实时提出改进意见；在定制方面，大规模定制管理让用户由消费者和旁观者成为直接参与产品设计的主导者，用户可在众创汇平台以"众创+预约预售"模式催生新产品，创造出真正满足用户需求的产品，如在2016年10月上海"孕博展"上，宝妈们分享了很多关于宝宝衣物干衣机的创意，众创汇迅速发起干衣机的话题和创意收集，经过逾10万条的创意交互、180天的全流程交互设计、逾10次产品设计迭代，以及数万宝妈投票，海尔壁挂式迷你干衣机设计定型，首发日预售量破千台。此外，海尔搭建的开放创新平台（HOPE）同样坚持根据用户需求进行产品迭代研发。简而言之，大规模定制管理通过交互、众创定制和迭代研发以及预约预售，完全打破了以往的先有产品后有用户的模式，实现了生产线上的每台产品都已"名花有主"的大规模个性化定制的转型。

四、建设互联工厂，构建共创共赢工业新生态

海尔大规模定制管理以互联工厂为载体，实现用户定制产品的智能制造和攸关方的共创共赢。互联工厂不单是对传统物理空间的智能改造，而是体现为企业、资

源与用户互联互通的网络空间,是持续迭代用户体验、攸关方共创共赢的生态系统。用户只需登录海尔定制平台提出定制需求,订单信息就会马上到达互联工厂,工厂的智能制造系统随即自动排产,将信息传递到各条生产线,以最短的时间定制出用户专属的个性化家电产品,实现高精度下的高效率。通过互联工厂,海尔实现大规模与个性化定制的融合,在解决了企业生产成本和效率的问题的同时,有效满足了用户的个性化需求。在生态联盟中,海尔作为生态圈的骨干企业,承担着生态治理,维护生态共同繁荣的职责。

与此同时,海尔实现用户需求与全球供应商资源的实时共享,推动供应商等生态攸关方共创、共享、共赢。例如,海尔海达源平台构建了模块商与用户零距离交互、共同参与设计的共创共赢生态圈,以"滚筒洗衣机门无螺钉"的解决方案产生过程为例,用户普遍反映螺钉生锈后易污染衣物,滚筒洗衣机门的模块供应商德国德仕公司在平台上交互出无螺钉的模块化解决方案,将11个零件整合为1个模块,成功解决了螺钉生锈污染衣物的难题。目前海达源已实现平台服务的社会化,可帮助中小企业降低采购成本,助力企业转型升级。

五、打造智慧互联服务体系,创造用户全流程最佳体验

大规模定制管理实现用户全流程参与,通过打造智慧互联的服务体系,为用户提供全周期服务,创造用户最佳体验。以物流为例,海尔大规模定制模式依托以日日顺智慧物流平台打通入户、送装"最后一公里"。该平台是我国目前唯一实现大件商品进村、入户、送装同步的物流服务平台,平台融合营销网、物流网、服务网、信息网等,打通与供应链上下游资源生态和货源生态资源连接关系,构建智能多级云仓方案、干线集配方案、区域可视化配送方案和最后一公里送装方案等用户解决方案,实现物流从订单下达到订单闭环的全程可视化、以用户评价驱动全流程自优化,有效支撑产品"直发"到用户。

此外,海尔还搭建了COSMOPlat智慧服务平台(CEI),为用户提供全周期智

慧互联服务。具体来说，智慧服务平台通过智慧云服务实现服务兵与用户的零距离交互，通过前台的用户交互、中台系统技术支撑和后台大数据汇集分析服务体系，实现服务过程可视化、信息到人价值到人、人人服务落地、服务兵创客抢单等创新服务。例如产品内置传感器监控产品运行状态，一旦发生故障，预警信号将传输至COSMOPlat平台信息中心，信息中心对故障进行自诊断和预判后，主动向用户发出预警，并自动选派客服人员上门处理。再比如，平台还可对产品使用状态进行大数据分析，为用户提出最优使用方案，传统意义上的"电器"成为连接用户和用户需求提供方的"网器"。以海尔中央空调智慧节能云服务系统为例，通过对联网空调当日负荷及此类设备的平均负荷的大数据搜集对比研究，平台可为客户提出节能建议。

COSMOPlat把用户变成既是消费者又是创造者，把企业的诉求、资源配置和转型围绕用户去做，把资源和用户、企业三方团结起来共同做一件事情，解决社会化面临的共性问题，这就是COSMOPlat的价值所在。这种解决方案能够实现跨行业、跨领域进行快速复制。

六、推进"电器—网器—生态"迭代，创造终身用户

海尔提出：从顾客上升到交互用户。交互用户，即产品买过去不是一次性的，还提出了要求，不断有定制化，就会产生交互用户价值，然后就是终身用户和生态价值，终身用户就在生态里。从交互用户上升到终身用户，对应的是从产品上升到用户交互，用户交互上升到生态价值，从产品价值变成用户交互价值、生态价值。

海尔实施生态化战略的一个重要战略，就是把"电器"升级为"网器"。尽管只有一字之差，但功能和模式完全不同，"网器"的诞生颠覆了传统家电企业的商业模式。海尔利用网器可以实现人机互联、机机互联，从而可以把用户聚集在平台上，进行持续交互和交流，共同打造一个智慧家庭生态圈。

海尔大规模定制管理聚焦迭代用户体验，创造终身用户，将传统电器转型为网

器，直连用户，并以网器为载体开放连接一流生态资源，从提供产品变为提供解决方案，打造智慧家庭，创建物联网时代的生态品牌，为用户定制美好生活。

以衣联网为例，海尔通过在衣服上添加 RFID 标签，跨界将洗衣机、服装、洗涤剂等资源连接在一起，"厂、店、家"互联互通，打造了全球首个衣物全生命周期管理的物联网生态品牌，不只是给用户提供一件干净的衣服，更满足用户对衣物洗涤、护理、存放、搭配、购买全生命周期管理的需求，为用户提供定制化的衣物解决方案。

在衣联智慧生活多边平台中，衣联智能网器是整个生态系统中与用户连接的"触点"。这些智能网器不仅仅包括智能洗衣机，还包括智能熨衣板、智能衣橱、3D试衣镜等。通过这些连接触点，企业可以与用户交互，用户多方面的体验通过衣联平台来实现，通过用户的交互入口不断地迭代，把产品收入变成生态收入，竞争模式从产品竞争升级为生态竞争。

目前，衣联网已吸引服装品牌、洗衣机品牌、洗护用品、RFID 物联技术等国内外 2420 家生态资源方加入，聚合了 6500 万用户。依托大规模定制管理体系，海尔已探索了衣联网、食联网、血联网等多个生态品牌。

七、全面创新管理机制，确保企业大规模定制深入推进

作为全球引领的物联网管理模式，人单合一模式为海尔基于 COSMOPlat 的大规模定制管理创新提供了底层的模式和机制保障。具体来看，围绕大规模定制管理创新中，海尔探索创新了以下管理机制。

（一）战略上，以用户为中心，创建共创共赢生态

传统时代，企业生产以大规模制造为核心，大规模制造则是以企业为主中心，生产的产品经由经销商销售给用户，用户只能被动选择企业的产品，企业与供应商、用户之间是零和博弈。海尔大规模定制管理则是以用户为中心，将企业传统的封闭

的供应链体系、单向的价值链颠覆为共创共赢的生态圈、价值矩阵,通过用户与企业的零距离交互,不仅让企业精准获取用户需求,快速满足用户体验,而且实现用户需求驱动企业全流程的变革,打破传统的企业边界,开放连接资源共同满足用户需求,实现利益攸关方共创共赢。

(二)组织上,构建并联生态,颠覆传统串联流程

基于人单合一模式,海尔将传统科层组织颠覆为网状节点组织,小微成为海尔平台上的基本单元,拥有决策权、用人权和分配权,围绕用户需求,实现自创业、自组织、自驱动,持续满足用户需求。

传统模式下,企业研发、制造、销售、物流各业务部门之间是串联流程,以研发为例,企业先进行市场调研、需求分析,之后产品设计、开发验证,再到产品测试、产品交付……完成一级之后转入下一级,像瀑布一样。

而大规模定制管理模式下,海尔将研发与交互、定制、生产、采购、营销、物流、服务等各节点并联,围绕用户需求共同提供定制化解决方案,各节点之间同一目标,同一薪源,形成满足用户需求的、开放的资源生态圈,持续创造和迭代用户体验(如图 12-3 所示)。

图 12-3 海尔开放资源生态圈

(三)薪酬上,以用户付薪颠覆传统付薪机制

传统模式下企业的薪酬是按照岗位和职位来划分,员工执行上级的命令,绩效

由上级评价，薪酬由企业来支付；同时，企业与攸关各方的利益分配是按事先价格竞标和供货量来划分，攸关各方执行企业的订单，好坏由企业评价，利润由企业采购数量来赚取。而海尔大规模定制管理探索的薪酬机制和攸关方分享机制则是以用户付薪为核心，员工、攸关方的利益分配同他们创造的用户价值挂钩。

首先，传统的分享是固定利润，通过企业事后评价获得，海尔的分享则是与用户价值对赌，需要事先算赢，为用户创造价值的资源投入不是企业和上级分配，而是对赌跟投，风险先担，如果不能创造用户价值，对赌失败，先赔付利益攸关方自己跟投的钱。其次，攸关各方为用户创造的价值由用户评价，分享来自为用户创造价值的超利分享。最后，用户付薪实现的是共创共赢而不是企业、用户、攸关方的相互博弈，利益攸关方通过共同创造市场资源和用户价值，实现共赢增值。罗兰·贝格公司总裁冯凯乐认为："人单合一"是中国特色的目标管理。

过去海尔使用损益表，即收入减成本费用等于利润，现在变成共赢增值表，把用户资源放在里面，不但有硬件收入还有生态收入。

生态治理最重要的是利益分配机制。和传统企业在利益分配时强调自我利益不同，生态圈在利益分配上强调的是共赢。为了让生态圈中的每一个参与者都能够在利益上共赢，海尔将"共赢增值表"作为治理智慧生活生态圈的重要机制。共赢增值表分别从用户资源、共创资源方、用户增值分享、收入、成本、边际收益六个环节，评估验证平台生态圈的共创共赢模式。共赢增值表首先衡量的是生态圈是否拥有用户资源，用户资源不等于用户流量，而是全流程参与设计、有最佳用户体验、参与迭代升级、形成生态圈的用户。其次是生态平台上的资源方，并可以根据用户交互需求，动态优化升级的资源方的多寡，衡量生态平台的竞争力。

八、案例启示

（一）为用户创造"组合"价值是平台生态圈的核心竞争力

海尔智慧生态圈的核心原则是"用户价值第一"，如果一个平台能够为用户持续创造价值，不仅会提高对用户的黏性，而且可以提高平台生态圈的生命力和竞争力。

海尔智慧生态圈不是为用户创造单一价值，而是为用户创造了"价值组合"。这一价值组合包括：个性化价值定制、全生命周期价值和全流程共创价值。三种价值组合共同构成了用户的最佳体验，改变了企业与用户之间传统的交易关系，形成了平台与用户之间共创共赢的新型关系。这一关系强化了用户与平台的黏性，减少了用户转移到其他平台的可能性。通过价值共创共赢，构筑了平台生态圈的壁垒，平台竞争力得以提升。[①]

（二）"二维"战略思维构建用户最佳体验

海尔创新性地运用"二维"战略思维拓宽思路，两个维度相互融合、促进，共同满足用户的最佳体验。

不是简单地追求机器换人，而是高精度驱动下的高效率。海尔认为：用户需求是本质，只有真正解决用户需求的高效率才是真正的高效率。海尔互联工厂的"两维战略"，其纵轴是用户价值，体现的是高精度；横轴是企业价值，端到端的信息融合，体现的是高效率。

此外，和"高精度下的高效率"相呼应，海尔追求"大数据基础上的小数据"，高精度和小数据是一致的，指的是首先要准确地捕捉到用户的需求，然后通过整个生产的大数据来管控，并且不断地去满足用户的小数据。在 2018 年感恩月期间，海尔整合旗下全球 6 大品牌，为用户带来多款颠覆性高端新品，向广大用户输出智

---
① 曹仰锋. 海尔 COSMOPlat 平台：赋能生态 [J]. 清华管理评论，2018（11）:28–34.

能化、个性化的高端生活方式。比如，海尔馐宴冰箱原创的精控微风道技术，将冰箱的送风模式从 1 种升级为 8 种，对食材精准制冷保鲜。

为了实现"高精度下的高效率"，海尔互联工厂做了很多基础工作，建立"三化"标准体系，即柔性化、数字化、智能化。在产线布置上采用了"柔性化"的模式，即通过单元线实现柔性化定制，通过传统流水线实现大规模生产，在柔性化的基础上来实现智能化。[①]

（三）运用生态思维，开放聚合资源是创造用户感动的源泉

电商平台将传统百货"搬"到了线上，在给网民生活带来便利的同时，也产生了假货和信用危机等问题。海尔提出了一个令人深思的问题：选择一次性的消费者，还是长久性的终身用户？COSMOPlat 将用户需求和整个智能制造体系连接了起来，用户可以全流程参与产品设计研发、生产制造、物流配送、迭代升级等环节，把以往"企业和用户之间只是生产和消费关系"的传统思维转化为"创造用户终身价值"。

例如，在 2018 年感恩月期间，海尔为用户提供了"4+7+N"全场景定制化智慧成套解决方案，在智慧客厅、智慧厨房、智慧浴室、智慧卧室 4 大物理空间内，带来涵盖空气、用水、娱乐等场景的解决方案。以全屋空气解决方案为例，由净界自清洁空调、天玺空调、新风机等诸多产品组成的成套空气解决方案，可以为用户家中老人房、儿童房等量身定制，确保任何用户都能获得恒温、恒湿、恒净、恒氧的全屋空气解决方案。[②]

海尔在"人单合一"模式的指导下，以开放的创新平台和生态体系，围绕用户需求进行持续的迭代创新，创造了真正的用户感动。

---

① 江宏，任芳.海尔空调胶州互联工厂：实现用户需求驱动的大规模定制[J].物流技术与应用，2019（1）:70—74.
② 未来.海尔在"挑战不可能"，也在创造新可能[J].互联网周刊，2018（24）：36.

（四）以用户为中心，全流程资源并联打造共创共赢的生态系统

互联工厂需要对整个企业全系统、全流程进行颠覆，以用户为中心，全流程资源并联形成共创共赢的生态系统。打造互联工厂生态系统，企业需要具备三方面能力。一是能够实现用户全流程的实时互联。也就是全球的用户随时随地都可以通过移动终端来定制所需要的个性化产品，全流程地参与设计、制造。二是要达到用户和工厂的零距离。用户的个性化订单，可以直接下达到海尔全球的供应链工厂，这样就可以减少生产和订单处理的中间环节，把中间这部分价值让渡给用户。工厂的物料通过智能互联、柔性生产产出定制的产品，直接配送给用户。三是全流程透明可视。订单生产及配送情况，可以实时推送给用户，用户也可以实时快速查询，通过产品的识别和跟踪，从而实现用户从其定制的订单到工厂的生产，再到物流的任何一个环节的实时可视。

此外，互联工厂对生产方式的变革还要求企业实现技术体系的颠覆。海尔围绕用户需求进一步探索了模块化、自动化、数字化和智能化的发展路径。这其中，模块化是支撑普通消费者能够实现"私人定制"的关键要素。海尔从2008年开始对产品模块化的探索，经过对产品设计和制造体系实行模块化生产方式改造，以模块配置完成迅速"智造"。[①]

（五）组织结构的创新和突破，为变革打下坚实的基础

随着互联网经济的发展，传统的组织结构不再适应互联网时代下企业的发展，海尔的节点闭环网状结构组织是组织结构演变的趋势。该结构的创新点在于，将用户及员工紧紧捆绑在一起，形成一个利益共同体，员工的薪酬不是企业支付，而是由用户支付。在战略上，海尔建立以用户为中心的共创共赢生态圈，实现生态圈中各攸关方的共赢增值；在组织上，变传统的自我封闭到开放的互联网节点，颠覆传统的垂直管理结构，变革为网状组织。

---

① 曹煦. 互联工厂取代传统工厂，"中国智造"的海尔探索 [J]. 中国经济周刊，2017(39):23-27.

麻省理工大学斯隆管理学院教授迈克尔·库斯玛诺："海尔的平台战略，不仅将平台作为建立生态圈的基础，更将平台作为管理和组织的手段，推动战略与组织的变革。"

在节点闭环网状组织结构下，企业全员都以满足用户需求为导向，符合互联网时代"用户定制型"的发展模式。员工积极性被调动到极致。在这个网状组织上，每个节点就是一个自主经营体，既可接口外部一流的资源，又可以零距离的创造用户需求。用户考核员工制替代了内部领导考核制。每个自主经营体都围绕客户工作，客户的评价对员工至关重要，这就促使了员工会一心向客户负责，达到客户和员工双赢。[①]

---

① 徐金花，肖小虹. 互联网时代下的组织结构创新设计——以海尔的节点闭环网状组织结构为例[J]. 农村经济与科技，2018（21）：177-179.

第十三章　中国环境保护集团有限公司：基于管理视图分析法的管理体系变革

中国环境保护集团有限公司（以下简称中国环保）是中国节能环保集团有限公司（以下简称中国节能）的全资子公司。1985年，由国家生态环境部（原国家环保总局）发起设立，是中国节能旗下专业从事地上生态环境综合治理的平台公司，聚焦城镇废物综合治理、危险废物治理、农业生态修复和污染场地修复四大业务组合，是我国固废行业领军企业。

中国环保集规划设计、工程建设、技术研发、装备制造、投资建设和运营管理为一体，能够为一个地区提供最全面、最先进、最合理的地上生态环境治理综合解决方案。截至2018年年底，公司投资、建设、运营项目近100个，综合日处理能力8万余吨，公司资产规模188亿元，产业规模稳居国内同行业领先地位。

中国环保以公司战略为指引、以市场化为方向、以行业领先为目标，按照构建企业完整的、系统的、精细的管理数据系统，形成横向协调、纵向贯通的一体化管理系统的总体思路，运用中国节能创新研发的"管理视图分析法"工具，通过逐级分解管理事项并明确每一事项的责权划分、资源配置、风险控制、过程管理、工作结果等管理数据，形成系统化、一体化的管理数据系统，进而进行组织体系和管理体系的重构，解决以往按照点状优化思路进行改革后出现的"解决老问题，出现新问题"的普遍现象，实现通过"系统构架、动态调整、因时而变、因势而变"的改革长效机制，持续推动企业改革创新、提升市场竞争能力的目标。

一、基于"漏斗模型"构建企业管理体系

中国环保明确以"构建一套既能协调一致,实现横向协调、纵向贯通,又能保持灵活多变、快速响应的管理体系"为改革目标,以"系统化思维、结构化方法"为变革思路,以"系统架构、着眼发展、底层切入、循序推进"为变革原则。要想实现上述变革目标,就必须改变以往按照并行方式构建管理体系导致一线员工面对各种管理要求无所适从的思维方式,运用漏斗模型,将所有的管理数据融会贯通,形成一整套手册指导一线员工(如图13-1所示)。

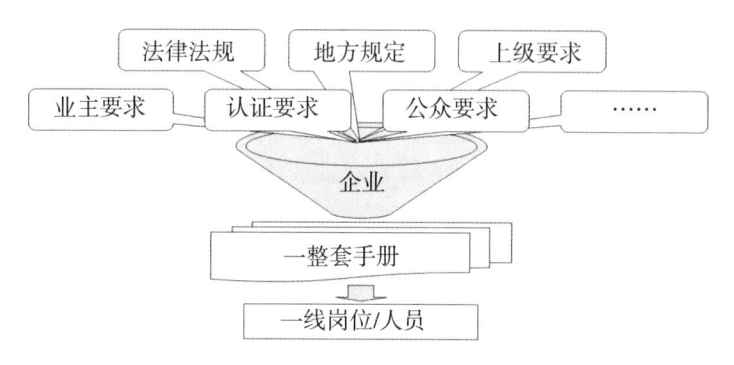

图 13-1 运用漏斗模型构建企业管理体系

为了实现上述变革目标,公司重点需要解决四个方面的问题:一是如何实现纵向贯通;二是如何实现横向协调;三是如何与其他基于外部要求建立的体系既融为一体,又相对独立;四是如何保证整个管理体系能够因时因势动态调整。

二、构建以事项为核心的管理方法工具

(一)构建思路

企业开展的每项管理活动,通常包括工作内容、职责权限、资源配置、风险控制、过程管理、工作结果(工作文档)等六项基本管理数据。也就是说,针对每一

项管理活动，都需要明确六个基本问题：一是做什么事情；二是谁决策、谁执行、谁监督；三是配置什么资源；四是控制什么风险；五是如何做这些事情；六是形成什么结果。

工作内容（管理事项）基于其在一定时期内的相对稳定性，是六项基本管理数据中的核心数据。以管理事项为索引，将符合外部纷繁复杂的管理要求和企业自身管理特点的其他管理数据与管理事项进行一一对应，形成企业横向协调、纵向贯通的一体化管理体系。

按照上述思路，中国节能创新性地提出"管理视图分析法"的工具方法。管理视图分析法是一种基于系统思维，综合运用多种管理方法和工具，将组织的理想状态与现实状态相结合，宏观、中观与微观相结合，以管理视图作为分析的核心，对组织开展的所有管理活动进行全面、系统、动态地梳理、优化和重构，从而持续提升组织绩效管理体系的构建方法。运用管理视图分析法，可以有效地对企业管理数据进行全面的、系统的挖掘、分析，并在此基础上不断精细化。

（二）方法模型

管理视图分析法的标准模型由六个区域构成，即：Ⅰ区（管理事项区）、Ⅱ区（责权分配区）、Ⅲ区（资源配置区）、Ⅳ区（风险控制区）、Ⅴ区（过程管理区）和Ⅵ区（文档明细区）（如图13-2所示）。

管理事项	责权分配					资源配置			风险控制			过程管理			文档明细		
	上级组织	本级组织				下级组织	人力资源	财务资源	物料设备	风险描述	控制手段	风控目标	输入条件	过程要求	输出结果	表单	流程	制度
		……	决策层	经营层	主责部门	相关部门	……												
一级事项																		
二级事项																		
三级事项																		
…																		
Ⅰ区 （管理事项区）	Ⅱ区 （责权分配区）						Ⅲ区 （资源配置区）			Ⅳ区 （风险控制区）			Ⅴ区 （过程管理区）			Ⅵ区 （文档明细区）		

图 13-2　管理视图分析法的标准模型

在六个区域中，Ⅰ区是管理事项区，是结构模型的核心区域，通过综合运用多种管理方法和工具，对组织管理活动进行逐级分解，形成一级事项、二级事项、三级事项、四级事项等管理事项的全集。Ⅱ区是责权分配区，针对每一事项，明确跨级组织间和本级组织内合理分配责权。Ⅲ区是资源配置区，针对每一事项，明确人、财、物、信息等资源。Ⅳ区是风险控制区，针对每一事项，明确风险内容、发生概率、控制目标、控制手段等。Ⅴ区是过程管理区，针对每一事项，明确过程管理或操作标准。Ⅵ区是文档明细区，针对每一事项，将上述过程中形成的制度、流程、表单、样本等进行对应归档。这样，通过以Ⅰ区为核心，针对每一事项，将Ⅱ区至Ⅵ区的各项要求有机地衔接在一起，形成相互协调、统一的有机整体。

同时，Ⅰ区（管理事项区）还可以与其他区域进行组合，构成组织中常见的各种管理体系。其中：Ⅰ区＋Ⅱ区可以构成授权体系；Ⅰ区＋Ⅲ区可以构成预算体系；Ⅰ区＋Ⅳ区可以构成风控体系；Ⅰ区＋Ⅴ区可以构成标准体系；Ⅰ区＋Ⅵ区可以构成文档体系。这样，既可以将不同管理体系的要求有机地衔接在一起，又能够保证不同管理体系在组织内具有相对的独立性。此外，管理视图分析法的结构模型具有较强的可扩展性。企业可以根据自身情况，对结构模型进行简化或扩展，以满足组织多样化的管理需求。

（三）应用方法

管理视图分析法的应用方法可以概括为"六区七步法"，即绘制管理蓝图、形成管理视图、优化责权分配、优化资源配置、强化风险控制、细化过程管理、规范文件文档七个步骤。通过绘制理想状态下的管理蓝图，与组织现状进行比对后形成现实状态下的管理视图；在此基础上，针对管理视图中的每一事项，细化与之一一对应的责权分配安排、资源配置安排、风险控制安排、过程管理安排、文档管理安排，从而实现六个基本要素的相互协调和统一（如图13-3所示）。

管理事项	责权分配			资源配置			风险控制			过程管理			文档明细		
	上级组织	本级组织	下级组织	人力资源	财务资源	物料设备	风险描述	控制手段	风控目标	输入条件	过程要求	输出结果	表单	流程	制度
	……	决策层 / 经营层 / 主责部门 / 相关部门	……												
绘制管理蓝图 一级事项															
二级事项															
三级事项															
形成管理视图 →	优化责权分配 →			优化资源配置 →			强化风险控制 →			细化过程管理 →			规范文件文档 →		
Ⅰ区（管理事项区）	Ⅱ区（责任分配区）			Ⅲ区（资源配置区）			Ⅳ区（风险控制区）			Ⅴ区（过程管理区）			Ⅵ区（文档明细区）		

图13-3 管理视图分析法的应用方法

三、分解管理事项，构建管理视图

按照管理视图分析的方法，中国环保的管理体系变革工作从分解管理事项开始。

（一）绘制管理蓝图

综合运用对标管理、价值链分析法、WBS、戴明环等方法，对组织管理活动进行逐级分解，形成一级事项、二级事项、三级事项、四级事项等所有管理事项的全集，称为管理蓝图。绘制管理蓝图需要在科学分析组织现状的基础上，运用对标管理的思想，借鉴标杆组织的先进经验，从理想状态的角度出发，形成基于本组织但又高于本组织的管理事项的全集。在分解管理事项时，做到同一层级的管理事项"相互独立、完全穷尽"。

（二）形成管理视图

在企业的管理模式、管理资源、管理能力、管理文化等约束条件下，将管理蓝图中的每一事项与企业管理现状进行逐一比对和筛选，形成与企业相适宜的管理事项的全集，称为管理视图。管理视图是开展后续步骤的核心，所有后续步骤都围绕着管理视图展开。

需要强调的是，管理视图不同于管理蓝图，管理蓝图是组织开展管理活动的理想状态，管理视图是组织在短期内能够达到的现实状态。通过比对管理视图与管理蓝图的区别，从中找出组织开展了哪些事项，尚未开展哪些事项，哪些事项存在缺失、疏漏、交叉，哪些事项可以改进和优化。在此基础上，将这些问题作为企业今后改进和优化的重点，推动企业逐步从管理视图所体现的现实状态向管理蓝图所描述的理想状态过渡，从而持续提升组织绩效。

需要强调的是，无论是管理视图，还是管理蓝图，不是一成不变的，而是动态调整的。对于管理视图，通过与管理蓝图的不断比对，始终处于改进和优化之中。对于管理蓝图，需要根据企业所处环境、标杆组织实践等情况的变化，进行动态调整，确保企业参考、借鉴的管理蓝图始终保持着先进性。

四、优化责权分配，变革组织体系

根据确定的管理视图，结合组织的机构设置、管理模式、管理文化等情况，按照职责与权限相匹配的原则，对组织开展每项管理事项所涉及的责权分配进行梳理和优化，得到与每一事项一一对应且相互适宜的责权分配安排。作为典型的两级组织架构，即总部—项目公司，中国环保的优化责权分配工作首先从组织定位和管控模式展开。

（一）明确组织定位

中国环保认真分析公司所处的外部环境对组织模式的要求。环保行业在高速发展，而中国环保要超越竞争对手，需要在组织建设方面应对两大挑战：一是要实现快速发展下的超越，必须构建以效率提升为中心的组织；二是针对固废项目投资大、回报慢的特点，中国环保需要随时防范风险。因此，中国环保明确总部和下属公司的组织定位，即总部必须由"投资型"向"投资+管理"型转变，必须实现"投—建—运"全业务链的深度管理，构建"投资项目—建设项目—运营项目"的项目生产线，实现"总部负责生产和管理项目，项目公司负责运营项目"的组织定位，进而明确"效率优先、风险可控"的组织构建原则和"强总部、精项目"的管控格局。

（二）优化责权分配

在明确组织定位的基础上，中国环保开始逐个事项明确责权，即"谁发起、谁审核、谁审批"。中国环保的责权分配主要考虑四个方面的问题：一是作为中国节能的二级公司，责权如何满足上级单位对自身的管控要求；二是对各下属公司如何管控；三是需要满足哪些外部的要求；四是内部程序如何流转。以往的管理方法往往很难做到对这四个方面问题的协调一致，尤其是在外部环境迅速变化的行业，这种协调一致就更加困难。运用管理试图分析工具，就可以较好地解决这一问题。

以项目投资阶段的可行性研究工作为例,可行性研究是项目投资阶段最重要的工作之一,直接决定了项目全生命周期的成败,因此上述四个方面都要参与其中:下级单位(筹备组)需要在现场为总部提供数据素材支撑,总部投资部门负责对接设计院编制可研报告,由于决定了项目全生命周期成败,因此建设部门、运维部门要对可研报告进行审核,同时,由于可研报告决定了项目总投资,不但中国环保的分管领导、主要领导、总经理办公会都要审核,上级单位和地方政府都要对可研报告进行最终审批,最后,可研报告是项目后评价的重要依据,考核部门需要留存备案。上述所有的责权分配(程序)用文字表述十分的复杂,但是使用按照系统化思维和结构化方法构建的管理视图工具,就形成了一条数据记录,使跨级组织间实现纵向贯通、同级部门间实现横向协调(如表13-1所示)。

表13-1 优化责权分配

管理事项	责权分配										
	外部机构		上级单位	总部								下属单位
	地方政府	设计院		办公会	主要领导	分管领导	投资部门	建设部门	运维部门	考核部门	筹备组
市场投资											
……											
可行性研究	07 审批	01 编制	07 审批	06 审核	05 审核	04 审核	02 审核	03 会签	03 会签	08 备案	01 配合
……											

五、优化资源配置,强化风险控制

(一)优化资源配置

根据确定的管理视图,结合企业的机构设置、管理模式、可配置资源等情况,按照合理、适度、高效的配置原则,对企业开展每项管理事项所需的人员、资金、物资、信息等资源进行梳理和优化,得到与每一事项一一对应且相互适宜的资源配置安排。

仍然以可行性研究工作为例。2016年，中国环保确定的年度市场目标是新增12个项目，这也就意味着要做12份可研报告，平均每月1份，而平均每份可研报告编制和审批时间平均在2~3个月。据此，中国环保在可研这项工作上的资源配置就可以计算得出：在人员方面，需要2人专门从事可研工作，采取上下级关系；资金方面，往年平均花费为29.8万元/项目，则2016年的资金预算为357.6万元；可研报告编制审批过程不涉及物资。

（二）强化风险控制

对于中国环保这样大量项目投资、工程施工和设备运行检修工作的企业来说，风险控制无疑是公司的一项重点工作，中国环保的风险控制，不但包含投资、管理活动中存在的管理风险、经营风险的控制，更重要的是包括工程施工和设备运行检修工作的安全环保隐患的控制。根据确定的管理视图，结合组织的机构设置、管理模式、对风险的偏好等情况，按照合理、适度的风险控制原则，对组织开展每项管理事项时可能存在的风险进行梳理，明晰不同风险的类型、发生概率、控制目标、控制手段，得到与每一事项一一对应且相互适宜的风险控制安排，是排查隐患、防患于未然的有效措施。

以设备运行工作的安全管理为例。中国环保按照垃圾焚烧发电厂的工艺流程梳理出从垃圾进场到废弃物排放的全过程管理事项（或操作事项），逐个动作地排查安全隐患、评估风险等级、制订控制措施。例如，整个垃圾焚烧发电工艺流程的第一步是垃圾卸料，这个环节又分为垃圾车进厂、地磅称重、上卸料平台、卸料、下卸料平台、垃圾车离场6个步骤，中国环保基于每个步骤逐一梳理，可以得到该步骤（事项）的风险管理要素，包括危险源、隐患类型、事故类别、风险等级、风险指数、预控措施、应急措施等（如表13-2所示）。

表 13-2　强化风险控制

事项	危险源	隐患类型	事故类别	风险等级	风险指数	预控措施	应急措施
垃圾卸料							
垃圾车进厂	车辆刹车失灵	人的不安全行为	车辆伤害	Ⅱ	300	1. 按规定对车辆年检 2. 行车前对车辆进行安全检查	1. 脱离危险源，若有必要请求119支援。2. 人员急救：若出血立即做止血处理并用碘伏等消毒；若骨折固定骨折处防止二次伤害；若有断肢用纱布裹冰块冷敷；若呼吸停止立即进行人工呼吸和心肺复苏。3. 情况紧急时，立即拨打120或送医处理。4. 采取有效措施防止事故扩大，妥善保护现场及相关证据
	……						

六、细化过程管理，规范文档体系

（一）细化过程管理

对于中国环保来说，虽然每个固废项目的规模、工艺路线等均有所不同，但不同项目的市场投资管理过程、建设管理要点和项目运营操作均有极大程度的一致性，可以认为是在不断地复制项目，加之前述的随着业务量的增长，人员数量严重不足，这就对管理和操作过程的标准化、规范化提出了很大的需求。以往的项目更多的是凭借项目负责人的经验，经验丰富的人做的项目质量就高，经验不足的人做的项目就会发生各种各样的问题。通过管理视图分析的方法，针对每一个事项明确其管理标准或者操作标准的思路，为中国环保解决这一问题提供了很好的方案。

与前述各区的操作过程类似，中国环保首先针对各事项明确了需要建立哪些标准，形成中国环保管理标准和操作标准清单（如图 13-4 所示）。

管理事项				标准
IVT 市场投资				
	IVT.1 固定资产投资			
		IVT.1.1 项目信息收集		项目信息收集表及操作手册（垃圾、餐厨、污泥、收运）
				项目信息收资清单、边界条件
		IVT.1.2 项目分析		
			IVT.1.2.1 成熟业务分析	项目分类标准（垃圾、餐厨、污泥、收运）
				投资标准—垃圾
				投资标准—餐厨
				投资标准—收运
				投资标准—污泥
			IVT.1.2.2 新业务、新技术分析 新业务、新技术	新业务、新技术研究申请表
		IVT.1.3 项目开发组成立		项目开发组操作手册
		IVT.1.4 项目策划		

图 13-4 中国环保基于事项的标准清单

在具体的标准编制层面，投资、建设、人力资源、财务资金等职能事项标准更多地体现为管理标准，即要说清楚各管理事项对应的编制或审核标准，例如投资标准、设计标准、质量管理标准、招聘标准、报销标准等。对于运维、安全等业务事项来说，标准则体现为操作标准，即标准作业流程（SOP），按照端到端、流程化的思路，明确规范每一个动作的操作规范，并配以图示甚至视频，直接指导新人快速上手操作，例如垃圾倒料操作规范、燃烧调整操作标准等。

通过对管理过程或操作规程的不断拆解和规范，就能够逐步地将变量变成定量，随着这一过程向动作级的不断深入推进，新的变量不断被发现，并不断被转化为定量。变量到定量的过程，就是把要求变成动作的过程，最终实现越到基层，定量越多、变量越少。操作者只需要记住动作，不再需要记住要求，动作做好了，要求自然就被满足了。通过这样的不断深化完善，中国环保的运营水平和管理精细化程度不断提升。

（二）规范文档体系

在此基础上将上述过程中形成的所有文档规范，包括但不限于制度、手册、规范、标准、流程、表单、样本等，仍然按照以事项为索引的结构化方式沉淀下来，就可以形成中国环保的文档管理体系，而"事项+文档规范区"的格式，就像是中国环保文档库的索引目录，方便使用者快速查找、利用和更新，避免了文档找不到、更新不完整的常见问题。

通过上述7个步骤的逐步梳理规范，企业就可以逐步建立一套"横向协调、纵向贯通"的一体化的管理体系。

七、管理体系变革的信息化固化

在上述变革推进过程中，中国环保愈发深刻地认识到，没有信息化，各项改革成果是很难被固化应用的，因此在改革成果基本成型后，中国环保也开始了信息化固化的工作，而信息化系统的构建过程，也运用了管理视图分析法的管理思想，实现了将改革成果贯穿于信息化系统中（如图13-5所示）。

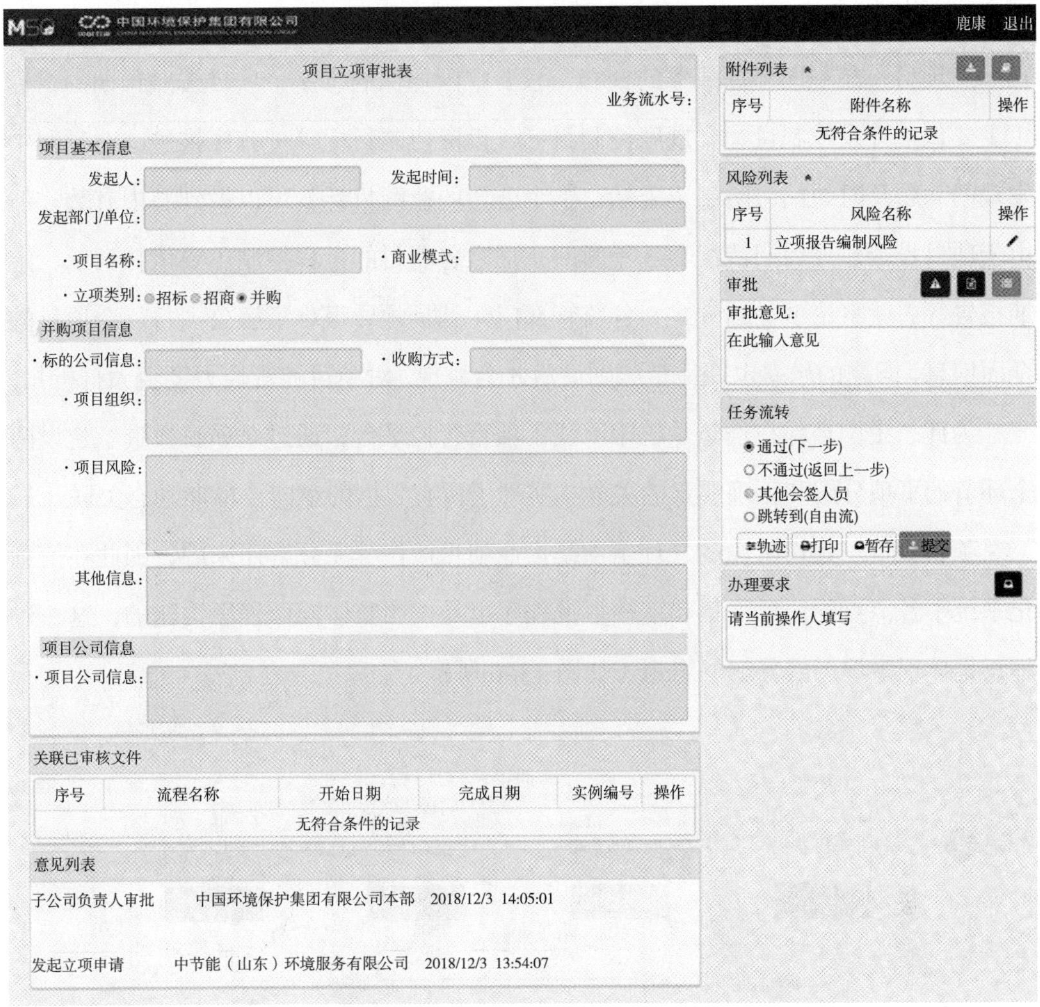

图 13-5　中国环保依托管理视图分析法构建信息系统

在信息化系统中,中国环保将管理活动(管理事项)放置于系统的核心位置,并围绕管理活动逐一构建活动的角色(责权分配)、输入输出(过程管理)、风控指标(风险控制)和标准、制度、表单(文档明细)等,将管理视图分析法的核心思想和上述变革的全部成果集成在了以事项为核心的信息系统中,保障改革成果不折不扣地落地执行。按照管理视图分析方法建设的信息系统的一个核心突破,就是在系统中通过系统化思维实现了数据的横向、纵向关联,让信息系统不再只是流程合规的信息化保障,而是成了一套可以支撑公司决策的系统。项目管控平台是这一突破的典型体现。

"项目"是中国环保业务的核心，只要中国环保的每一个项目按照预期的目标（主要包括开发控制目标、进度控制目标、投资控制目标等）有序推进，对过程中发现的问题及时纠偏、防患于未然，整个公司的业绩目标就可以做到心中有数。但由于项目投资建设周期持续2~3年时间，加之各项目的过程控制主要依赖请示、定期报告等"就事论事"的方式，各监管部门尤其是领导很难了解公司每一个项目的全面信息，问题的暴露也往往是压到最后才会显现，对项目的管控力度会大打折扣。

为此，中国环保在信息系统中上线了项目管控平台，通过对项目投资、建设两个环节的事项分解和管理要素的关联，实现了所有数据的纵向、横向动态关联。

项目投资—建设阶段的管理事项是按照项目操作程序分解而来的，因此在信息化系统中各节点的信息采集和审核审批程序也是按照整体操作程序构建的，这一过程正是体现事项层层分解的思想（如图13-6所示）。

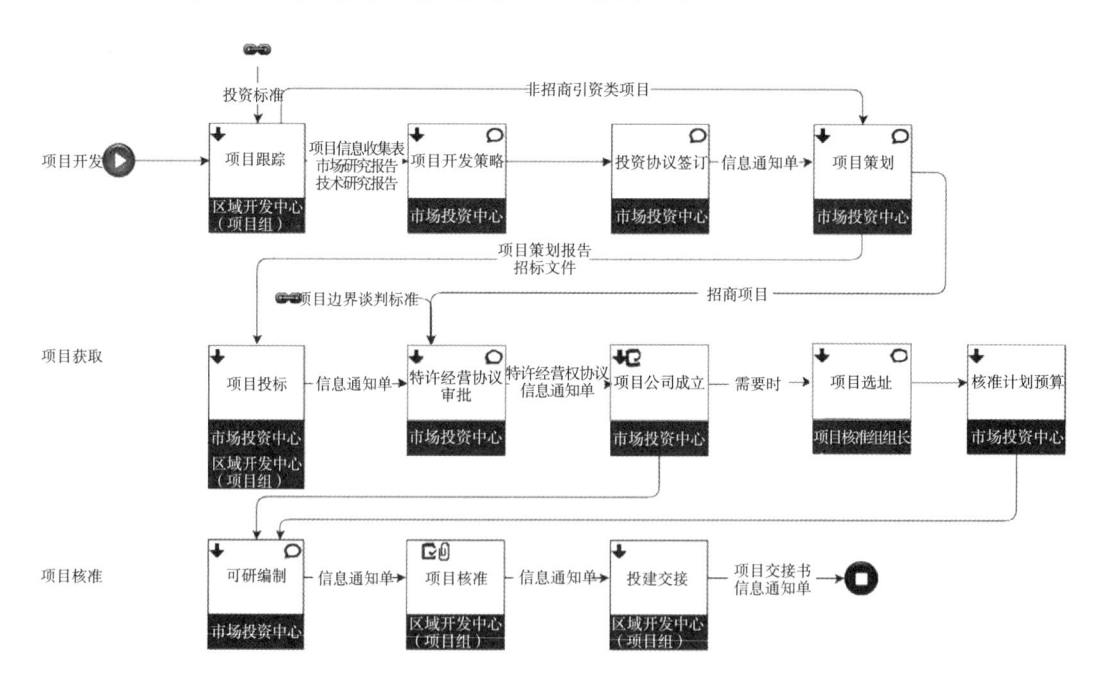

图13-6 项目投资阶段总体程序

在此基础上，将项目各节点数据进行抽取，通过项目进度控制界面，将所有项目节点的当前状态进行展示,直观清晰地展现项目进度动态。而所有进度展示都不是手工填写的,而是与每一个项目的节点审批程序相关联,状态变更指示源自相关工作流的发起与完结的操作所产生的触发。例如,当某项目立项程序被发起后,进度展示表对应单元格内状态会自动变更为⌛表示正在进行,当改程序审批通过后,该项目进度展示会自动变更为✓表示已完成,如果该立项申请被否决,则状态会自动变更为❌表示终止。同时,无论项目进展到任何节点,前序节点的所有信息都可以在当前节点界面上直接查看,便于前后的对比(如图13-7所示)。

项目 名称	市场投资管理							工程建设管理							
	建档 定级	立项	投标	投资协议(合资合作 协议)签署/项目中标	特许经营协议/ 并购合同签署	项目公 司成立	可研 评审	项目 核准	基建 策划	初步 设计	施工图 设计	施工 建设	竣工 决算	项目 总结	项目后 评价
×××项目	✓	✓	✓	✓	✓	✓	✓	✓	✓	✓	✓	✓	✓	✓	✓
×××项目	✓	✓	—	✓	✓	✓	✓	⌛							
×××项目	✓	✓	—	✓	✓	✓	⌛								
×××项目	✓	✓	✓	✓	✓	✓	✓	❌							
×××项目	✓	✓	✓	✓	✓	❌									

图 13-7 项目进度控制界面

这样,单一项目投资—建设全过程的数据就实现了纵向动态关联,如果操作者希望关注所有流转到特定节点的项目情况,可以按照事项(节点)查看项目,也就实现了项目信息的横向动态关联。

项目管控系统最终建立并形成项目管理数据视图,将项目管控系统中所有与项目相关的数据信息进行集中全局化展示,并可实现按不同类别、不同时间等各类要素分类查询。

八、管理体系变革的保障措施

在开展这样一项全面性、系统性管理变革工程之初,中国环保就从顶层推动和系统性谋划入手,为此次变革做好了组织保障、资源保障和方法保障。

（一）组织保障

在组织保障方面，中国环保成立了由公司董事长牵头、各级领导参与的工作领导小组和由各部门、各下属单位主要负责人、骨干员工、管理专业人员和信息化专业人员等各方面人员组成的联合项目组。在两层组织保障下，这项变革工程一方面切实地成了"一把手工程"，各级领导深度参与其中，随时关注、指导工作的开展；另一方面又通过各方面、各专业领域人员通力协作，保证所有工作的出发点是系统化的、全局性的。

（二）资源保障

在资源保障方面，中国环保自2014年起每年在预算中单独制订用于本次变革工作的专项经费，保证各项研讨、培训、宣贯等工作的顺利开展，据不完全统计，截至目前，中国环保投入本次变革工作的直接经费近千万元。

（三）方法保障

在方法保障方面，新的方法、新的组织、新的流程、新的工具，可以说，变革后一切都需要重新适应，如何让大家理解方法、适应工具，推动成果的落地成了本次变革的关键所在。为此，中国环保组织了大量的研讨会、宣贯会，并创新性的采用了集"讲、学、练、赛"于一体的训练营和集中攻关的方式开展相关工作，并且大多数的培训都是在变革的过程中开展的，几乎所有成果都有每一位员工的贡献，这就在一定程度上保证了成果推出之际，就是落地之时的效果。4年多来，中国环保针对本次系统性管理体系变革工作，共计开展大中型培训近20次，小型研讨培训则数不胜数，培训覆盖超过1000人次。

除了要保证基层员工对变革方法、工具和成果的理解，也同样要保证各级领导对工作开展的思路、方法和进展情况的了解与掌控，因此，在过程中，项目组与领导小组间一直保持着良性的沟通机制，4年多来，中国环保召开中大型专题会议、汇报会议等合计近50次，仅公司主要领导出席的会议就占到一半以上。频繁地沟通、汇报、宣贯、研讨，保证了本次变革工作自上而下的思路一致，保证了自下而上的信息通畅，在思路和信息层面也做到了"横向协调，纵向贯通"。

九、案例启示

（一）敢于打破常规，以思想创新推动管理创新

创新是民族进步的灵魂，是一个国家兴旺发达的不竭源泉，也是中华民族最深沉的民族禀赋。党的十八大报告强调指出要坚持走中国特色自主创新道路，以全球视野谋划和推动创新。创新是时代的深切呼唤，创新驱动已成为国家发展的重要战略，也是企业持续发展的必然选择。变则恒通，尊新必兴。在环保行业日益激烈的竞争态势下，中国环保深刻认识到在环保行业占据一席之地实现弯道超车才是生存发展的王道，中国环保敢于破除陈规，解放思想，运用中国节能创新研发的"管理视图分析法"工具，进行管理变革创新，收获了向管理要效益的丰硕成果。

（二）充分挖掘大数据引领环保企业管理变革

大数据、云计算等新兴技术不断崛起，在与传统产业融合后，衍生出多个细分产业。在海量数据的基础上，大数据技术的深化应用驱动着环保大数据的发展。中国环保由于项目周期长、复杂度高、项目复制性和业务量激增的特点对数据的前后一致性和衔接性以及有效利用海量数据指导管理实践有更加迫切的需求。中国环保与时俱进创造性地利用"管理视图分析法"工具建立了一套适应数据时代的系统化、一体化的管理数据系统，进而进行组织体系和管理体系的重构，通过"系统构架、动态调整、因时而变、因势而变"的改革长效机制，持续推动企业改革创新、提升市场竞争能力的目标。

（三）核心竞争力是企业可持续发展的关键所在

核心竞争力是指能够为企业带来比较竞争优势的资源，以及资源的配置与整合方式。随着企业资源的变化以及配置与整合效率的提高，企业的核心竞争力也会随之发生变化。凭借着核心竞争力产生的动力，一个企业就有可能在激烈的市场竞争中脱颖而出，使产品和服务的价值在一定时期内得到提升。固废行业企业的核心竞争能力，主要体现在市场投资能力、技术创新能力、生产运营能力上。中国环保作为国内固废领域专业化公司，以技术为支撑，以科技创新为先导，通过事项驱动的管理体系变革，三项核心竞争力均得到跨越式提升。目前，中国环保在固废领域取得研究成果，并在国内推广应用。中国环保在垃圾与掺煤比例、渗滤液处理等关键技术方面取得重大突破。中国环保核心竞争力的跨越式提升奠定了国内固废行业龙头的地位。

（四）管理信息化是固化管理流程，提高执行力的重要手段

信息化建设给企业的管理带来的变化是革命性的，给企业的管理工作提供了方法、平台和路径，覆盖了项目管理的全部过程。只有科学的信息化管理才能助力企业规模和效益的同步发展。信息化对企业管理效果的提升，主要表现在：信息化促使管理工作标准明确，倒逼管理标准化，经过业务的层层梳理，实现管理的标准化；信息化促使业务系统管理流程固化，落地生根；信息化促使过程管控，使数据从源头来，决策从系统来；信息化促使成本分析，使企业降本增效，为企业面对市场竞争注入了强大的生命力。中国环保在管理变革成果基本成型后，开始了信息化固化的工作，运用管理视图分析法的管理思想进行信息化系统的构建，实现了将变革成果贯穿于信息化系统中，最终实现了公司效益的持续提升。

第十四章　合肥荣事达：智能家居企业双创服务管理

荣事达电子电器集团有限公司（以下简称荣事达集团）成立于2004年4月，是集智能家居全系列产品及智能全屋系统研发、生产、销售为一体的国家高新技术企业，经原荣事达集团改制而成。企业注册资金1亿元，用工总量1.2万人，总部位于享有"中国家电之都"美誉的安徽合肥，分别在安徽合肥、广东中山、浙江台州等地建有生产基地，拥有创业创新企业和团队160余个，产学研合作基地3个，柔性生产基地3个，全国营销网点5万余个。企业拥有"荣事达""品冠""品冠之家""健洗宝""乐库"五大知名品牌，产品远销欧美、东南亚等海外市场。荣事达集团在智能单品及智能家居方面的销售额逐年递增，2017年，荣事达智能家居产品产量1223万件，同比增长18.85%；工业总产值达55.78亿元，同比增长20.45%；主营业务收入创收53.05亿元，同比增长20.62%；实现利润17552万元，保持20%的增长。荣事达集团不断探索转型发展之路，面向智能家居行业开展"双创"建设与管理，陆续获批国务院"双创"示范基地、制造业"双创"平台试点示范项目、国家工业旅游示范基地、全国轻工行业先进集体、国家专业化众创空间、国家知识产权优势企业、制造业与互联网融合发展试点示范企业、国家制造业服务平台等众多荣誉。

一、依据企业发展战略，明确"双创"服务管理思路

荣事达集团坚持开放共享原则，于2016年正式开始智能家居"双创"服务管理，

在开放九大资源要素、完善"三位一体"保障机制前提下，围绕智能家居产品生态系统建设智能家居产品创业项目库，并以此精选创业项目，采取分阶段个性化服务，多措并举，保障创业"零死亡率"，实现企业自身发展的同时，推动更高层次创业创新，具体做法如下。

在"大众创业，万众创新"背景下，为提升企业创新能力与市场竞争力，荣事达集团不断探索新路径，将企业发展定位于智能家居创业创新，围绕智能家居进行产业转型升级，通过"双创"推动智能家居项目产业化。根据企业发展定位，荣事达集团明确"双创"管理思路，以荣事达品牌为建设方向，打造智能家居"双创"第一品牌；以技术创新为基础，将家电、建材和新能源进行智能化升级，打造荣事达智能家居全屋系统；以"三位一体"创新管理为切入点，形成以荣事达企业为中心、内外创客为支持的、庞大的智能家居创业创新队伍。

（一）制订双创发展目标，落实"双创"发展战略

荣事达集团"双创"在原有的家电基础上，研发、生产智能家居单品，建设智能家居全价值链"双创"平台，结合智能家居"智能硬件—智能系统—智能平台"产业价值链，围绕"研发—设计—制造—销售—服务"等具体环节，将"双创"孵化成功的企业与项目进行系统性、规范性的产业布局，打造中国·合肥智能家居产业园[1]。其中，一期基础区建设总规划用地约800亩（1亩≈666平方米），总建筑面积约10万平方米，包含双创大厦、双创实验中心等。以"双创"为核心，通过智能家居产业园建设形成聚集效应，吸引国内外产业链上下游企业、团队、高尖端人才、资金流入，提高区域产业化水平，从而助力区域向国家级经济开发区提升。至2020年，解决智能家居关键技术难题十项，整合投资400个创业项目，打造一个国家级科技企业孵化器，成为创新与创业相结合的企业聚集地。

---

[1] 王运宝. "荣事达模式"的创新基因 [J]. 决策，2016（10）:70-72.

（二）成立"双创"工作小组，完善"双创"管理队伍

荣事达集团成立专门工作小组进行"双创"管理工作，从战略上保障"双创"管理思想与措施落实。由长丰县政府牵头成立专门"双创"工作小组，保障"双创"政策落实到位；由高校教授、科研院所专家和企业技术带头人组成的专家委员会作为"双创"管理决策机构，主要负责订立"双创"发展方向和目标、确定阶段性任务，加强对"双创"基地建设和产业发展的指导和调度，从战略上指导"双创"发展；由企业针对"双创"服务管理运行组建完善的专业服务团队，其中创业辅导师8人，孵化器从业人员10人，质量从业人员6人等；同时，企业引进了一批海内外经验丰富、富于创新的优秀技术人才和管理人才，逐步形成一批涵盖本科、硕士、博士各学历层次、梯队合理的人才管理队伍。

（三）组建"双创"管理机构，保障内部协调运营

荣事达集团根据"双创"管理工作需要，组建完善的"双创"管理机构，设立8大管理部门：由综合办公室负责"双创"相关日常事务工作、管理工作、内外部协调、财务等；培训企划部为中小企业和社会创业团队提供专业培训和长期发展计划，培养出专业人才；专业咨询室进行分析比较，为中小企业和创业团队提供对应的专业服务；投资发展部提供市场和营销指导，负责对外科学技术的合作、引进以及产、学、研开展；设计研发部负责新产品的技术开发、技术创新，对新项目的产品和技术进行指导和把关；试验检测部负责项目产品试验与检验、性能测试；品质管理部负责项目产业化后产品质量管理与产品认证管理，确保品牌优势；网络运营部负责"双创"网络整体建设和运营，管理"双创"网络平台，总结、反馈云数据库信息，为其他部分工作提供现实依据。通过明确各部门工作任务和职责，保障内部协调运营，确保"双创"管理工作落实到位。

二、优选创客资源，做好产业产品的顶层设计

荣事达集团"双创"平台一方面是做好产业产品的顶层设计，另一方面是广开创客之源，对顶层设计形成支撑，通过建设智能家居创业项目库，优选创客项目，紧密围绕智能家居产业发展。

（一）优选项目，做好产业产品的顶层设计

荣事达集团在"双创"上，首先是做好产业产品的顶层设计，明确产品规划和研发重点，优选产业产品方向。通过大量的市场调查和数据分析，到2020年，智能家居产业市场将达到万亿级，所以将智能家居作为主打，并在智能家居中大量引入"互联网+"、大健康和节能减排的内涵[1]。公司以住宅为广阔平台，打造各式智能家居生态圈产品体系，将传统家居与现代化科技、智能融为一体，构成荣事达智能全屋系统。集团产品开发本部负责在全球范围内寻找各种创新产品，形成智能产品库，这些产品代表智能家居发展方向并符合消费者的各种需求，同时负责产品市场前景调研，分析并形成报告。通过细化智能家居产品和服务，优选项目，每年向社会发布上百项产品项目进行招标，广开创客之源，而产品库的每个产品都可以成为单独项目，由专门项目团队负责运营。

目前，荣事达智能家居依照生活场景及使用功能的划分，分别推出了十大产品生态圈和十大功能生态圈，即荣事达智能家居全屋系统。十大产品生态圈即"社交客厅""懒人厨房""健康卧室""聪明阳台""超级卫生间""智慧书房""智爱餐厅""智尚衣帽间""智能车库""智美花园"。对应十大产品生态圈，企业开发了十大功能生态圈即智慧安防系统、智慧看护系统、智慧空气系统、智慧用水系统、智慧影音系统、智慧控制系统、智慧照明系统、智慧新能源系统、智慧美食系统、智慧健康系统等主要智能系统。

---

[1] 马睿.创新中的双创,双创中的创新——荣事达双创模式解析[J].行政管理改革,2016(9):15–18.

（二）围绕企业发展战略优选创客资源

荣事达集团对创客项目并非来者不拒，而是以智能家居全屋系统为中心，明确的产品规划，建立基于全球视野的最新智能家居产品创业项目440个，在此基础上甄别和筛选创新创业项目，保障创业项目一致性与专业性。所以，优选项目、优选创客。企业根据智能产品库目录，吸收项目进入"双创中心"进行创意推进和加速新品产业化市场化。荣事达集团深度面向内外部创业者开放，培育和招募认同荣事集团达的价值观，认同荣事达集团的企业文化的创业合伙人，具有相应的产品研发经验，从事该项目产品的制造企业，或是具有营销专长、管理专长的行业职业经理人，或是具有销售渠道的地区经销商等。

荣事达集团的"双创"平台是完全开放的，创客不限于企业内部，大多来自社会，包括国外的团队，通过开放的用户和产业资源，带动了社会的就业，推动了"大众创业，万众创新"政策的落地，同时也有力保证了创新之源。目前，公司拥有1栋约2.2万平方米的智能家居总部大厦，已经聚集和正在聚集近70个创客团队。

（三）加强创业项目对接和管理

荣事达集团为更好地加强项目对接和管理，完善创业项目的全过程管理机制，定期开展项目路演，保障优质创业项目充分与"双创"对接。加强引导和建设，建立项目评价与筛选机制，对有明确投资意向、准备入驻和落户的项目，进行项目要素评估，制订项目长期培育、孵化方案。荣事达集团专门成立孵化项目一对一列对帮扶小组，指定到人，对新项目贴身服务，每周每月定期面对面沟通，对项目进展情况及时上传下达，从思想上和行动上及时纠偏，对项目资源需求上，随时在集团层面予以调度，满足项目从起步到发展所需。季度定期召开事业部间沟通会，项目集群负责人相互交流分享实战经验，取长补短，实现共同进步。

三、开放优势资源，推动创客和企业优势互补与整合

荣事达集团的"双创"中心搭建了资本、技术、营销和产业制造四大资源子平台，将企业成长所需要的资金、技术、信息、品牌、制造、管理、文化、市场和人力资源九大要素[①]和配套服务进行了优化组合，且全部整合在同一个平台上。以九大要素为核心，重点打造具有竞争优势的供应链、销售链、产品链、服务链，形成智能家居全价值链平台，对全社会开放，外部创客只要拥有一技之长（不论是技术还是管理）就可以参与到平台之上，即企业的资金、信息等资源与创业者的新技术、新理念实现了优势互补、整合和对接，并且相互弥补了短板，为企业与创业者共享共赢、取得 1+1>2 的效果打下了坚实的基础。

（一）成立"三品"基金

为解决企业融资过程中担保难和抵押难等问题，荣事达集团成立以"品牌、品质、品类"为关键词的"三品创业基金"，每年投资一亿元，用来扶持每年 100 个智能领域项目的孵化和加速。此部分基金主要是用于项目初创时投资，保证项目团队批量入驻，为轻资产、科技型中小企业和项目提供融资支持，解决其融资难问题。一方面，荣事达集团根据项目资金融资需求，以控股或参股的形式，在创业合作初期确定股权分成，先期导入资金；另一方面，创业创新团队在实际发展中，可向荣事达集团提出资金支持计划，以项目计划方案及年度发展考核任务作为依据，进行项目融资。

（二）打造技术研发平台

荣事达集团以企业中央研究院为主导，以产、学、研为纽带，通过引进国内外智能家居领域高端智力资源，重点打造与中科大及中科院合作的智能家居关键技术

---
① 马顺生, 邓九平, 张文连. 双创"安徽模式"成总理案头样板[N]. 安徽经济报, 2016(9):8-9.

创新产、学、研平台，与深圳清华大学研究院合作的智能家居产业化创新产学研平台，与合肥学院合作的智能家居中德工业设计产学研平台；通过一系列自主创新，建立安徽省企业技术中心、安徽省企业工程研究中心等，不断开发新技术、研发新产品，将智能家居领域关键技术及产品形成完善的、先进的技术库、产品库，为创客团队源源不断地提供技术保障和产品保障。

（三）制造体系支持

荣事达集团为创业者建立专门的产品制造体系，构建智能制造中心，打造智能家电、智能建材、智能能源三大柔性制造平台，构建了大型3D数字化打印中心，为智能家居单品在通用化、模块化、共性化方面的统筹制造提供保障，为创客团队在概念创新方面的落地与验证奠定了坚实的基础，将创业者的技术或者想法快速、系统地转化为产品。

（四）畅通市场渠道

荣事达集团旗下产品近5000项，拥有50000多个销售网点，O2O全网营销系统覆盖全国市场，产品远销欧美、中东等32个国家和地区，采取线上线下相结合的方式，为创客团队的产品营销广开渠道，全力保障智能家居全屋系统中每一个创业企业产品的销售网络畅通。

（五）提供品牌助力

荣事达集团收购有潜力的新兴行业品牌、传统行业品牌、中华老字号等，作为集团的品牌资产储备，根据新项目的行业和特征进行相关品牌匹配和授权，弥补创客团队品牌缺口，免去新项目打造品牌、推广品牌的阵痛期，使项目在运作初期就具有相当的品牌影响力，以品牌打通创业产品市场困局，让品牌助推创业创新。

（六）导入管理要素

荣事达集团在长期的生产经营活动中，不断地摸索，并逐渐形成特有的"新和商""零缺陷""红地毯服务"等先进的管理理念。在"双创"服务管理过程中，荣事达集团针对创业团队缺乏管理理念和管理体系的状况，一方面导入荣事达集团先进的管理理念；另一方面完善服务监督管理，建立起全媒体呼叫中心及监督评价机制，及时、迅速、有效地反映客户的需求、投诉等信息，通过客户反馈，了解工作人员工作能力、服务态度等，保证各个创业团队提供高质量的服务，从而保障"双创"科学、有效地进行。

（七）输送人才资源

创新人才机制，树立"以人为本"的思想，铸就人才战略高地，为智能家居产业培养和输送人才，不断壮大创业创新人才队伍。建立人才培养机制，通过设立人才培养基金等方式支持研发人员开展研究工作，通过客座研究员、博士后流动站等人才培养和交流机制，为我国智能家居产业培养和输送高端人才，成为行业人才培育中心。营造良好的人才引进环境，鼓励以岗位聘用、项目聘用和任务聘用等灵活方式引进高层次人才和智力。持续研究以产权、技术等作为资本参股和分配的方法，完善相关政策措施，鼓励有自主知识产权和优质科技项目的高端人才创办智能家居企业。建设荣事达集团双创大学，面向企业内外创客开放"双创"课程，全面辅导创业创新人才的成长。

（八）完善信息化服务

大力实施"工业云"及大数据建设，通过建设"基于产品研发及营销的大数据溯源系统"，为智能家居产业提供一些具有共性的产品数据及用户数据，为产品优化及营销升级提供准确的依据；同时，在原有企业ERP系统上进行优化升级和补充，建设基于 CAD、CAE 系统的数字化产品开发系统、基于柠檬豆 SaaS 系统的 SCM 供应链管理系统为一体的工业互联网平台,为三大柔性制造平台提供更为高效的信息化系统保障,为创客提供智能制造、个性化定制、全生命周期管理等信息化服务。

(九)引导创客文化

"创新驱动,产业报国"是荣事达集团的企业精神,"党建引领双创,双创驱动发展"是常抓不懈的工作方法。通过定期召开各类党工团妇活动,实现对创客团队的全面覆盖;通过工作分享会、思想交流会、业务沟通会、成长报告会等各种沟通会议的及时召开,集团无时无刻不在引领创客的思想成长,以实现对创客世界观、价值观、人生观的重塑,打破创客团队"小富即安"的狭隘思想,引导创客团队向做大做强的远大目标迈进;以价值驱动为导向,塑造一批具有品质、品德、品味的三品创客,培养一批受人尊敬的企业家。

四、"三位一体"保障机制,与创客实现共创共享

为协同创客团队发展,更充分发挥荣事达要素资源优势,荣事达集团建立"三位一体"即"双创中心+事业部+合伙人"保障机制,创业者通过进入双创中心,成为荣事达集团创业合伙人,以事业部运营。通过股权制与事业部制相结合,创客变股东,激发全员创业创新活力。

(一)双创中心

双创中心即开放式的创业创新平台,集科研、学术交流、成果展示、智能全屋体验生活、灵感空间和实验室于一体,为创客提供办公、培训、会议、学习交流与生活等全方位服务。中心探索建立专业咨询、人才培训、检验检测、投融资等双创服务体系,提供创业所需的品牌、技术、制造、资金、市场、信息、人才、管理、文化九大要素,构建开放、共享、协作的双创综合服务平台。

（二）事业部制

事业部制不同于以往单纯的项目制，而是独立运营、独立核算的主体，拥有自己的管理团队、主营产品、财务体系。事业部又服从荣事达集团整体流程管控，由双创小组定期进行评估考核及问题诊断，通过九大资源定位，补足创业资源短板，达到"缺什么，补什么"的效果。事业部制独特的经营形式，也为创业团队孵化期满后独立成公司提供了可靠的经验。

（三）合伙人制

合伙人制即视创客团队为利益共同体，利益共享、风险共担、合作共赢，建立全员普惠的分享机制。对内将企业劳动成果分享给优秀员工，采取员工入股形式分享股份，成为企业的主人、股东，实现共同发展、共同富裕；利用"双创"灵活的机制，不仅优秀员工可以参与"双创"，优秀小组、优秀团队都可参与，让员工真正享受到"双创"福利。以股权制确定合伙制，根据合伙人的一技之长，荣事达集团采取控股或者参股的形式，更多地从创业者需要出发，对于荣事达集团资金投资比例较大、项目团队能力较弱的事业部采取控股形式，而对于技术实力强、事业部架构体系完善的项目团队，根据"双创"意向采取参股形式。

五、坚持分段精准投入扶持，实现共同成长

不同于一般的只投入资金的风投公司，荣事达集团总结自身成长的经验，针对每一个引入的创客团队和项目进行综合分析，将自身所拥有的九大资源要素按创客团队和项目的需要，科学规划，及时投入，对其进行精准扶持，采取个性化服务，分阶段补足资源短板。荣事达集团将创业项目分为创客期、创业期和成长期三个阶段，针对不同阶段需求导入相应的要素资源。

（一）创客期

创客期，重点导入硬件、初始资金、人力等基础要素。荣事达智能锁事业部成立于 2016 年 8 月，其项目带头人曹文涛属于智能锁技术人才，名下有近 10 余项智能锁相关专利，在该项目进行创业时，由于缺少办公场地、缺乏资金导入、更无项目团队人员支撑，遇到了很大的问题与困难。在经过项目审核筛选进入荣事达双创中心后，荣事达集团以 51% 的比例进行项目控股，先期导入孵化资金 200 万元作为启动经费，划定 A 座办公楼四楼办公室作为其办公场地，并配套物业、水电、网络、办公设备、会议室等，调配集团财务、法务、行政、技术部门人员配合辅导创业团队前期工作，积极安排人力资源部门配合招聘人才，经过短短半个月组建成一支完善的创业项目团队。目前，智能锁事业部已独立注册成立公司，公司最新研发的智能锁防胁迫技术和 NB-IOT 物联网智能锁技术都处于行业领先水平，销售收入也实现大幅度增长。

（二）创业期

创业期，注重规范管理、完善品牌与制造体系，保障资金链稳定。处于行业培育阶段的智能空气能项目成立于 2015 年，进入创业孵化期后，空气能市场销量不断增加，荣事达集团根据其发展需要，制定专门的质量管理体系，严格把控产品质量；完善制造体系建设，投资 3000 万元建设智能工厂；加强技术研发，建设零下 33 摄氏度超低温实验室以及焓差实验室，以保证设备能在复杂工况下的正常运转，取得了一系列的技术突破。随着北方"煤改电"项目的推行，空气能成为招投标热门产品。荣事达集团充分利用自身品牌优势、资质能力以及企业资本金保障，为空气能参与招投标提供保障。鉴于项目工程投资资本大、工期长，荣事达集团在前期为空气能项目提供资金支持，保障资金链周转稳定。荣事达空气能也相继中标北京顺义煤改电项目、河北石家庄煤改电项目、山西晋城煤改电项目、北京李桥镇煤改电项目、山西中石化煤改电项目、河北涿州煤改电项目等，并荣获"2018 年度空气能行业领军品牌"的称号。

（三）成长期

成长期，弥补技术短板、导入大型资本和营销渠道等。荣事达智能家居控制系统事业部，经过前期孵化，步入成长期，目前已成立独立公司。智能家居控制系统以研发为主，需要实现各个智能单品端口兼容，研发费用成为企业的一大重要支出。荣事达集团一方面通过中央研究院，对接科研院所，开展产、学、研合作，提高技术开发效率；另一方面通过技术购买、基金支持方式，为智控系统事业部提供不断的资金支持；同时，导入荣事达全方位营销系统，提升智控系统市场占有率，增加销售收入。

因此，这种围绕创业者痛点推行的个性化服务，全过程分阶段精准扶持，能够优化各种要素的高效配置与整合，不但能快速打造项目及团队的整体优势，提高项目的经营效率，还能有效地提高"双创"的成功率，使荣事达集团的"双创中心"成了投融资、技术攻关、创业孵化、吸引和培养人才的基地[1]。

六、多措并举，推进创客项目持续发展

荣事达集团在创业创新项目保障上，建有完善的容错机制，通过不断的资金保障、评估考核，对项目进行兜底，从而保障创业项目"零死亡率"。

（一）构建完善的容错机制

荣事达集团通过项目评估、集团兜底，构建完善的容错机制，保障"双创""零死亡"率。荣事达集团建立以"财务、品质、市场"为要素的评估体系，对创业创新项目进行投资前评估，保障项目的市场前景；同时针对"双创"团队，对创业创

---

[1] 深化制造业与互联网融合发展 解读国务院《关于深化制造业与互联网融合发展的指导意见》[J]. 中国中小企业, 2016(6):20-23.

新项目团队人员综合素质进行评估，针对不足的方面展开培训。在具体运营中，集团对"双创"项目进行兜底，对于一次孵化失败的项目，由荣事达集团一力承担，保证项目最基本运营，规避创业项目"死亡"风险，同时对项目团队进行培训或配备新的项目团队进行二次培育，从而形成完整的培育、孵化以及再培育的可循环过程，保障每个创业项目的最终成功。

（二）完善资金保障体系

探索建设便捷贷款渠道。双创中心依托荣事达集团合作银行，为智能家居创业创新团队提供便捷的贷款渠道。荣事达积极拓宽融资服务的广度和深度，大力开展与科技银行等区域性中小金融机构、小额贷款公司、融资租赁公司等合作，合理引导社会资本投入；探索适合智能家居产业发展的贷款模式，寻求多元化的满足中小企业融资需求的信贷产品。联合各金融机构积极开展股权质押、票据质押、知识产权质押融资等，对高成长性企业给予信用贷款等多种贷款形式，不断优化科技型中小企业的融资环境。

优化多渠道直接融资环境。荣事达集团积极与各个投资机构合作，构建多层次股权融资体系，充分发挥股权融资在成长型及创新型企业的筛选和培育方面的功能，构建完整的股权投资链条，大力发展风险投资和私募股权基金效应，打造以"双创"为载体的股权投资聚集地。

（三）建立健全评估考核机制

荣事达集团针对创客团队及创业企业管理，保障创业创新项目的顺利推进，建立起品质、市场和财务三大评估体系。

①品质评估体系。荣事达集团负责提供一套标准的品质评估体系，在源头上为产品质量把关，实现品质全过程、全方位的质量监测。

②市场评估体系。建立一套可评估的市场推广管理与评估体系，实现产品策略、

销售策略、推广策略的有效配合与协调，保证市场预算的有效利用。

③财务评估体系。根据我国智能家居行业环境、国家有关法律法规及荣事达集团的实际情况，建立起可以内部控制、动态调整并持续改进的财务评估指标体系，并覆盖企业管理、业务拓展等层面，对企业及创业创新团队经营活动进行财务动态管理。

同时，荣事达集团研究建立双创发展责任监督考核机制，加强对规划实施工作的跟踪分析和监督，建立产业发展评估指标体系，开展产业发展年度规划和中期评价等工作，根据评价结果对规划进行调整修订。制定出台基地运行考核管理方法，建立目标责任考核机制，由工作小组牵头组织实施考核工作，并将考核结果纳入各部门年度绩效考核体系，从而真正落实三大评估体系在"双创"服务管理中的作用，推进创客项目可持续发展。

七、案例启示

荣事达集团的"双创"经验表明，大企业规模大、资源多、行业影响力强，是技术攻关、创业孵化、投融资和人才培养的高地，荣事达集团充分发挥大企业在"双创"工作中作用的经营，为我们落实"大众创业，万众创新"政策提供了借鉴。

（一）明确的发展目标和清晰的定位

荣事达集团"双创"实践表明，有效引导创业者围绕产业方向和企业发展战略开展创业，是提高创业成功率的有效途径。与一些企业发展到一定规模后就失去目标、定位模糊一样，荣事达集团也曾有过相同的经历，但在关键时刻，荣事达集团领导核心及时找准目标和准确定位，多年来一直围绕家居行业，聚焦"智能全屋"主业，利用大数据和人工智能技术，通过"智能硬件+系统软件"的物联网技术驱动，专心致力于做智能家居全价值链开发[①]。在产业产品顶层设计的目标和要求下，

---

① 吕洪业.安徽荣事达集团推动"双创"的经验及启示[J].行政管理改革，2017,1(1):61-64.

甄别、筛选和引进的创新创业项目，对现有产品生态进行重新组合，将传统的家居产品进行转型升级，并引入智能、个性和人性化的设计，释放出"双创"活力，激发出经济发展的强劲动能，取得了显著的社会和经济效益。

（二）搭建"双创"公共平台，加快各种资源的开放共享

荣事达集团的"双创"中心之所以取得成功，是因为它不但为那些社会中的创客团队搭建了"双创"中心这个平台，开放了自身的优势资源，并对其精准把脉，提供相应的所缺资源和要素。因此，要落实好"开放资源"的相关政策，必须引导创新资源的集聚，不但要发挥大型企业尤其是国企、研究机构和政府部门的作用，还要将零散、闲置、沉淀的科研成果和基础数据等资源向平台开放，推动创客与企业优势互补与整合，使创客们获得其最急需的资源要素，实现内外资源的整合聚集，以有效提升"双创"的成功率，使得"双创"团队不断发展壮大，实现更高层次的创业创新[①]。

（三）多渠道融资，激发"双创"融资新动能

资金是影响初创团队和项目的重要因素，为了强化"双创"的融资保障，必须采取多种有效措施，为其提供资金支持。一方面可通过提升国有金融机构融资、增信、担保和抗风险能力，设立续贷过桥资金、专利权质押贷款等系列金融产品；另一方面可推进政府支持的新型融资担保机构（即政银担），打造基金丛林，积极推广税融通，加强政府性资金存放管理，将其与商业银行信贷等挂钩，鼓励网络众筹、上市融资、奖补降费等多管齐下，并努力降低融资门槛，激活社会资本和金融资本，构建高效率、低成本、多层次的"双创"融资体系，有效解决企业融资难的问题。

（四）提高"双创"品质，推进产、学、研一体化建设

"双创"中的创新与创业是相互关联的，创业可以牵引创新，而且市场的需

---
① 高婴励，许旭. 制造业"双创"平台的演进路径与应用场景[J]. 中国工业评论，2018（1）：58-67.

求又可以拉动创新。应充分发挥市场在创新中的决定性作用，让产、学、研融会贯通，达到提高"双创"品质的效果。在"双创"过程中，应深入了解高校的需求，根据不同院校的不同需求，为创业学生提供更多的社会经济信息，帮助他们尽早走出校园、步入社会；通过与各高校院所的对接，发挥这些高端科研机构在人才培养和科技创新上的天然优势，为"双创"项目提供先进的技术支持。政府出台相关政策，发挥在产、学、研一体化过程中的引领作用，适当降低技术成果转化的门槛，鼓励更多人去大胆创业、勇于创新，促使科研成果更接近生产实际，更好、更快地走向市场，落地生花。此外，产、学、研的一体化建设可以将三方资源有机结合，并根据市场的需求，及时调整产业结构，组织创新攻关，促进转型升级，可以迅速改善供给结构，不但能满足消费的需求，还能吸纳去产能过程中形成的冗员。

（五）创新"双创"机制，为落实"双创"工作打下坚实基础

大型企业对创业者不仅能提供资金、场地等一般资源，还能建立精准对接、提供有效导入其所缺资源的帮扶机制，包括利益牵引机制、资源投入机制和要素保障机制等。企业要全面创新自身内部的管理机制和组织机制，促使"双创"工作取得实效，通过"三位一体"的组织创新，使企业与创业团队的利益得到满足、价值得以实现；通过对集运行、动力、约束三大机制于一体的管理机制的创新，极大地激发出企业内部和创业者等不同利益主体的热情，实现社会、企业和创客的多赢。

（六）引进和留住高素质的人才

产品竞争力的关键在技术，"双创"的根基在于人才。为了加强人才队伍建设，吸引高素质人才，相关部门和大企业应出台相应的人才引进优惠政策，鼓励引进具有高水平、高素质并能带来巨大经济效益的创业创新团队。如可以尝试允许那

些参与到初创企业建设过程中的高素质人才以自身的技术入股，将其自身利益与企业的发展捆绑在一起，激发其工作激情，实现社会、企业和创客的多赢。对创业团队和企业原有职工定期进行必要的培训，不断提高创业人员的技术能力和水平，同时也满足了企业发展对高素质人才的需求，从而推动初创企业的可持续发展。[1] 还可以通过建立创客学院、与省市团委等部门联合举办创新技能大赛等方式，大力发现和挖掘社会上高层次的人才，吸引和鼓励他们带资金、带技术、带项目创新创业。同时，加强科技情报和人才信息的收集工作，建立高层次人才信息库。总之，通过引育"双创"人才和完善服务保障等措施，让人才进得来、留得住、不想走。

在当前我国经济结构调整和发展的转型时期，落实大型企业"大众创业，万众创新"的政策，发挥其在"双创"中的作用，不仅是有效解决就业问题的"疏导工程"，也是经济结构转型的有力保证，同时也有效解决了因传统产品生产下降而造成的企业冗员问题，为产品转型升级进行结构转型和动能转换创造了条件，激活了创业者的创新能力、优化了各种要素的高效配置，提高了创新创业的成功率，为实现激发经济发展的新动能，保持经济平稳持续增长提供了有效的途径。

---

[1] 张凌. 双创模式下初创企业可持续发展路径探讨 [J]. 中国商论, 2016(10):48-49.

第十五章　中油国际管道：基于联防联治的境外社会安全管理

中油国际管道公司，由原中国石油集团中亚管道有限公司与原中国石油集团东南亚管道有限公司重组整合成立。重组整合后的中油国际管道公司，下辖11家合资或独资公司，负责建设运营我国西北、西南方向的中亚油气管道和中缅油气管道，这是目前我国仅有的两条由中方参与建设和运营的境外陆上跨国能源进口通道。

境外跨多国油气运输管道的建设和运行，为推动能源合作与建设"丝绸之路经济带"，发挥着举足轻重的战略作用。中油国际管道公司所管辖区域主要分布在中亚和东南亚，根据集团公司对海外各国社会安全风险等级分类均处于高风险及以上等级。这些国家的相关安全工作的威胁主要有以下几类。一是宗教或种族冲突、社会动荡、武装暴乱、战争等大型社会安全事件；二是恐怖分子对管道生产运行的恶意破坏（管道破坏、纵火、投毒、爆炸、绑架及勒索等）；三是由地震、传染病、群体性事件等事件引发的社会秩序混乱，从而对公司运营和员工安全产生的直接或间接影响；四是由于项目或承（分）包商发生重大安全生产或环境污染事故，引起当地民众的反对和敌视，从而导致的群体性事件；五是项目或承（分）包商因劳动关系、薪资待遇等问题处理不当，引起当地及外籍员工的罢工、抗议和围攻等。

跨国天然气管道运输是现代天然气工业中的重大基础设施和错综复杂的现代化运输系统，上连气田开发，下接市场消费，所经国家和地区各运输环节的重大变化都有可能对跨国天然气管道的连续、稳定和安全运营造成重大冲击，使现代管道安全运输具有"牵一发而动全身"的特点，必然要求双边和多边合作，建立安全合作机制，确保整个运输系统安全运营。为此，中油国际管道公司必须积极寻求管道沿线利益相关方的广泛合作，在社会安全管理方面建立跨国一体化协调体系，积极应对海外安全风险，开展联防联治，从而保证管道安全、持续、稳定运营，进而推动公司战略目标的实现。

一、明确境外社会安全管理总体思路，落实管理职责

中油国际管道公司本着"生命至上、预防为主、依法合规、沟通协商"等原则，结合自身项目特点与管理优势，分析识别运营所在地的主要社会安全风险，明确社会安全管理职责，寻求项目所在地区相关方的协作，建立社会安全风险评估机制，健全社会安全风险预警机制，落实人防、物防、技防、信息防"四防"资源，完善社会安全投入机制，提高防范预警和过程控制能力，常规化开展应急演练，运用联动机制，加强海外社会安全培训，对社会安全工作进行系统化管理，降低业务活动中的社会安全风险，有效控制管道项目社会安全风险，确保管道安全运行。

中油国际管道公司充分尊重和遵守各主权国法律法规，争取在多国合作的前提下，通过跨政府间协议，与各企业合作伙伴和所在国政府形成联合安保机制，同时在内部明确社会安全机制，组建专业管理机构，实现内、外安保相互协调，形成稳定的安全合作制度和应急机制，确保长期安全运营（如图15-1所示）。

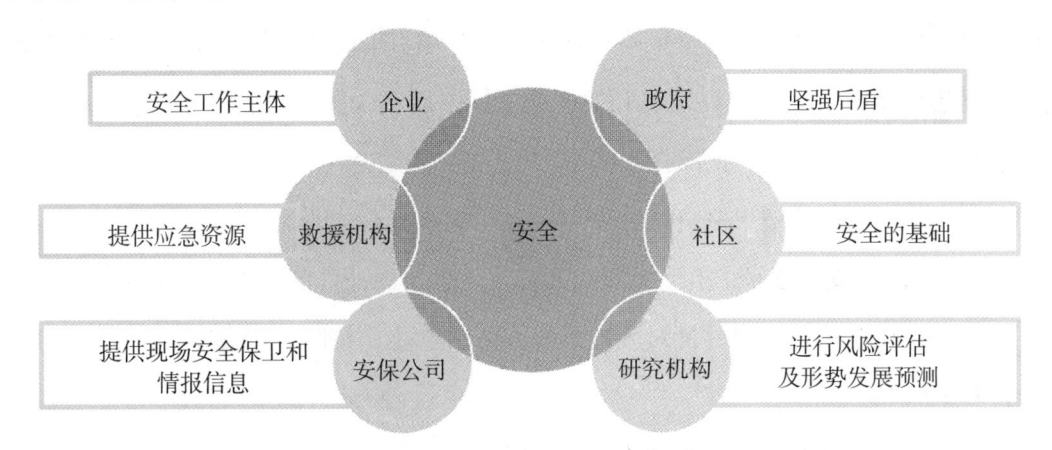

图 15-1 社会安全管理协作图

主要做法包括。

第一，明确境外社会安全管理原则。中油国际管道公司始终遵循"生命至上、预防为主、依法合规、沟通协商"等原则，在社会安全管理上坚持以人为本，力求对各类社会安全风险始治于未现，防患于未然。

第二，制定社会安全管理政策。遵守所在国和地区的法律法规、宗教习俗；对所有员工与承（分）包商进行培训，明确社会安全管理责任，提高社会安全管理能力和意识；制订紧急预案并开展演练，严肃对待所有安全事件。

第三，建立具有高效、实用的社会安全管理标准文件。建立并运行QHSSE一体化管理体系，梳理、制定社会安全管理有关制度，形成了社会安全管理手册、程序、作业文件、标准规定等，实施了全过程管理。

二、评估社会安全环境风险，明确防控重点

首先，多角度分析项目所在国安全形势。

其次，注重实地调研，确保风险评估结果的有效性。以哈萨克斯坦社会安全风险评估为例，实地调研办公室、驻地、场站、阀室和重要穿跨越、沿途管线等32个现场作业、生活、办公场所；访谈哈方人员与中方人员超过110人次，涵盖从经理、主管、各场站人员到安保人员的大多数职位。按照项目现场的调研结果，组织内外部专家开展国别社会安全风险评估报告、各项目安防措施评价报告、各项目安防工程建设指南等成果的评估、开发工作。同时聘请10余位管道与安防专家，对评估成果进行技术审查，保障技术水平。

再次，根据评估结果制订社会安全风险防控措施。

第一，防恐安全取证。拒绝无证或无有效防恐培训证件的总部人员赴项目工作。

第二，驻地安全保卫，针对驻地采取人防、物防、技防、信息防"四防"措施进行安全保卫。

第三，安保公司资质及履约质量，严格审查安保公司资质，并会同安保公司从

严审查安保人员资质。

第四，现金及易变现资产安全管理，严格管理日常用资的提出、调拨、储存各环节，严格管理易变现资产使用与存放，确保资金、财产及相关人员安全。

三、建立有效的沟通协调机制，联防联治保安全

第一，构建多方协调、联防联治的社会安全管理机制。中油国际管道公司通过将相关政府组织、各上级单位、国家部委、所在国相关政府部门、管道沿线社区、各外部相关单位等各利益相关方联通，积极建立各项目所在国家之间针对社会安防风险防控的多边政府间安防机制、针对突发事件应急响应的双边跨国协调机制以及联合安委会机制（如图15-2所示）。

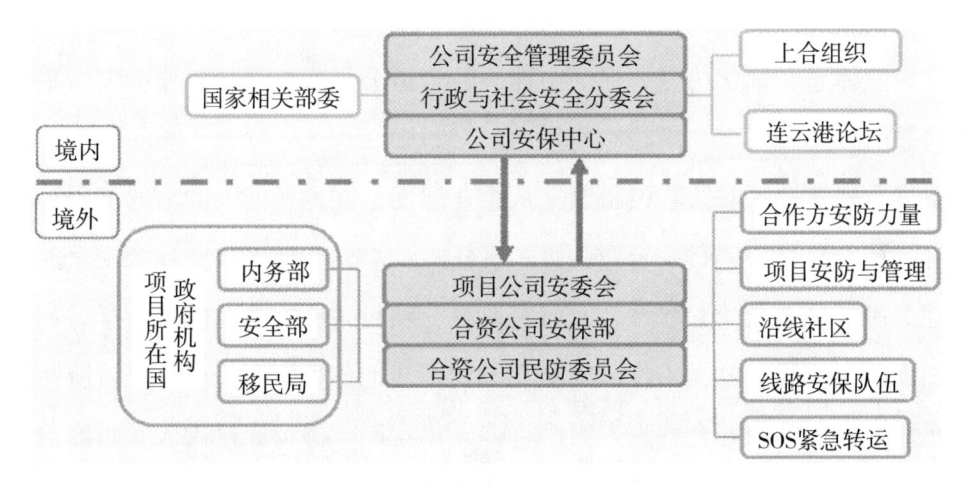

图 15-2 联防联治合作图

第二，建立多边的政府间安防机制。在中国国内，整合发改委（能源局）、外交部、商务部、公安部、国家安全局等国内业务相关部委资源优势，支持中国石油跨国管道管理，并做好在生产运行突发事件情况下，国务院统筹领导的应急联动机制建设；在中国驻中亚各国使（领）馆增设能源联络官（或者对现有相关官员增加能源管理职责），负责中国、驻在国、当地政府等与中国石油间的沟通协调，以及

能源业务工作指导。

第三，建立利益相关方跨国运营协调机制。中油国际管道公司在中亚、缅甸等地区的项目公司均建立运营协调机制。其中中亚地区建立了以"四国运行协调会"为平台的内外部协调机制，由上、中、下游共12家单位共同组成，中油国际管道公司总经理任委员会主席。目前，协调委员会已召开十六次会议，协同保障输油气任务，确保了中油国际管道公司运行安全平稳运行。在股东层面，在四国多方框架内，持续推进各股东的日常沟通和重大事项沟通。

第四，建立跨国一体化调控体系。对于跨多国管道而言，国境线的存在对于突发事件应急响应和处置必然会带来时间上的迟滞和效率上的降低，加之各项目所在国可能因各种历史问题存在冲突，在相关国境线附近突发事件的应急处置将更加困难。中油国际管道公司建立以中亚公司总部协调中心为主导，合资公司调控中心为支撑的跨多国调控一体化运行体系，包含调度管理、协调机制、SCADA功能、应急体系和优化仿真，保证中油国际管道公司运行调控工作的安全平稳、和谐高效。

第五，建立社区联防联治机制。从企业层面，在力所能及的情况下积极参与当地经济社会建设，履行"企业公民"责任。针对各个地区主要社会安全风险，与当地关键社区人员建立联系，及时获取各个项目驻地安全及防恐信息，利用多渠道加强信息收集、分析工作。同时充分利用当地各类资源，根据项目所在地不同情况，对各地社会安全管理方案进行差异化定制。持续通过社区联防群治的方式开展人防、物防、技防、信息防等安防管理，为及时预警及后续社会安全管理工作提供有力支持。

四、实施四防措施，严格管控社会安全风险

第一，人防措施。中油国际管道公司海外项目均安排安保人员24小时值守或巡视；安排安保人员对场站主入口、周界、重要的设备设施进行定期巡视，保证场站

人防措施；项目安保公司制订巡线计划，严格按计划巡线，对第三方施工或环境异常状况保持警惕，对巡线时发现问题及时处理或上报；海外项目与所在国警察、安保公司、社区治安管理部门建立联系，与当地员工建立和谐、友好的工作关系，及时获取有用的社会安全信息，及时预警，必要时采取紧急应对措施并启动应急预案。

第二，物防措施。物防系统的布设综合考虑安全达标性、经济节约性和工程技术性，按照ALARP原则（As Low As Reasonably Practicable）最低合理可行原则，来选择物防设施。对于生产场所、生活基地和临时营地设计了配置刺网、辅以外围隔离沟的物理围墙，出入口设置防撞墩或防撞闸板。社会安全高风险地区的生产场所专门设计了"混凝土＋刺网"的双层物理围栏，出入口中间缓冲地带专设检车区，实现对于车辆的全方位检查。针对线路关键穿跨越点段，专门设计防冲撞、防接近控制措施，避免社会因素对于敏感点段的非正常接触。

第三，技防措施。设立光纤通信、卫星通信互为备用的通讯保障网络；针对工程生产场所、生活基地、临时营地等，设计了系统、完备的工业电视监控系统和防侵入报警系统；生产设施基于各类检测和自控装置设计了数据采集和监视控制系统（SCADA），具备突发事件紧急关断（ESD）功能和有效的消防功能。设立CCTV和周界入侵探测系统（IDS），保证站场技防措施。

第四，信息防措施。应用智能视频分析系统开展指定区域各种威胁的动态探测、分析，包括周界外防渗透区，建筑外防渗透区，隔离区外防渗透区，建筑内防渗透区等。为提高风险预警能力，安保部与安保公司巡逻组，通过电视、喇叭、传单、面对面等形式，对沿线市县、村镇进行沟通、宣传。同时综合分析区块周边的安全形势，针对近期的社会安全管理进行统筹协调。

五、完善应急管理，提升应急响应能力

第一，建立完善的应急组织体系。中油国际管道公司建立应急管理机构，内设立应急管理领导小组和应急指挥部。突发事件应急预案中明确管道沿线当地各州的

安全生产监督局（应急办公室）、紧急情况部是公司与当地政府的对接窗口。紧急状态下，当地紧急情况部负责对当地各级地方政府的应急行动进行组织、协调。预案中附有与地方政府机构应急联系电话（包括消防、医疗急救、紧急情况部、监察局、工矿企业安全检查部门和中国大使馆联络电话）。配备内、外部应急资源，建立专职、兼职应急队伍，与当地政府进行结合，收集汇总管道沿线可调动的社会资源，定期组织员工进行培训和演练，以期预防突发事件的发生（如图15-3所示）。

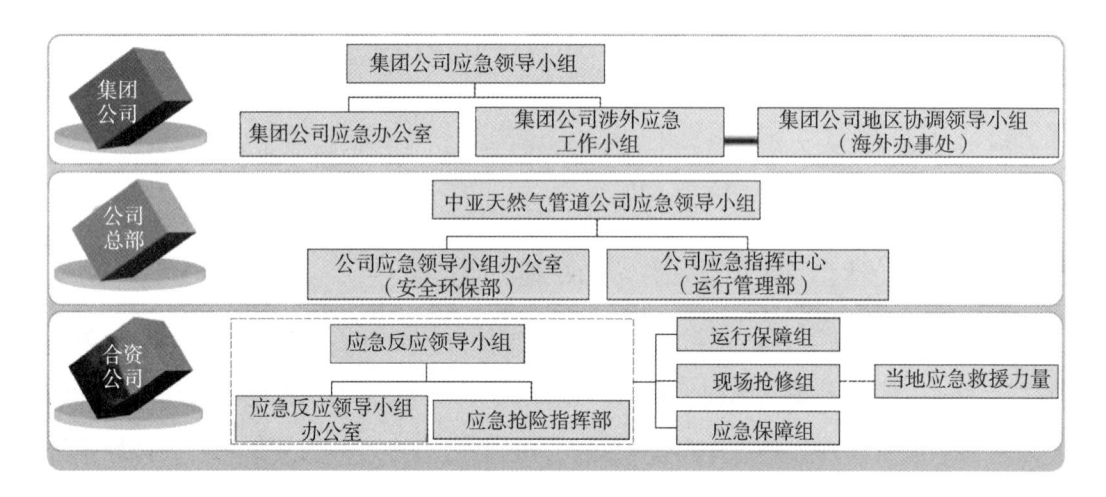

图15-3 公司应急组织体系图

第二，制订多层级的应急预案体系，开展预案培训、宣贯。中油国际管道公司根据涉外突发事件的发生过程、性质和机理，将涉外突发事件分为：自然灾害、事故灾难、公共卫生事件、社会安全事件，并分为Ⅰ、Ⅱ、Ⅲ、Ⅳ四个级别，分别开展应急响应。Ⅰ级涉外突发事件由集团公司统一组织协调，调度各方面资源和力量进行应急处置；Ⅱ级涉外突发事件由中油国际管道公司总部调度多个部门、当地社会力量和相关单位力量、资源进行联合处置；Ⅲ级涉外突发事件由中国海外项目公司调度本单位有关部门、当地社会力量和资源进行处置；Ⅳ级涉外突发事件由海外项目公司管理处或基层站队人员开展应急处置。

第三，明确应急响应程序，提升处置能力。建立应急响应和处置机制，突发事件发生后，立即采取应急处置措施，根据事故的不同等级，明确突发事件级别并启动相应的应急响应，积极开展应急救援等处置措施，组织应急救援队伍和工作人员营救受害人员，疏散、撤离、安置受到威胁的人员。同时按应急报告程序上报有关部门和上级公司。

六、构建内外实施保障

（一）政策保障

按照中国石油集团提出的"社会安全体系建设必须和国际标准接轨，保证高起点；必须贴近海外项目实际，突出实用性"的工作要求，公司必须建立符合行业、所在国区法规和规范的体系制度和管理要求。中油国际管道公司各项目启动之初，中国政府与管道过境国政府分别签署《政府间协议》，中方股东与外方股东分别签署《企业间协议》，合资公司建立《合资公司章程》，这些法律框架内的协议文件，明确政府、股东、企业在安全管理方面的责任、权利和义务，奠定多方协作的社会安全防范和管理体系的基础。在国家层面与各相关政府部门做好沟通协调工作，为海外项目的顺利运营打好基础。在国家相关部委的指导与推动下，分别在上合组织、连云港论坛框架下，设置了能源等重要战略基础设施安全保卫工作委员会，成立日常工作小组，负责整合、评价组织内有关各国社会安全信息，及时向有关各国通报，这些都是我国对境外跨多国油气运输管道基于联防联治的社会安全管理的政策支撑。

（二）企业自身组织结构保障

中油国际管道公司组建了社会安全管理机构。由公司领导、总部职能部门负责人、各海外项目负责人和安全总监等共同组成公司 HSE(与生产) 安全管委会，下设各个专业分委会，其中行政与社会安全专业分委会具体负责社会安全直线管理，安保中心负责社会安全管理体系的建设与咨询，管道管理部负责各项目管道线路安保公司管理，共同组成公司总部的社会安全管理架构。各海外项目均设立 HES（与生产）安全管委会负责安全管理，设立专职安全总监，项目HSE部负责社会安全咨询、管理，合资公司设立安保部和民防委员会（Civil Defense Committee）共同负责实际社会安全管理工作（如图 15-4 所示）。

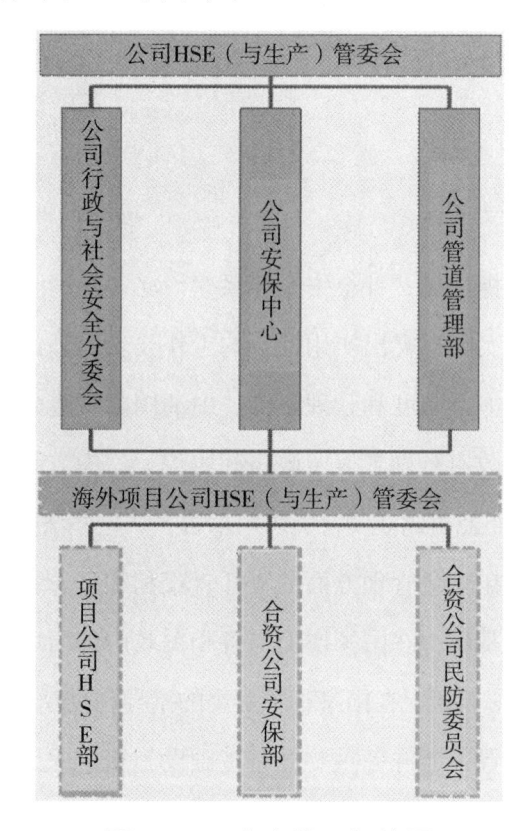

图 15-4　安全管理机构图

七、案例启示

（一）持续共赢的"中国式整合"

跨国油气管道里程长、范围广，涉及资源出口国、运输途经国和资源进口国等诸多国家和地区，各种势力错综复杂，共同影响着管道建设和油气的安全供应。一般来说，跨国油气管道的风险主要来自地缘政治博弈、经济波动、社会动荡、运营管理协调困难等方面。基于联防联治的社会安全管理也更应引起我们的重视。中油国际管道公司在深刻认识管道项目特点的基础上，以多层级法律架构提供制度保障的"分国分段建设和运营"管理模式和"四国多方"跨国协调机制，逐步形成了一整套境外跨多国油气运输管道战略实施的步骤、方法和经验。不仅走出了一条中国后发赶超、各方路径依赖持续共赢的"中国式整合"之路，而且以"双边合作"取代"多边合作"，打破跨国管道通用的"同一项目公司"和"联合体"模式，分国制定政府间、企业间多层级法律体系，组建合资公司，在规避风险的同时提高效率，为管道建设和运营做好顶层设计，奠定管理基础。[①]

（二）构建具有中国特色的跨国管理模式

跨国油气管道项目建设具有投资规模巨大、涉及专业众多、建设周期长、参与各方利益诉求迥异等特点，因而，采取何种建设管理模式显得非常重要。从宏观层面上看，跨国油气管道建设至少涉及两个以上的主权国。[②] 因此，必须从国家和企业层面分析利益关系，明确矛盾冲突解决机制，确保人员安全，建立基于联防联治的社会安全管理。中油国际管道公司在符合项目运作和经营管理基本规律的条件下，以目标为导向，不断突破现有思维模式，强化融合和创新，大胆探索中国企业跨多国能源基础设施建设和运营管理经验。与此同时对社会环境的风险确定以及安全防护进行了深入的研究，应提出许多切实有效的管理措施。中油国际管道公司通过多层级的法律架构体系形成强化政府、产业链、企业多层次协调博弈机制的制度环境，为基于联防联治的社会安全管理的顺利实施创造了良好的环境条件。

（三）注重安全文化的建设

安全文化是企业安全管理的标识和折射，也是安全管理体系推进的最终目标。

---

① 孟繁春. 持续共赢的"中国式整合"[J]. 中国石油企业,2016(11):108
② 王英君. 构建具有中国特色的跨国管理模式[J]. 中国石油企业,2016(11):110

制度的力量是有限的，文化的力量是永恒的。安全文化建设是安全生产管理向深层次发展的需要。中油国际管道公司通过加快建立底蕴深厚、安全深远的安全文化体系，发挥安全文化的行为习惯约束能力和整体发展推动功能。使全体员工在思想和意识上建立牢固的安全意识。公司上、下树立统一的安全文化理念：安全文化的推进和塑造，必须要有系统化的组织设计，要和公司的发展战略目标相结合，从思维习惯、管理习惯和行为习惯等多方面进行立体化培育。[①] 建立起一套针对本项工程特点的安全管理方法，不仅是保障各种设备、管线能否高效、安全、平稳运行的关键，也是我国经济高速发展的重要保障。

[①] 尹国梁.中国石油公司海外工程中的安全管理——以中石油中亚天然气管道(哈国段)工程为例[J].石油化工建设,2013,35(4):49-51.

第十六章　无锡安装：机电设备智能化服务转型管理

无锡市工业设备安装有限公司（以下简称无锡安装），前身为1956年创建的无锡市工业设备安装公司。无锡安装的年施工能力在10亿元以上，是中国安装协会常务理事、江苏省安装行业协会副会长单位、高新技术企业，拥有市级企业技术中心。无锡安装建有一支懂经营、善管理、技术精、业务好的管理团队，现有各类技术、经济专业人才200多名，其中博士2名、教授级高工2名、中高级工程师100多名，一、二级建造师57名。

为了适应信息化时代要求，应对日益激烈的市场竞争，无锡安装通过运用"互联网+"、BIM(Building Information Modeling，建筑信息化模型)等技术手段，积极推动公司业务由施工向智能化的机电设备运营服务管理转型升级。

一、明确由施工向服务转型的总体目标和思路

无锡安装董事会基于外部市场需求以及企业本身发展管理需要，确立了无锡安装由施工向服务转型的总体目标。张西灵认为安装企业要想实现转型升级必须沿产业链和价值链的走向拓展发展空间，关键是要提高企业技术创新能力。[1] 其基本思路是，树立全新的智能化管理理念，制订技术、资金、人员等保障措施，搭建机电管家智能化服务管理平台，为客户提供机电设备设施托管服务、机电系统能源托管

---

[1] 张西灵. 寻找安装行业的下一片蓝海[J]. 安装，2011（1）：13–14.

与节能改造服务、机电设备实施故障预测维修服务、机电设备设施备品备件管理服务，业务范围从增量市场拓展延伸到存量市场，实现无锡安装由施工向服务转型的总体目标（如图16-1所示）。

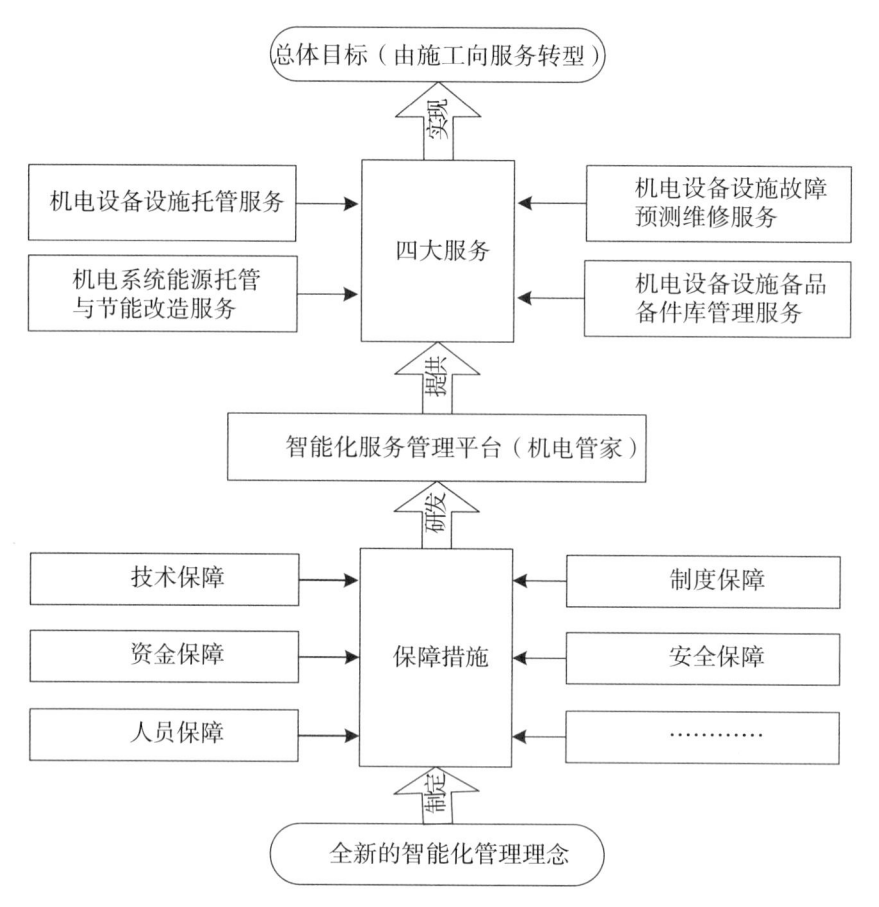

图 16-1　实现总体目标的路线图

（二）优化组织架构

战略规划和战略目标决定了企业一定时间段内的主要发展方向和发展重点，是指导组织结构设计的首要前提指导要素。[①] 为保证企业战略升级的有效实施，调整组织结构，推进分支机构的组织撤并，减少管理层级，建立扁平组织结构，提高组

---

① 闻雯. 企业战略与组织架构匹配 [J]. 商情，2011（10）：110.

织效率与效能，[①] 无锡安装首先以组织架构的稳定性过渡或稳定性存在为前提，稳定现时的经营生产管理活动，设置具有一定时期稳定性的组织架构，可以将旧的机构平稳过渡到新的机构，人员的岗位调整能顺利平稳过渡到新的部门和岗位；其次优化的组织架构可以快速适应企业发展由施工转向服务的管理创新要求，对竞争市场保有高度的敏感性和洞察先机的行动力。组织架构是企业内部环境的有机组成部分，也是企业开展风险评估、实施控制活动、促进信息沟通、强化内部监督的基础设施和平台载体（如图 16-2 所示）。[②]

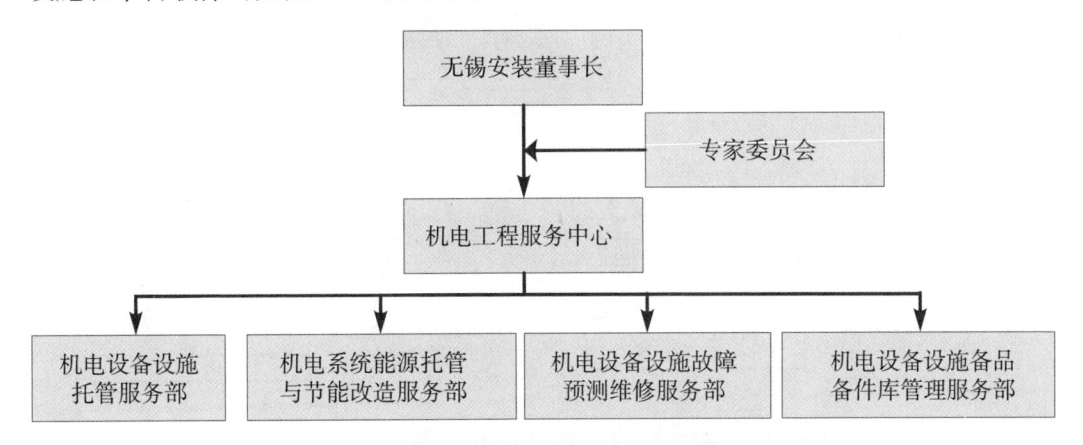

图 16-2　机电设备智能化服务管理织架构图

二、搭建机电管家智能化服务管理平台

无锡安装搭建机电设备管理平台实现对机电设备的智能化服务管理，为客户提供机电设备设施托管、机电系统能源托管与节能改造、机电设备设施故障预测维修、机电设备备品备件库管理四大服务（如图 16-3 所示）。

---

① 朱正．新常态下无锡安装创新发展的思考 [J]．安装．2016（3）：12-14．
② 张艳，张喆．试论企业的组织架构 [J]．辽宁广播电视大学学报，2012（1）：94-96．

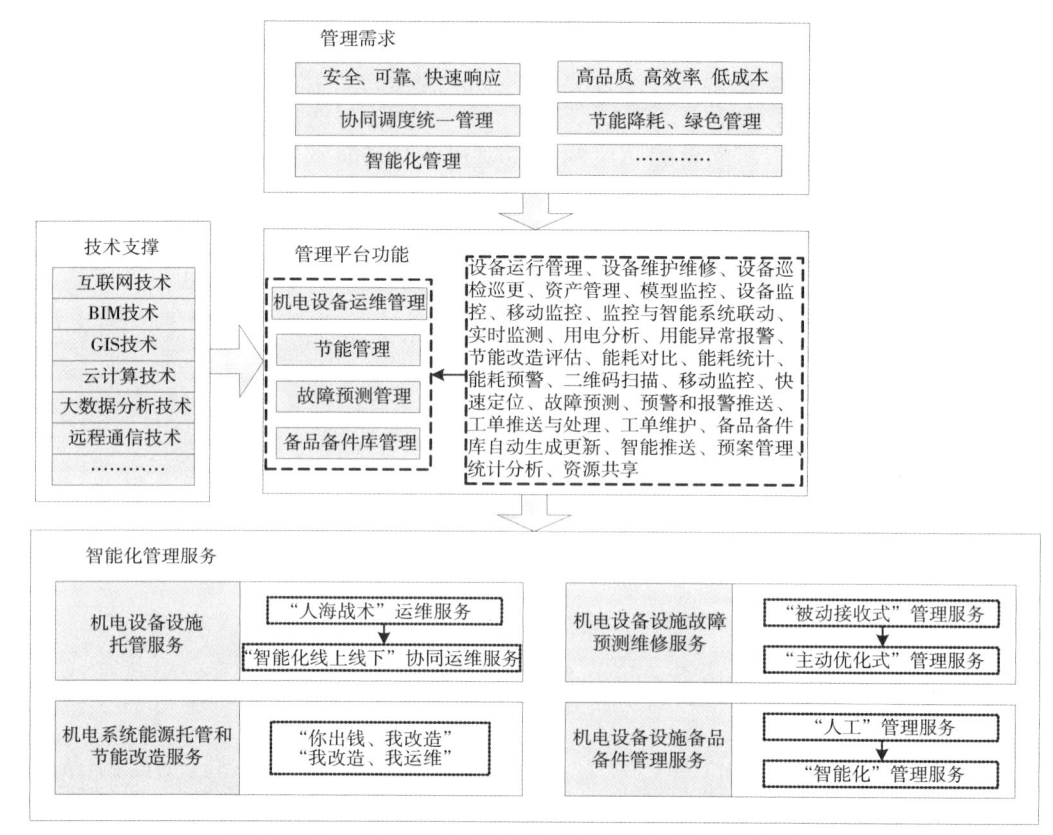

图 16-3　实现机电设备智能化服务管理的框架图

（一）分析机电管家平台管理需求

无锡安装要采用信息化的现代管理技术，强化公司技术管理系统，健全质量保证体系，加强对项目的有效管控，逐步探索和建立区域分公司远程化管理模式，把企业信息平台纳入一体化管理之中。[①] 无锡安装首先对智能化管理服务的管理需求做了分析，主要管理需求：实现机电系统运行及维护的安全可靠、快速响应；实现机电系统的协同调度统一管理；实现机电系统运行的智能化管理；实现对机电系统运行维护的高品质、高效率、低成本管理；实现机电系统的节能降耗运行和绿色管理等。其具体功能需求：设备运行管理、设备维护维修、设备巡检巡更、资产管理、模型监控、设备监控、移动监控、监控与智能系统联动、实时监测、用电分析、用

---
① 朱正.新常态下无锡安装创新发展的思考[J].安装，2016（3）：12-14.

能异常报警、节能改造评估、能耗对比、能耗统计、能耗预警、二维码扫描、移动监控、快速定位、故障预测、预警和报警推送、工单推送与处理、工单维护、备品备件库自动生成更新、智能推送、预案管理、统计分析、资源共享等。管理需求根据机电管家平台为客户提供的四大服务反馈信息做实时调整,达到技术上最新、功能上先进、服务上客户满意的目的。

(二)搭建机电管家智能化管理平台

机电管家平台是智能化的云平台,采用开放式系统架构,其机电管家云平台拓扑图如图 16-4 所示,构建实现协同运作的资源池,包含空间服务、实时数据库、报表服务、消息服务、移动服务等。无锡安装智能化管理平台以安装行业转型升级信息化服务业务需求为导向,集成总控制中心和客户反馈平台,为客户提供专家服务,通过移动端 APP 操作,即可实现对托管设备服务的查看和需求的反馈等操作。建设空间服务,指为整个系统平台提供机电系统及其环境的三维空间模型(BIM 模型)、三维空间快速定位、虚拟巡检、地图显示;建立实时数据库,为资源池中所有的功能块的实现提供数据,包含感知的机电设备运行数据信息、固有的属性数据信息等;建设报表服务,经过基于互联网的大数据分析提供各类报表,包含能耗分析图表、能耗对比图表、异常分析图表、资产管理报表、备品备件库分析图表、维修工单报表等;建设消息服务,即异常报警、定时维修、巡检等消息的推送与处理反馈服务;建设移动服务,提供对移动端 APP 应用、移动监控、移动端资源共享等服务。无锡安装建立运营服务的总控制中心,为平台提供专家诊断服务,可以自动调取任何一个应用程序进行功能查看管理,云平台自动推送实时预警信息到总控制中心。机电管家云平台对每个机电系统服务项目的机电设备设施进行状态感知、数据采集、分析等措施,进一步优化机电设备设施的运行状态。建立反馈机制,当预测到机电设备运行异常、用能过高或定期维护提醒等状况时智能化的自动调度无锡安装机电工程服务中心的专业运维人员采取相应作业。提供客户共享机制,客户在移动端对其服务项目进行实时查看、需求反馈等操作。

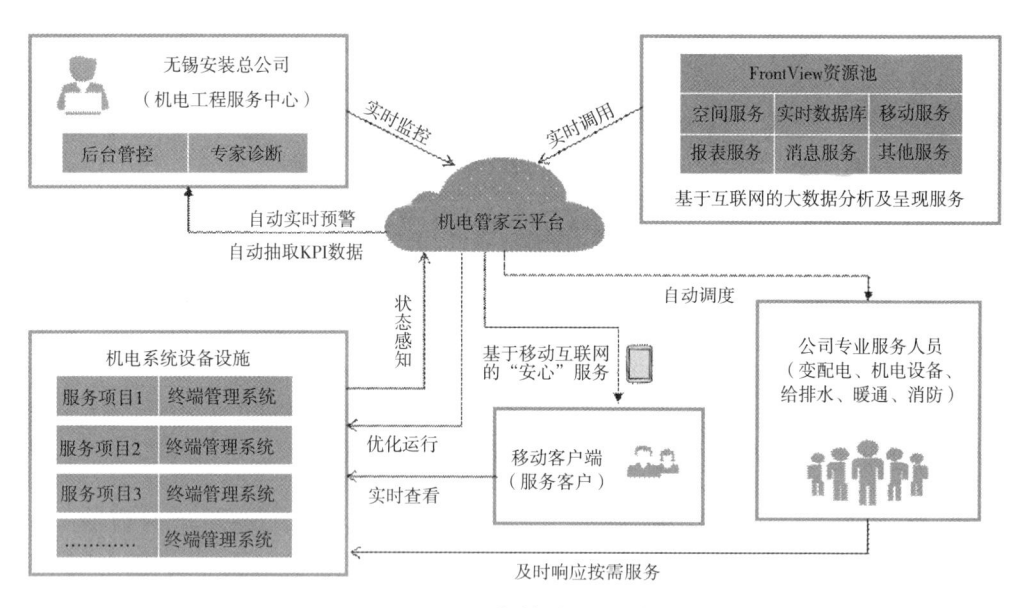

图 16-4　机电管家云平台拓扑图

（三）强化机电管家平台管理新技术应用

在机电管家智能化管理平台研发中，无锡安装引入物联网技术、BIM 技术，并结合大数据分析技术分别从机电系统的运行维护管理、节能降耗管理、故障预报警管理以及备品备件库管理等方面进行重点开发。BIM 即建筑信息模型，它是创建并利用数字化模型对建设项目进行设计、建造和运营全生命周期进行管理和优化的过程、方法和技术。

实现智能化识别、定位、跟踪、监控和管理的物联网可以很好地应用于建筑行业的各项管理中，进行现场各种资源的合理安排和协调，监控各种危险源，提升施工现场安全的可靠保障实现信息和通信设备、施工现场资源实时互动，进而提升建筑工程项目管理水平，实现精细化管理。[①] 获取的成果实现机电系统从设计、安装到维护管理的全生命周期综合管理，以国内外领先的技术，实现我国"互联网+"战略在机电安装行业的落地，率先实现向机电行业服务管理方向发展的新突破。

机电管家智能化管理平台基于物联网技术，实现 BIM 模型与现场施工状况的

---

① 杨佶. 建筑行业网物联网技术初探 [J]. 甘肃科技纵横，2013（7）：17-19.

虚实结合。在平台搭建中，运用BIM模型，以三维数字技术为基础，集成了建筑工程项目各种相关信息的工程数据模型，即对工程项目设施实体与功能特性的数字化表达。强化BIM技术的应用，解决信息记录、传承问题。在设计阶段建立项目的三维建筑模型，继而录入建设过程中项目的土建、机电设备等相关信息，打造一个融合设计、建设、运行等项目全生命周期的数字化、可视化、一体化系统信息管理平台，实现运行维护的信息化。固化基于技术应用的管理流程，基于BIM技术，并以二维码技术为手段，依据机电设备智能化管理系统设备的维保记录及维修备品待料期，系统自动产生维保清单及最佳库存量；运维现场扫描获取BIM模型信息，用于指导现场运维，同时通过扫描将运维现场状态及过程信息反馈至BIM信息平台。

三、实施"智能化线上线下"协同运管的机电设备设施托管服务

机电设备设施托管服务，指客户将自己的机电设备设施运维管理工作委托于专业的机电设备设施运管服务公司来实施，具有成本耗费低、专业程度高、风险低、机电系统运行有保障等特点。实行设施托管服务，设备资产在保值的基础上得到了有效增值，同时大大降低了施工中设备的使用及维修费用。[①] 针对市场上服务水平不一、高新技术含量低的机电设备设施托管服务现状，无锡安装作为专业的机电设备设施运管服务公司，加速查找短板，优化机电设备设施托管服务运行机制。

（一）"人海战术"运维服务向"智能化线上线下"协同运维服务转变

针对传统的机电设备设施的管理方式，即"人海战术"运维服务方式，以人为主，雇用大量的维保人员对机电设备设施进行维保管理。无锡安装优化了机电设备设施托管服务运行机制，采用"智能化线上线下协同"运管服务方式，即PC端和

---

① 王东卫.设备托管与资产增值[J].中国公路，2008（7）：68-69.

移动端协同工作，对机电设备设施进行综合协调管理（如图 16-5 所示）。

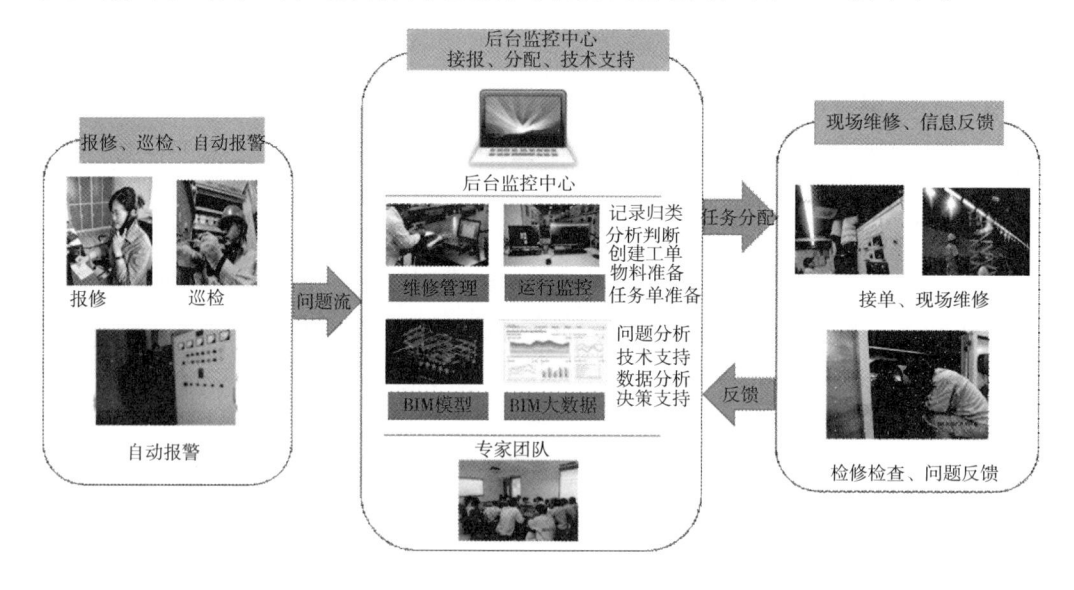

图 16-5　线上线下协同运维管理

智能化线上线下协同运维管理服务方法流程如图 16-5 所示。无锡安装提出改变原有的人海战术的巡检服务方式，向智能化的线上线下协同运维管理服务方式转变的措施。一是由无锡安装机电工程服务中心组建后台运维监控服务小组。二是运用自主研发的机电管家平台智能化服务管理工具，对各个机电设备设施运管项目实时监控。三是构建机电管家智能化管理平台线上的机电设备设施运行状态信息采集、智能化分析及指令下达等活动顺利进行的安全运行环境。四是制订线上线下协同运作管理服务要求、方法路径。根据机电管家智能化管理平台的记录归类、分析判断、创建工单、物料准备、任务单准备等后台智能化算法及功能，自动协调任务分配，推送到移动端，线下专业维修管理人员采取接单、现场检修、运行维护以及问题信息反馈。五是固化线上和线下协同运作管理服务流程。

（二）展开试点应用、强化服务管理的优势

无锡安装借助机电设备智能化管理平台实施为客户提供机电设备设施托管服

务。2014年，无锡安装成立专项小组借助物联网技术实施开发机电设备智能化管理平台，2015年完成机电设备智能化管理平台第一版（机电管家V1.0），对无锡青祁隧道通风、照明、消防、监控、供配电等运营管理设施实施智能化监管。2016年，无锡安装对代维的11个变电所运维项目实施机电设备智能化管理硬件部分的改造，安装智能电表、数据采集器、平台服务器等设备设施。其中智能化监管的机电设备设施实施覆盖率95%以上。综合提高运维管理人员管理效率、延长设备设施应用价值，降低变电所运营成本，节省了在机电设备设施运维管理上的投资。

无锡安装总结传统机电设备运维管理服务与智能化线上线下运维管理服务优劣点，制表入册，信息共享，策划不同服务方案供客户选择，提高客户对机电设备设施智能化运维托管服务的认知，强化机电设备设施智能化运维服务优势。

四、实施机电系统能源托管与节能改造服务

机电系统能源托管与节能改造服务是节能服务公司对用能企业，提供其对能源购进、使用以及用能设备效率、用能方式、政府节能考核等方面的全面承包管理，并提供技术和设备更新，对客户提供专家型节能服务，达到全面节能的目的。具有节能效率高、服务专业性高、客户风险低、节能指标有保障等特点。无锡安装对市场上第三方能源托管服务分析调研，提出智能化节能方法，优化服务管理机制，依托机电管家智能化管理平台，落地实施。

（一）打造"你出钱、我改造"和"我改造、我运维"的节能服务模式

针对机电系统能源托管与节能改造服务，无锡安装瞄准工厂、公共建筑和社区三大方向，依托机电管家智能化管理平台，根据不同企业需求及节能特点对系统进行模块化组合，以更加灵活的"你出钱、我改造"和"我改造、我运维"商业模式进行扩展。"你出钱、我改造"指无锡安装与用能企业约定节能目标，依托机电管

家智能化管理平台，为其提供必要的技术升级优化和设备改造服务，用能企业向无锡安装支付一定的改造费用；"我改造、我运维"指无锡安装与用能企业约定节能目标，依托机电管家智能化管理平台，为其提供必要的技术升级优化和设备改造服务，合作单位将用能设备的运行维护一并交给无锡安装，定期向无锡安装支付一定费用。

无锡安装提出机电系统能源托管与节能改造服务管理措施。一是由无锡安装机电工程服务中心组建能源管理后台服务小组。二是运用自主研发的机电管家平台智能化服务管理工具，对各个能源管理服务项目实时监控。三是构建机电管家智能化管理平台线上的用能设备设施运行状态信息采集、智能化用能分析、能耗预测及指令下达等活动顺利进行的安全运行环境。四是制订能源管理服务要求、方法路径，通过机电管家智能化管理平台的能耗分析、用能设备运行状态监测、能耗预测、任务单准备等后台智能化算法及功能，自动优化用能设备各项指标，实施移动端推送，通知到无锡安装能源项目管理人员以及用能单位相关负责人，用能设备运维服务采取线上线下协同运管的服务方式。五是强化能源保障措施。按照能源合同保障能源供应；系统故障及时处理；适时调整各项分级指标和节能策略等。六是固化能源管理服务流程。

（二）展开试点应用、强化能源管理服务的优势

无锡安装对中国电信无锡新区国际数据中心项目实施节能改造措施，对其动力空调设备，实施机电管家智能化管理后，发现由于设计原因和管线布置不合理，导致空调系统长期高负荷运行，能耗居高不下的问题。

无锡安装应用BIM技术，重新设计系统，将空调冷却塔并联，同时增加了3台2500kW制冷量的节能板式换热器，系统技改完成后，在93天运行期内，单用节能板换供冷23天、冷冻主机与节能板换配合供冷运行65天，冷冻主机单独供冷运行5天。节能板换运行时能耗约300kW·h，冷冻主机与节能板换配合供冷运行时能耗约600kW·h，冷冻主机供冷运行时能耗约800kW·h，以此数据核算该运

行期内节约电量约为560000kW·h。无锡安装提供的能源托管与节能改造服务，提高机电设备设施工作效率，该站点的机房成功节能降耗20%。

面对当前大量的城市更新、工厂技改工程，无锡安装借助机电设备智能化管理平台向客户提供优质的能源托管与节能改造服务，解决了能源管理智能化技术升级和设备更新问题，以智能化能源管理为目的的能源托管和节能改造，为客户提供了能源专家型的价值服务。无锡安装总结能源管理项目经验，不断对机电管家智能化管理平台进行优化升级，通过智能化手段，突出无锡安装能源管理的高质量优势服务。

五、实施"主动优化式"的机电设备设施故障预测维修服务

无锡安装借助机电管家智能化管理平台，转变传统的被动式机电设备设施故障维修服务管理方式，通过可靠性分析及大数据分析技术，实时直观地获悉机电设备的运行状态，做到情况早发现、问题早解决，主动优化机电设备运行系统。

（一）"被动接收式"管理服务向"主动优化式"管理服务转变

对传统的机电设备设施故障管理服务进行调研后发现故障信息获悉多数发生在故障发生之后，这决定了只能采取被动接收式的故障信息处理。无锡安装认识到，等设备发生故障后才进行保养维修是不切实际的，且易发生安全事故问题，所以在保持系统运作的稳定下，工程师必须常常进行系统的巡检。无锡安装决定提供主动优化式的机电设备故障管理服务，即通过可靠度算法主动计算出设备在运作多久时间下的故障概率，向客户提供进行维修保养的建议。

采取以下具体措施。一是做好各级设备可靠性指标的把控。二是运用自主研发的机电管家平台智能化服务管理工具，对各个故障预测维修服务项目实时监控。三是构建机电管家智能化管理平台对机电设备设施可靠性运行指标监测、智能分析、

故障预测以及指令下达等活动顺利进行的安全运行环境。四是制订机电设备设施故障预测维修管理服务要求、方法路径。通过机电管家智能化管理平台的可靠性分析、设备运行状态监测、故障预测、任务单准备等后台智能化算法及功能，实现故障的提前预知，下达任务至维修人员对相应的机电设备进行维修或更换，把事后维修改为事前预警，主动优化机电系统各个设备、设施。五是强化机电设备设施故障管理服务保障。将专家知识库纳入智能化管理平台，实现由监测异常因素筛选专家提供的问题集以及解决策略，推送至运维人员。另一方面，在无法解决的情况下，采取利用移动端直接连线向专家咨询的方法。综合保障机电设备、设施故障管理服务的品质。六是固化机电设备、设施故障管理服务流程。

（二）展开试点应用、强化机电设备、设施故障预测管理服务的优势

无锡安装实施机电设备、设施智能化故障预测管理，借助智能化手段，监测到设备的运行状态和可靠度信息。设置设备可靠度分析数据中有三个非常重要的数据：一是设备出厂的 MTBF（Mean Time Between Failure，平均故障间隔时间）；二是设备的运行时数；三是设备运作这段时间下来的故障次数，通过这些数据的支持，将可以提供设备更加稳定可靠与安全的运作。分析其中设备的失效率，提供业主决定进行保养的决策。制订机电设备智能化管理平台上界定设备巡检指标，每上升 10%，业主自己工厂内采取维修工程师就进行设备外观巡视或检测，检测外观是否有明显裂痕或脏污，并进行简单保养，业主自己就可以进行处理，当设备故障发生概率达到 40% 的时候，请设备维修厂商调派工程师进行设备部分规模保养及更换零件，在保持系统稳定及安全运作的情况下，减少成本的支出。

机电设备、设施故障预测维修服务为客户解决了机电设备运行系统的安全隐患，提供了安心优质的机电设备故障预测管理服务。无锡安装总结经验，反馈并升级服务平台服务质量，精简管理人员业务范围，逐步优化完善机电设备、设施故障预测维修服务流程，强化服务优势，扩大推广应用。

六、实施"智能化"机电设备设施备品备件管理服务

针对机电设备设施备品备件管理服务,无锡安装转变传统的人工模式的备品备件管理方式,借助物联网技术、BIM 技术、机器学习(AI 人工智能)技术等,优化备品备件流程管理,实时查看历史出入库情况,并自动生成虚拟备品备件库,提出智能化的备品备件库管理服务方法措施。

(一)"人工"管理服务向"智能化"管理服务转变

无锡安装分析传统以人工为主的机电设备设施的备品备件管理方式,明确其管理瓶颈,提出依托机电管家平台的智能化备品备件管理方法措施。一是建立机电设备、设施备品备件集中管理的平台机制。二是运用自主研发的机电管家平台智能化服务管理工具,对各个项目实施智能化的备品备件管理。三是构建机电管家智能化管理平台,对机电设备、设施备品备件库自动生成、自动更新、智能分析、记录归类以及指令下达等活动顺利进行的安全运行环境。四是制订机电设备、设施备品备件管理服务要求、方法路径。通过机电管家智能化管理平台的智能化分析、工单生成、任务单准备等后台智能化算法及功能,实施备品备件的安全、可靠、规范管理,推送采购清单,提高备品备件的采购准确率。五是强化移动端 APP 管理应用。远程查询、管理备品备件库,资源共享,提高效率。六是固化机电设备、设施备品备件管理服务流程。

(二)展开试点应用、强化机电设备设施备品备件管理服务的优势

无锡安装以智能化平台软件和手机 APP 对备品备件进行管理,针对维保服务项目建立备品备件数据库,便于备品备件的数据分析管理;设计备品备件领料、销核流程,精细化机电设备备品备件管理。备品备件进出库时扫描录入电子化的备品

备件库，实施统一管理，自动核销流程，形成记录，无锡安装全部的运维服务项目共享储备信息。无锡安装开发机电设备设施备品备件管理 APP 应用，实时推送运维项目中所需的备品备件信息，实时查询使用记录以及存量，减少材料浪费，节约材料成本，提高工作效率。

机电设备设施智能化管理平台提供机电设备设施备品备件智能化管理服务，解决机电设备设施备品备件人工管理，工作量大、错误率高、人工成本高，备品备件管理难、利用率不高、资金浪费大等问题。无锡安装最大限度优化工作备品备件管理流程，提高工作效率，优化执行机制，强化服务优势。

七、优化机电设备智能化服务管理保障机制

（一）创新投入保障机制

无锡安装不断加大投资和成本控制力度，大力压缩非生产性开支，建立智能化机电设备服务转型管理投入保障机制。确定资金来源的三个渠道：政府专项资金资助；单位科技项目开发专项资金；二级单位结余资金再投入。确定资金使用的主要方向：一是机电设备智能化服务管理平台技术的研发投入，累计投入智能化服务管理平台技术研发资金 600 多万元；二是机电设备设施管理的智能化改造，节能减排设施、设备的更新改造投入，共投入资金 1760 万元；三是机电设备智能化管理服务示范项目投入，共投入资金 1520 万元。

（二）创新人员保障机制

无锡安装加快企业转型进度和技术成果转化，根据实际情况制定人员保障机制。

一是成立专家组。制订专家组划分依据：结合暖通、给排水、电气等不同专业服务内容划分专家组。变革专家指挥系统：首先打造借助平台的间接指挥系统，专家们根据专业知识和经验积累，编制问题库及解决策略，写入机电管家智能化管

理平台知识库，同时作为智能化故障分析及决策筛选的重要依据；其次打造移动端APP直接连线指挥系统，专家组后台讨论，直接对接现场问题，突破难点。

二是组织人员培训。策划培训方案，编制培训课程，根据培训对象划分组织开展专题学习。对无锡安装从事四大服务的员工全面开展技术、技能培训，提供训练平台，定时推送培训课件，创建实训基地以及劳模工作室，提升员工能力水平；对客户方的相关服务人员，实施专项培训，打造专项指导平台，提供线上模拟服务训练资源，帮助客户培养专业型服务人才。

三是制定考核机制。根据转型服务管理流程，优化考核措施。制定各级人员的考核内容，包括工作能力、业绩、素质等方面内容。同时制定激励措施，推进项目模拟股份制改革，把企业的效益和员工的利益，特别是项目班子的利益捆绑起来，做到职责到岗、责任约束、奖罚分明。

（三）创新平台技术及数据安全保护措施

无锡安装对平台软件、新系统及方法和相关自主研发的新设备采取了保护措施。一是对平台软件申请软件著作权。二是对新方法和新设计，申请发明专利、实用型新型专利以及外观专利。三是对自研新设备进行第三方权威检测。

数据安全保护措施从管理安全、网络安全、物理安全、服务器安全、数据库安全五个方面进行全面的保护。

管理安全方面，制定了一套约束各工作人员和非工作的规章制度。网络安全方面，加强网络安全接入、数据管理以及应用服务安全等。物理安全方面，制定机房与设施安全要求、制定设备安全措施等。服务器安全方面，及时安装系统补丁、安装和设置防火墙、安装网络杀毒软件等。数据库安全方面，强化物理安全、数据加密、及时备份、设置使用权限等。

八、案例启示

（一）搭建创新智能化应用平台，提升服务管理水平

安装行业作为传统行业，在"中国制造2025"政策下，为实现十三五规划目标，积极寻找"互联网+"、信息化转型升级之路，将传统的以工业制造为主的业务领域拓展到全生命周期，及业务上下游。王励辰认为，信息技术在应用之中本身存在一些问题，如信息化管理技术本身的不成熟，信息化管理技术开发人员不足，以及监督管理制度不严格。[①] 无锡安装加大资金和核心人才的投入，确立企业转型调整的战略目标，优化组织战略，实行扁平化管理，建立专家团队和人才培训等保障措施，通过运用云计算、物联网、BIM技术等，搭建智能化机电应用平台，打通了传统安装行业走向信息化服务之路，在提高服务水平、质量和效益的同时，也探索出一条信息化转型升级之路。无锡安装搭建机电设备管理平台实现对机电设备的智能化服务管理，为客户提供机电设备设施托管、机电系统能源托管与节能改造、机电设备设施故障预测维修、机电设备备品备件库管理四大服务。无锡安装机电设备智能化服务平台的应用作为提升提高设备运维管理效率的手段，植入企业服务运营管理系统，经过应用实践，管理水平明显提升，主要衡量要素有：服务人员人数、故障处理响应速度、备品备件管理差错率等，其变化趋势显著。无锡安装和服务客户的管理人员逐年减少，故障处理响应速度大幅提升，备品备件管理的零差错率，均体现了无锡安装智能化管理水平的显著提升。无锡安装的故障处理响应速度从2014年的5%提升到2017年的50%，备品备件管理差错率从4.5%降低到0，体现了智能化管理水平的切实提升。

---

① 王励辰.信息化建筑安装技术探析[J].中国高新技术企业，2014（15）：81-82.

（二）保障创新平台管理机制

信息化应用平台的运营和维护，必须有逐步完善和更新的管理机制作为保障。无锡安装加大创新投入保障，研发资金投入占总投入的15%；开展人员保障建设，设立专家组，在智能化应用平台中实现线上线下无缝对接，定期对相关人员进行培训，并引入考核机制；无锡安装对平台软件、新系统及方法和相关自主研发的新设备采取了保护措施，对平台软件申请了软件著作权，对新方法新设计，申请发明专利、实用型新型专利以及外观专利，对自研新设备进行第三方权威检测。从管理安全、网络安全、物理安全、服务器安全、数据库安全五个方面实施了全面的数据安全保护措施。智能化管理平台也是在供应商、服务商和客户之间搭建了信息和沟通的平台，形成了沟通机制的保障。无锡安装机电设备智能化管理平台为客户提供机电设备设施托管服务、能源托管与节能改造服务、故障预测管理服务、备品备件管理服务。根据无锡安装十几项服务项目统计，2017年减少人员编制规模均分布在20%~50%范围内；能源运行效率提升约30%。无锡安装于2014—2015年初步应用机电设备智能化管理平台，2016—2017年全面展开，强化服务应用，实现经济效益的大幅增长。无锡安装服务收入总额2014—2015年间为4808.25万元，通过智能化管理平台的搭建和运营，经过不到3年的时间增长到9464.94，增长率达96.84%，服务利润总额也实现了269.09%的高速增长。

（三）服务转型，中国制造迈向中国创造

世界制造业发展的趋势表明，产品制造是成本中心，而服务才是真正的利润中心。"中国制造2025"指出，加快制造与服务的协同发展，推动商业模式创新和业态创新，促进生产型制造向服务型制造转变。大力发展与制造业紧密相关的生产性服务业，实现制造业和现代服务业的深度融合，促进制造业数字化、网络化、智能化，走创新驱动的发展道路。[①] 为提供四大服务而研发的机电管家智能化管理平

---
① 张明钟．从"中国制造"到"中国创造"[J]．中国经济报告，2015（8）：31-33.

台，是无锡安装首次提出并落地实施。机电管家荣获"2016世博会新技术新产品成功银奖"，随后机电管家又入选无锡第三界物联网十大案例。美国商业专利数据库（IFIClaims）发布的最新报告显示，不到10年的时间里，中国企业在美国获得专利数量已增至此前近10倍，特别是2017年较2016年增长28%，中国首次成为前五大美国专利获得国。专利是一个国家或企业创新能力的反映，[①]无锡安装重视创新研发投入，在专利、软著、实用创新型专利等方面加大投入力度，争取从"中国制造"向"中国创造"努力迈进。自机电管家智能化管理平台实施应用以来，有40多家同行企业参观学习，发挥了行业示范作用。该成果应用被列入无锡国家传感网创新示范区第三届物联网十大应用案例、智能城市建设中智慧工业领域的示范项目，其技术获得行业专家的一致认可，并荣获"2016世界物联网博览会新技术新成果"银奖，为安装行业的智能化发展和企业的转型升级提供了范式。该科技成果的故障预测、预警，降低故障发生率，保障项目的实施和人民的安全；通过形成能源管理网络，以保护环境为根本，采用节能降本措施，促进了机电系统的绿色运行发展。

---

① 姜琳 等.从"中国制造"到"中国创造"[J].科技传播，2018（4）：3.

第十七章　神华黄骅港与中交一航局：基于技术创新的绿色煤炭港口建设与管理

神华黄骅港务有限责任公司（以下简称神华黄骅港）是陕西、内蒙古煤炭外运陆运距离最短的港口，也是国家西煤东运、北煤南运主通道。黄骅港是当前煤炭装卸港口典型代表，在技术工艺、信息化、自动化、生产效率、安全环保等方面均走在同行业最前列。中交第一航务工程局有限公司(以下简称中交一航局)是新中国第一支筑港队伍，也是我国规模最大的航务工程施工企业。多年来，凭借一流的技术、装备和人才优势，中交一航局参与了包括黄骅港在内全国所有大型港口建设。自1997年起，中交一航局与神华黄骅港由业主方和承包方，发展为共同推动港口行业发展进步的合作伙伴，双方在自动化、环境保护、港口运行维护等诸多领域合作开展众多技术创新，共同推动绿色港口的建设和管理。

神华黄骅港明确建设绿色港口的目标，建立环保管理体系，坚持技术创新驱动，建立技术创新管理组织，规范管理制度，与中交一航局深度合作，依靠技术研发队伍，以现场需求为导向广泛开展技术创新。通过技术创新，开发煤炭本质长效抑尘系统，以此技术为核心，构建五道粉尘治理防线，攻克粉尘治理难题；改造水道管网，加强污水收集和处理，建设湿地和人工湖，治理含煤污水；开发全天候无人智能堆料系统，实现堆料取料无人化操作，进而实现从翻车机房到码头的整条业务线的无人作业，改善港区劳动条件和环境；加强与地方政府、周边居民等方的合作，分类处置港区固体废弃物，积极开展岸电项目建设等节能减排活动，共建绿色和谐港区。

一、明确绿色港口建设目标，加强领导，建立管理体系

面对严峻外部环境，神华黄骅港坚持高目标导向，以建成绿色港口为总目标，构建完善的环保防线和系统，解决粉尘污染和含煤污水污染问题，降低或消除废水废气等污染物排放量；提高能源使用效率，实现到港船舶零污染、零排放；积极开展多方合作配合，改善港区劳动条件和周边社区环境，将黄骅港建设成绿色花园式生态港口，达到《绿色港口等级评价标准》的要求。

为了贯彻绿色环保理念，建立完备的环保管理运行体系：一是加强领导，成立环保工作领导小组，由黄骅神华港董事长任组长，统一领导、部署环保工作，制订绿色发展规划和年度工作计划；二是成立环境保护中心，全面负责港区环境保护和管理工作；三是组建环境监测实验室，负责港区水质、大气、粉尘监测统计工作；四是完善环保管理制度，出台以《环境保护管理办法》为核心的一系列管理制度；五是倡导绿色环保文化，在全港贯彻绿色环保理念，包括"不环保不生产""产能做加法，污染做减法""安全是底线、环保是生命线"等，形成绿色环保发展的文化氛围；六是加强环保教育培训，将培训范围普及到全港区内作业人员，包括神华黄骅港管理人员、中交一航局在港人员、一线作业人员等，提高全员的环保意识。

二、技术创新驱动战略

（一）建立技术创新管理组织

神华黄骅港坚持技术创新驱动，加强对技术创新工作的组织领导，建立包括决策层、管理层、研发层、外部研发力量的技术创新管理组织，为绿色港口建设提供有力的支撑和保证。

整个组织的决策层是神华黄骅港领导，这也是整个体系的大脑，根据港口发展需要指引科研方向。管理层为技术管理部门，将大脑的决策进行分解、细化、传达，神华黄骅港不断优化组织机构，设立技术创新部门，技术创新管理人员由原来的1名专职人员管理，转变为部门管理，技术创新管理更为规范和顺畅。研发层是整个组织的执行贯彻部门，由各基层单位、技术创新工作室和各课题研究小组组成，其中既包含神华黄骅港的机构，也包含中交一航局的研发机构，如"闫育俊大师工作室""乔朝起创新工作室"和"纪文海创新工作室"等，针对港区实际需求，进行各个领域的技术创新，提供技术支撑。外部研发力量是技术创新力量的有效补充，充分利用社会资源，大力探索产、学、研相结合的模式，与多家高校及科研院所合作，如挂牌成立技术中心和燕山大学校企共建研究生实践基地，推进项目研发，提升企业创新能力，加速成果转化。

同时，各个层级拥有柔性边界，相互交叉重合。例如，任何一位公司领导或者部门员工，均可参与某个课题研究小组，各相关部门设立兼职技术创新管理员，负责参与技术创新培训、本部门专利技术管理、科研项目管理和技术信息收集等技术创新工作，增强技术创新体系的运转效率。

（二）规范技术创新管理制度

为促进技术创新管理规范化和标准化，提高技术创新水平和效率，对技术创新制度进行修订完善，将《科技创新项目管理办法》《专利技术管理办法》及《新技术引进应用推广管理办法》合并，编制形成《科技创新管理办法》，规范技术创新各项业务工作内容和流程，为技术创新管理工作提供支持和依据。在总结多年管理经验的基础上，公司成立项目组，发动公司全体技术人员，完成100余项设备维修标准工艺的编制，规范设备维修流程，完善维修工艺和维修方案，进而修订完善《技术标准管理办法》，对企业技术标准的编制、审核、发布、修订等流程进行重新梳理，增强可操作性。

（三）技术研发队伍建设

不断加强创新人才队伍建设，严格规范人才评价机制，畅通人才晋升渠道，充分调动广大职工立足岗位作贡献的积极性和创造性，通过成立技术创新工作室和各个课题研究小组，为广大职工提供施展才华的平台，努力构建人尽其才、才尽其用、人才相宜的良好用人新格局。

公司积极开展培训教育，分批次与燕山大学、武汉理工大学合作举办硕士研修班，不断提高员工的理论知识水平；实行内训和岗位交流机制，以技术、技能岗位为试点，从优秀技能员工中选拔初、中级内训师，通过以岗位素质教育为主的课程培训，夯实技术、技能岗位员工专业基础和操作技能；在技术培训过程中，将绿色的理念全面融入其中，激发员工围绕绿色环保开展创新的主动性，培育绿色创新型人才。

（四）以现场需求为导向开展创新活动

以生产现场需求为导向，明确创新活动方向，神华黄骅港和中交一航局合作开展一系列的科研创新工作，在环保节能、清洁生产、信息化和无人化等方面寻求技术突破，逐步形成煤炭港口绿色环保、智能化建设的成套技术。技术创新重点包括三个方面。

一是环保节能、清洁生产领域，以煤炭运输含水率智能控制、洒漏煤防治、露天堆场抑尘、煤污水综合利用循环系统等节能环保技术为重点研究，通过单流体双流体抑尘技术的升级、曲线落煤管技术的开发、皮带机水力风力清扫及回收装置的开发，形成全流程、全覆盖的港口环保节能、清洁生产方面的成套核心技术。

二是智能化领域，开展无人自动化作业翻车机、港口散货堆场单机堆取料无人化的研究，并以此为基础，进一步研发装船机、卸船机无人自动化作业技术，开发港口数字化运维平台，形成煤炭港口全寿命周期智能运营管理系统。

三是BIM技术应用研究，利用BIM技术，开发实时动态垛堆模型,辅助生产作业；

建立全局 BIM 环境，以模型为载体，进行数据有效传承，实现生产管理信息化、智慧化。

三、围绕抑尘技术构建五道粉尘治理防线

粉尘治理是煤炭港口环境治理的难题，神华黄骅港将粉尘治理作为科技攻关重点方向及环境保护工作重中之重。2010年，神华黄骅港在隔离污染源方面就做出了尝试，神华黄骅港三期工程建设了24座直径40米、高43米的大型筒仓，2013年的四期工程，又建设了24座大型筒仓，筒仓总数上升到48个，最多可储煤144万吨，成为亚洲最大的储煤筒仓群基地，目前筒仓存煤量约占港区全部存煤量的25%。将煤尘封闭在筒仓中，实现对煤尘的有效约束，相对传统露天堆场，筒仓占地面积小、自动化程度高，具有防雨冲防风吹流失、保证煤炭湿度稳定性的特点，解决了部分煤炭露天存放过程中的扬尘问题，有效提升了神华黄骅港的清洁生产水平。

但筒仓仅能解决部分煤炭在存放过程中的扬尘问题，且对装载转运过程中产生的粉尘无能为力。针对这一难题，神华黄骅港对国内外大型煤炭港口进行调研，开展多项研究和试验，力求从根本上解决煤炭粉尘污染问题。

（一）开发煤炭本质长效抑尘系统

澳大利亚的纽卡斯尔港口毗邻居民区，环境要求很高，该港口采取煤炭露天堆存的方法，并没有建立防风抑尘网、封闭料场等措施，作业过程也能够保证粉尘的控制，其核心措施是保证煤炭的外含水率。在与纽卡斯尔港口对标、深入研究煤炭起尘机理的过程中，神华黄骅港转变工作思路，将"除尘"转移到"抑尘"上来，解决煤炭起尘问题，粉尘治理难题将迎刃而解。

通过专项研究和试验，不断摸索改进，开发煤炭本质长效抑尘系统。翻车机房是煤炭进港后的初始作业地点，翻车机房中的翻车机漏斗给料点，是最初始的环节，

也是最优的添加外水地点。将一套喷淋装置加装在翻车机底部、漏斗对皮带机给料的部位，对煤炭进行均匀外水添加（4‰~7‰），在振动给料机的过程中让水与煤均匀混合，能够保证水分均匀覆盖煤炭表层，使细小煤粉牢固吸附在煤块上，彻底使煤尘固化，在运动过程中和堆存期间不会形成煤尘，实现皮带机、转接机房、堆料机等环节煤尘近零排放。同时该位置处于地下20米深度，冬季也能够保证较高温度，可以实现持续作业。

神华黄骅港对全港13台翻车机实施技术改造，配合干雾除尘等设备，保证进入港口后的煤炭全部实现清洁生产。本质长效抑尘系统是神华黄骅港煤尘治理的核心技术，获得3项国家专利，并荣获2017年第45届日内瓦国际发明博览会金奖。

（二）构建五道粉尘治理防线

公司在煤炭本质长效抑尘系统基础上，构建五道粉尘治理防线。

第一道防线是翻车机房的长效抑尘。依靠翻车机底层洒水实现对粉尘的抑制。根据在线监测的结果科学调节外含水的添加比例，保证各个不同煤种作业过程都能够得到有效控制。神华黄骅港的煤炭平均堆存周期只有3.5天，这一措施能够同时保证煤炭从卸车到装船各个环节以及堆存期间的粉尘控制。该措施对细小煤粉，特别是针对环境影响较大的PM10以下粉尘控制效果显著。

第二道防线是堆场洒水系统。该系统可根据煤质特点、天气变化、堆存时间等调节洒水量和洒水频次，满足煤炭垛位表层抑尘需求，解决日常蒸发造成的煤炭表面湿度降低的问题。

第三道防线是机械化清扫系统。一是堆场道路清扫，对堆场进行改造，采用吸尘车与水泥硬化道路配套的粉尘收集方式，定时定点地对道路扬尘进行机械化清扫。二是皮带机皮带清扫，通过在皮带机上加装清扫器，对皮带表面的洒水抑尘带来的含煤污水及皮带上的煤泥、粉尘等能够进行彻底的清扫，杜绝二次污染的产生。

第四道防线是健全的防风网、防尘罩设施。一是建立防风网。神华黄骅港先后建设长达10.18千米的防风网系统，整体面积相当于32.8个标准比赛足球场。防风网采用钢人字架设计，高23米，底部设坎墙，上部设防风网网板，覆盖所有露天储煤堆场，可实现对堆场外部风场的有效隔离和阻挡。二是加装防尘罩。对固定式皮带机全部设置皮带罩，保证煤炭运输过程中的全密封。

第五道防线是构建防尘绿化带。在防风网外侧建设总面积达91万平方米的环境绿化工程，形成防尘绿化带，有效降低堆场进场风速、实现对港区粉尘的有效吸附，减少粉尘的产生和扩散。

通过进港翻卸作业时的本质抑尘系统的作用，固化煤尘，在堆场中进行不断的喷淋、洒水，持续增强对煤尘的抑制，通过防风网对外逸煤尘进行隔离，防风网旁道路设置机械化清扫设备不间断作业，在防风网外设置绿化隔离带，各种措施对煤尘层层防护，建立全方位立体化的粉尘治理防线。

四、建设湿地和人工湖，治理含煤污水

（一）改造水道管网，加强污水收集和处理

为改变污水随雨水直排的状况，港区按照雨污分流理念设计，对水道管网进行改造，设置单独的污水管线和雨水管线。含煤污水主要来自机房、码头、廊道冲洗水，以及煤堆场降雨径流产生的雨污水。这两部分含煤污水由堆场四周的带盖板排水沟收集，汇集至含煤污水处理站。港区修建三座含煤污水处理站，含煤污水处理能力13500吨/天，四座生活污水处理站，污水处理能力450吨/天，分别满足对含煤污水和生活污水的处理。

（二）建设湿地和人工湖，实现资源回收利用

为更进一步治理含煤污水，并合理处置煤渣和粉尘，神华黄骅港以水循环为中心，建设港区生态水域系统。生态水域系统包含景观湖、人工湖、南北湿地等4个项目，面积40多万平方米。两处生态湿地，总面积约26.8万平方米，包含绿地面积

11.8万平方米，水域面积15万平方米；两个人工湖，面积约20余万平方米，蓄水能力超25万平方米。

第一，生态水域系统开展污水的循环使用。含煤污水通过管路运送到污水处理站进行有效收集和处理，然后运送到生态湿地的沉淀池进行分级沉淀。经过沉淀后的水，满足国家规范标准，输送到人工湖，用于绿化及洒水降尘，为港区道路降尘、洒水除尘等提供充足水源，实现水资源循环利用。此外，人工湖能实现压舱淡水回收和雨水收集，每年回收压舱水约100万立方米，可节约成本近500万元。

第二，生态水域系统开展煤渣和粉尘的回收利用。经过生态湿地沉淀池分级沉淀后，回收水中的煤渣和粉尘形成沉淀层，沉淀池经过粉尘处理车间处理，通过渣浆泵压制成煤块实现再次销售，每吨收益30元左右。

五、开发堆场智能堆料系统，改善港区劳动条件和环境

在传统模式下，堆场堆料依靠司机在堆料机司机室内控制堆料机，完成堆料作业。此种模式劳动条件差，作业精度低，司机的操作水平直接影响堆场区域的使用效率。

经调研和考察后发现，当前的自动取料技术在三维建模、堆料机智能移动模型、与管控系统的结合、数据交互等方面都有一些弊端，信息化、自动化、智能化程度都有提高空间。为解决这些弊端，在研发过程中设置建立动态模型、动作控制算法、各系统对接三个专题，通过大量的探索和实验，成功开发全天候无人智能堆料系统。

该系统包含通过激光扫描与雷达测距建立的三维建模系统、PLC智能控制系统以及远程人机界面监控系统，PLC智能控制系统中自动作业程序控制堆料机的启停、行走、俯仰、回转等动作，实现堆料机的自动堆料作业。全天候无人智能堆料系统的应用，在神华黄骅港80万平方米的煤炭堆场，实现堆料作业和取料作业的无人化操作，煤炭堆取作业实现高度智能化。从翻车机房到码头的整条业务线，基本实现无人作业，在集控室就可操控翻车、堆料、取料等流程。项目的成功实

施，使得现场用工量减少50%；通过计算机堆料，形成标准垛型，港区的堆存能力提升10%；装船效率提升10%；且配煤作业精度提高，客户满意度从79%提升到92.5%。作业模式的变革使得劳动强度大幅降低，港区劳动条件和环境大幅改善。

六、多方合作配合，建设和谐花园港口

神华黄骅港地处沧州市渤海新区，为打造生态良港，主动联系当地政府有关部门和周边居民，联合有关施工单位、运输单位，多方通力合作、共同努力建设和谐花园港口。

积极与政府相关部门对接，履行央企的社会责任，对固体废弃物分类管理，分类处置，做到变废为宝。将固体废弃物分为四类：可回收固体废弃物、无害固体废弃物、危险废弃物和生活废弃物。金属类、橡胶类、木质类等有价值可回收物交由物资废旧仓库储存，定期处置；石质类等无害固体废物由粉碎站粉碎填埋至填埋场；危险废物由各产生单位运输至危险废物暂存间储存，交由河北省固废处理中心处置；其他生活废物存放至生活垃圾箱，进行统一收集，交由市政部门处理。

积极开展技能减排工作。一是推广岸电项目建设。为减少船舶二氧化硫、氮氧化物等废气物排放和噪声污染，促进节能减排，自2016年起，黄骅港积极推进码头岸电工程建设。靠港作业的船舶可分为两类，一类是装载煤炭的1万吨级以上的船舶，主要用高压岸电；另一类是小型工作船舶，主要用低压岸电。针对两类船舶分别建设高压岸电系统和低压岸电系统，已建设完成高压岸电系统7套，覆盖11个煤炭泊位，覆盖率达到64.7%，总投资达3400余万元；已建设完成低压岸电箱11套，其中拖轮用7套、海警用2套、海事局用2套。通过岸电项目建设，实现到港作业船舶零污染、零排放。

二是推广变频驱动技术。在工程皮带机系统采用变频驱动技术，实现带速分级控制和频繁重载启动，有效提高用电效率，较使用传统设备每吨节约近8%的电力成本。

同时，进行港区原土改良试验项目、筒仓垂直绿化实验项目以及人工湖芦苇种植等多课题研究，累计投入绿化建设资金 1.76 亿元，共建设绿地 120.87 万平方米，累计引进槐树、石榴、沙枣等 30 多种适合港口的植被品种。积极融入地方文化建设，开展生活小区亮化、楼顶平改坡等工程。

七、案例启示

（一）"目标管理与计划体系"是煤炭港口污染治理的前提保证

目标管理不是单纯的计划管理，不是任务管理，而是一个激励系统。[1] 神华黄骅港公司和中交一航局在港口污染治理过程中，在确定治理目标后，建立了完善的计划系统。决策层、管理层、研发层、外部研发力量等内外部统一思想，建立组织体系。

决策层是神华黄骅港领导，根据港口发展需要指引科研方向。管理层为技术管理部门，将大脑的决策进行分解、细化、传达。研发层是整个组织的执行贯彻部门。外部研发力量是技术创新力量的有效补充。同时，各个层级拥有柔性边界，相互交叉重合。例如，某一位公司领导或者部门员工，均可参与某个课题研究小组，各相关部门设立兼职技术创新管理员，负责参与技术创新培训、本部门专利技术管理、科研项目管理和技术信息收集等技术创新工作，增强技术创新体系的运转效率。清晰的目标管理和完善的计划体系，是整体项目顺利实施的保证。

（二）"科研投入与科研转化"是煤炭港口污染治理的核心要素

环境技术应该是科研投入与技术转化的结合，科技成果转化的水平对环保产业

---

[1] 邱国栋, 王涛. 重新审视德鲁克的目标管理——一个后现代视角 [J]. 学术月刊, 2013(10):20-28.

发展具有显著的促进效应。[①] 神华黄骅港充分利用社会资源，大力探索产学研相结合的模式，与多家高校及科研院所合作，如挂牌成立技术中心和燕山大学校企共建研究生实践基地，推进项目研发，提升企业创新能力，加速成果转化。神华黄骅港产、学、研结合的成功案例也提示高校应重视主动开展各类形式的产学研合作项目，与企业一起加强科研人员和科研经费的投入，充分利用产学研合作项目提供的人员、资金、平台等资源，提高科研绩效。[②]

（三）"开放借鉴与自主研发"是煤炭港口污染治理的关键因素

发达国家十分重视建立适合本国经济发展的自主创新体系，并在实践中不断加以调整和完善，形成从教育和研发投入、企业技术创新、创新风险投资等一整套较为完整的自主创新体系。[③] 神华黄骅港对澳大利亚的纽卡斯尔港口的煤尘控制技术进行比较研究，创新性的将"除尘"转移到"抑尘"上来，彻底解决煤炭起尘问题。在研发团队的管理上，不断优化组织机构，设立技术创新部门，技术创新管理人员由原来的1名专职人员管理，转变为部门管理，技术创新管理更为规范和顺畅。研发层既包含神华黄骅港公司的机构，也包含中交一航局的研发机构，如"闫育俊大师工作室""乔朝起创新工作室"和"纪文海创新工作室"等，针对港区实际需求，进行各个领域的技术创新，提供技术支撑。对自主研发团队和技术管理部门的有效管理保证了治理项目的顺利开展。

（四）"激活人才与培养人才"是煤炭港口污染治理的内在要求

基于神华黄骅港人才培养管理现状，思考和探讨人才培养路径，提出人才培养

---

① 饶超,卢福财.科研投入、成果转化与环保产业发展[J].江西社会科学,2014(12):54-58.
② 郑丽霞,翟磊.产学研合作项目模式与高校科研绩效——R&D投入的中介作用[J].科技管理研究,2017(2):104-110.
③ 林禾青.自主创新政策的国际经验与借鉴[J].发展研究,2012(4):98-101.

管理创新对策。[①]在人才的内部管理上,积极开展培训教育,分批次与燕山大学、武汉理工大学合作举办硕士研修班,不断提高员工的理论知识水平;实行内训和岗位交流机制,以技术、技能岗位为试点,从优秀技能员工中选拔初、中级内训师,通过以岗位素质教育为主的课程培训,夯实技术、技能岗位员工专业基础和操作技能;在技术培训过程中,将绿色的理念全面融入其中,激发员工围绕绿色环保开展创新的主动性,培育绿色创新型人才,先后有1人荣获全国"五一"劳动奖章,1人荣获河北省"金牌工人",4人荣获河北省"能工巧匠",1人荣获河北省"交通运输行业优秀科技人员"等荣誉称号;创新工作室被全国总工会授予"全国工人先锋号"荣誉称号。一系列数据充分说明神华黄骅港的人才培养政策激活了内生动力并最大限度整合外部资源,有力提升内部人才专业化水平。

---

① 朱敏. 新型智库人才培养管理创新思考 [J]. 管理世界, 2016(3):178–179.

第十八章　中船（香港）航运租赁：逆周期投资管理

中国船舶（香港）航运租赁有限公司（以下简称中船租赁）是经国家发改委、商务部批准，2012年6月25日在香港地区注册成立，中国船舶工业集团有限公司（以下简称中船集团）第一家境外全资子公司。中船租赁以船舶海工装备租赁与投资为核心主业，以散货船、集装箱船、油轮、特种船等各种船舶海工装备为标的，接连承接了中国首制18000TEU超大型集装箱船、世界首型1400TEU双燃料冰区加强型集装箱船、中国首制17.4万方FSRU（浮式液化天然气存储及再气化装置）、全球首例LNG改造FLNG（浮式液化天然气生产储卸装置）等一系列具有战略意义的船舶海工装备项目，是中国船舶工业第一家厂商系租赁企业。截至2017年年末，注册资本46亿港元，资产规模270亿元，营业收入12.19亿元（2012—2017年复合增长率239.8%），利润总额4.95亿元（2012—2017年复合增长率138.7%），船队规模109艘，约1000万载重吨。

一、以集团发展战略为引领，明确逆周期投资的总体思路

中船租赁促进产业发展的逆周期投资管理是从"产融结合、服务主业"的战略使命出发，树立"担起重任、随行就市、严控风险、质量第一、效益优先"的经营理念，应对造船企业"接单难、交船难、盈利难"三大难题和厂商系船舶租赁企业初创期破局发展的经营形势，发挥"懂船"的专业优势，在行业周期陷入低谷与缓

慢复苏之际，主动抢抓资产价值空间、拓展战略性船型的市场导入，以融资租赁、经营性租赁、联合投资、自主投资等交易方式，链接中船"设计+制造+服务"，把握国际、国内两个市场，打通融资端、资产端和客户端，做实、做精船舶海工服务业，带动中船集团民船制造从跟随走向引领，达到船舶工业平稳发展、船舶企业转型升级的主动作为的创新发展目标。

（一）作为承接平台代为接船，消化库存

中船租赁开展逆周期操作，首先就要对集团内船厂因船东无力或无意愿支付船舶款项违约放弃的船舶订单进行承接。通过对存量船舶资产的运营，以时间换取空间，等待市场复苏带来的船价上涨和租金上涨的机会。2012年11月，中船租赁接收的第一艘船舶——17.6万吨散货船"皖梅"轮，就是为外高桥船厂代持该资产，运营该船舶。

（二）主动调节市场有效需求，创造订单

航运市场低迷，船舶订单稀缺，竞争呈现白热化，船东需要以更小的代价获取船舶所有权或经营权。中船租赁可以利用母公司增资和担保，开展项目再融资，撬动数倍的资本带动造船产业转型升级。中船租赁进行逆周期投资，在大力争取直租、售后回租等融资租赁项目的同时，也作为实际船东，开展经营性租赁，或合资，甚至完全的自主投资，主动创造订单，调节市场有效需求，投放在集团内船厂，保持船厂连续生产。中船租赁每年新增投放金额约10亿美元，为产业健康稳定发展注入了新动力，起到了"平衡器"的作用。

（三）致力民船多样化高端化，加速转型

船舶建造的人力成本和原材料成本不断上涨，盈利空间不断压缩。中船集团以散货船建造为主，难以与民营船企开展成本竞争，与国际主要船厂高技术高附加值船型生产相比，也很难保证盈利水平。行业低迷周期，同时也是企业转型的发力期。

中船租赁开展逆周期投资，加快重大科技成果转化和战略性新船型的市场导入，协助中船集团调整产品结构，推动向海洋科技工业集团转变。如以经营性租赁方式接获中国首制 18000TEU 集装箱船，帮助中国船厂形成为客户所认可、成熟的超大型集装箱船的自主设计与建造能力，打破韩国船厂在该船型的垄断地位等，以及协同船厂争取到"自主知识产权 LNG-FSRU 示范工程建设项目""经济型中深水半潜式钻井平台示范工程建设项目"国家专项资金支持，共 5.67 亿元。

（四）深耕民船业务国际市场，做大、做强

中船租赁逆周期投资管理，深耕国际市场，着力建立一批优质的客户群体，在"国轮国造""国货国运"的基础上，赢得国际船东对中国造船品牌的认可和信赖。中船租赁主要发展海外业务，国际客户占比 90% 以上，包括全球班轮巨头 CMA CGM；美股上市的最大成品油运输商 Scorpio Tankers、最大散货船船东 Star Bulk、油气产业运输巨头 Golar LNG 和 Dynagas；世界四大粮商之一 Cargill；新加坡最大的综合性集团万邦泛亚联盟集团等。

二、以客户需求为导向，建立严格的项目选择标准

中船租赁逆周期投资管理以客户需求为导向，从"战略价值、经济效益、资产安全、风险可控"四个维度综合考量项目实施条件，灵活调整融资比例和租赁期限等关键因素，确定合作方式，设计交易结构。

（一）坚持项目选择"三优先"，确定基本投向

优先开发资产流动性强的船舶项目。船舶单体价值大，且市场价格波动大，不确定因素多，在船市低迷期，逆周期投资标的优先以通用型、流动性强的船舶为主。融资租赁的船舶最终所有权将在合同项下转至承租人，经营性租赁/联合投资/自主投资的船舶，在租赁期满后将面临资产处置问题，更要以选择流动性强的船舶为

佳。二手船市场价格波动要快于新造船市场价格波动，流动性强的船舶能够保证资产的安全边际。

优先将订单投放在集团内船厂建造。将订单投放在集团内船厂是根本使命的驱使，截至2018年6月末，中船租赁累计在集团内投放船舶项目114艘，超1000万载重吨。对于集团内船厂无法建造的船舶，投放海外船厂并加大技术引进。

优先选择具有稳定还款来源的项目。船舶租赁不同于船舶经纪和船舶投机，一般具有很长的营运期，融资租赁项目期限一般8年～10年，经营性租赁项目期限一般10年～12年，自主投资项目最终也将以船舶租赁形式投入运营。较长的租赁期内，承租人是否具有稳定的还款来源是项目可否实施操作的重点。逆周期投资项目需要在承担一定风险的情况下，获得可匹配的收益。

（二）设置严格的项目筛选标准，保障资产价值

项目必须具有自偿性。如标的船舶已取得非关联第三方的租约，则租约租金为项目的预期营运收入，如未取得租约或者租约具有较大不确定性，则运用Clarksons、SSY或Marsoft等专业机构对标的船型或相似船型历史租金收入数据，取较长时期（10年左右）的平均租金，预测营运收入。同时，考察核实企业真实运营成本并结合行业平均水平，预测项目的运营成本。原则上要求单船营运现金流/本息覆盖比不低于1.2。

标的资产所有权必须清洁。资产的清洁性是开展租赁与投资业务的必要条件。中船租赁绝大部分项目标的是新造船，不存在资产所有权瑕疵情况，但也适当开展售后回租、二手船投资以及委托/抵押贷款项目，这类标的必须是"干净"的资产，不存在抵押、质押或所有权有争议的情况。严格禁止对标的资产所有权不清晰项目的投资，并采取必要的措施，如要求融资方增加担保等，保证项目具有可操作性。

客户必须具有较好的履约意愿。客户需要具有从事相关业务的专业资质，资信良好，信用、司法诉讼无重大不良记录且至少在5年内无数额较大欠息、逾期和重大未决诉讼，具有契约精神。禁止向有重大不良记录的客户提供贷款和租赁服务，

并谨慎支持无实体公司的船舶租赁项目,建立黑名单制度。战略性项目和大批量船舶订单,争取与大型航运船东/承租人合作。对于与中小客户的业务往来,争取更高的市场议价,获取可观的经济利益。

(三)创新项目开展方式,牵引市场选择

中船租赁实施逆周期投资的方式有融资租赁(包括直租、售后回租)、经营性租赁、联合投资、自主投资等。其一,作为名义船东,提供较高融资比例的融资租赁,融资比例大多在70%~80%,具有风险低、收益稳定的特点。其二,作为实际船东,争取长租约的经营性租赁,融资比例95%以上,风险较大,收益较好,具有获得资产溢价的机会。其三,联合船舶实际使用方或航运公司共同投资,包括控股合资或者按照50%:50%的股权结构进行合资。其四,多种模式的组合方式,包括以完全自主投资的船舶作为资产与合作方共同组成合资公司。比如,中船租赁自主投资2艘8.5万方VLGC(超大型气体运输船),与西南海运有限公司2艘8.4万方VLGC共同注入双方50%:50%的股权结构的合资公司。创新设计多样化的业务模式,满足客户的个性化需求。

三、专业审视市场深层次变化,主动挖掘可行的投资项目

(一)准确把握行业周期趋势机会,使业务运作贴合产业本质

中船租赁从融资租赁,经营性租赁,再到创新地开展自主投资,以自身承担船舶资产价值波动风险,满足船东更新运力的需要,成为市场上有特色、有活力、有价值的金融船东。在市场转入复苏通道的2017—2018年,先后与Hafnia合资4+2艘7.5万吨成品油轮、与新加坡万邦合资4+4艘5.5万吨化学品船、自主投资4艘8.2万吨散货船,与嘉吉海运签订4+2艘12万吨Mini Cape散货船经营性租赁项目,成为市场亮点。

（二）着力于民船产业链延伸机会，优化船舶资产质量

中船租赁逆周期投资，以高端船型为战略突破点，丰富产品谱系，强化市场引领。在 LNG 链条上，开创性的进行全球首例 LNG 改造 FLNG、中国首制 17.4 万方 FSRU、全球最大 8.5 万方 VLGC 的投资建造，提出了国内领先的清洁能源海上运输、储存再气化的解决方案。集装箱船链条上，承接中国首制 18000TEU 超大型集装箱船、世界首例 1400TEU 双燃料冰区加强型集装箱船，使得超大型集装箱船与支线集装箱船的产业链条得以迅速建立和融合。油轮链条上，在 MR、LR I、LR II 型船舶多有布局，直接拓展了产品宽度。散货船链条上，6.4 万吨、8.2 万吨、18 万吨、20.8 万吨多系列散货船已形成较为完整的产品谱系，并延伸开展了 10 艘 20.8 万吨散货船脱硫塔设备的融资服务。

（三）利用细分市场短期波动机会，开展多种业务模式组合

行业有周期性波动，就会有逆周期投资的运作空间，专业的船舶租赁企业能够把握短暂商机，灵活采取多种业务模式组合赢得发展机会，如：4+4+4 艘 6.4 万吨散货船项目。2013 年 6 月，中船租赁与香港巴拉歌公司合资投放该批船舶订单，中船租赁控股 75%；2014 年二季度，中船租赁准确把握航运市场短期阶段性回暖机会，将交船期最早的两艘船予以出售，为合资公司录得毛利润约 1000 万美元；2017 年 5 月，在巴拉歌公司无力继续为新造船投资的情况下，中船租赁本着为船厂带来新订单的出发点，结合对散货船未来市场预期的准确判断，完全自主投资最后 4 艘选择船，将船型更换为 8.2 万吨，并锁定租约；2018 年 4 月利用干散货市场向好的机会，将该批首制船的日租金提升了 46%。中船租赁在该项目先后采取了联合投资、二手船转卖、自主投资、经营性租赁等多种业务模式组合，均取得了较好效益。

（四）嵌入项目全寿命周期，提供产融结合解决方案

船舶建造需要2年～4年，船舶营运期限15年～20年，在船舶订单商务洽谈到船舶退出航运之间，市场参与主体具有各种需求，租赁企业能够提供产融结合的系统性解决方案。一是在项目前期营销阶段介入，以船舶中介、融资方身份承接项目，如Redbox 2艘全球首制极地模块运输船，先是以船舶中介身份帮助广船国际船厂中标该项目，再以96.5%高融资比例的融资租赁方式保证项目顺利进行。二是在船舶建造阶段介入，为船厂提供流动性，为船东提供融资服务，如Navig8 LRII成品油轮直租项目，通过在船舶建造期提供直租服务，缓解船东资金状况，同时通过商务运作，调整交船期，以内保外贷为船厂提供流通性支持，确保船舶顺利交付。三是在船舶交付和运营阶段介入，开展售后回租或二手船投资，实现快速创收创利，如Hanwon Maritime 1700TEU集装箱船售后回租项目。

四、建立科学完善的决策机制，审慎开展逆周期投资运作

中船租赁从"船市行情、资本市场变化、产业发展方向、船厂需求"四个方面，考虑"投资对象、投资动机、投资时机、投资方式、投资风险、投资收益"六个因素，科学决策、审慎投资。

（一）完善项目决策流程，不断提升决策效率

中船租赁建立了由业务专题会（项目发起与立项）、项目初审会（项目评审）、公司周例会（项目进程沟通与协调）、总经理办公会（权限范围内的项目决策）、董事会（权限范围内的项目审批）的管理程序，对项目发起、立项、评审、决策审批各环节进行了职责明确和权限设置。制定《业务管理暂行办法》等相关制度及规范性文件，形成项目全流程的标准化管理。同时，协助集团主管部门认识和理解船舶租赁这一新业务形式，制定《融资租赁管理办法》和《经营性租赁管理办法》，

明确公司层面与集团层面的权限界面,构建造船集团开展租赁与投资业务相对较为完整的决策机制,提高决策效率和科学性(如图18-1所示)。

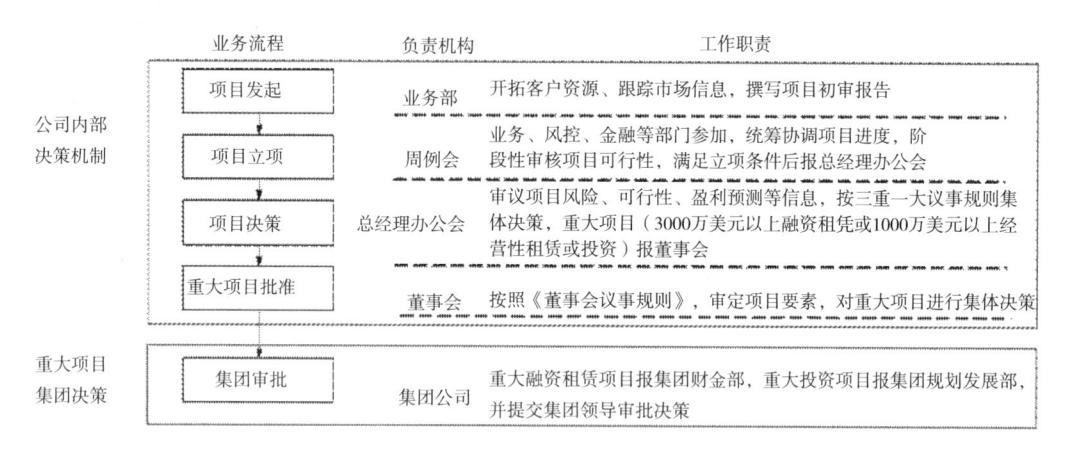

	业务流程	负责机构	工作职责
公司内部决策机制	项目发起	业务部	开拓客户资源、跟踪市场信息,撰写项目初审报告
	项目立项	周例会	业务、风控、金融等部门参加,统筹协调项目进度,阶段性审核项目可行性,满足立项条件后报总经理办公会
	项目决策	总经理办公会	审议项目风险、可行性、盈利预测等信息,按三重一大议事规则集体决策,重大项目(3000万美元以上融资租赁或1000万美元以上经营性租赁或投资)报董事会
	重大项目批准	董事会	按照《董事会议事规则》,审定项目要素,对重大项目进行集体决策
重大项目集团决策	集团审批	集团公司	重大融资租赁项目报集团财金部,重大投资项目报集团规划发展部,并提交集团领导审批决策

图18-1 中船的决策流程图

(二)把握项目决策时机,确保公司稳健发展

风险组合。中船租赁确定稳健的投资策略,采取"三七结构",即低风险低收益的融资租赁项目占70%,高风险高收益的经营性租赁/合资/自主投资项目占30%,形成风险与收益的良性组合。逆周期投资管理对于风险收益配比的时机选择,依托"懂船"的核心能力,根据对行业周期趋势和微观市场变化的准确判断而灵活调整。比如2018年上半年,投资结构整体保持框架水平,累计配比未产生根本变化,当期经营性租赁/合资/自主投资项目占比达到了86%。

客户组合。船舶租赁属于长期的业务活动,要抵御行业周期性风险,客户群体质量是核心因素,将直接决定项目能否取得预期收益水平。大客户群体实力雄厚,履约意愿强烈,履约能力有保障,同时议价能力强,收益与风险匹配,建立一批优质的大客户群体是稳健发展的根本。中船租赁优先选择经营状况良好、具有一定市场地位、公开透明的客户,以及在集团内具有较好合作记录的客户,保证项目源和客户源,形成以大客户为主,中小客户良性补充的结构,着力优化客户组合。

资产组合。不同船型存在相对专业的细分市场领域,相对隔离风险,达到风险的内部消化效果。国际船舶融资公司一般专注于单一类别船型,缺乏船型资产的合理配比,持续发展的动力不足。银行系金融租赁公司在上一个顺周期大量投资海工装备造成资产质量下降,成为可持续发展的制约因素。中船租赁逆周期投资以多种类船型为标的,采取相对均衡的资产组合,截至2018年6月末,以合同金额计算,散货船、集装箱船、液货船、气体船、特种船分别占比20%、14%、19%、33%和12%。

五、加强项目全寿命周期管控,全面推进项目实施

(一)统筹项目全寿命周期,加强商务管理

在漫长的租赁期内,商务管理是关键,采取项目经理负责制,持续客户维护、客户经营状况监控、项目盈利评估与控制,对调整交船计划、租约租金等合同条款变更、承租人债务重组或经营状况持续恶化、租金逾期超过一定期限、交易对手违约或任何重大不利风险事件,影响公司本息及资产安全的事项进行商务处理,找到多方可接受的解决办法。

(二)健全资产管理体系,加强船舶管理

其一,设置SPV/单船公司,多选择在英属维京群岛、马绍尔群岛、新加坡等地,达到税负减免、隔离各船风险的目的。以每艘船为单元设置SPV/单船公司并彼此独立,避免一船发生赔偿纠纷,而影响其他船正常营运。其二,船舶管理提前介入到建造阶段,跟进建造进度和监造工作,保证船舶质量符合船东、承租人的要求。其三,在合同项下定期收取租金,开展客户维护与资产状况监控,确保船舶安全运营、应急处理以及风险预警。其四,搭建船舶管理资源库,包括船舶管理公司、保险经纪人、资产评估机构、租船及船舶处置经纪人、船员公司、船舶检验机构、修船厂等,准确评估和监控船舶管理费用,以及为新项目提供租约、租金、船舶管理费用等信息。其五,着手建立自己的资产管理体系,争取国际船级社对公司船舶管

理的资质认证，全面提升船舶管理能力。

（三）开展主动式风险管理，提高管控水平

项目全寿命周期内，通过前台业务部门持续的客户经营状况监控，以及后台资产管理部门执行合同项下资产状况监控，综合评估风险，主动进行风险提示和提出风险防控建议。全面风险管理与内控建设深度融合，加强业务管理的制度化、标准化。项目前期营销阶段，充分识别风险，建立项目风险评估系统。合同签约到交付起租阶段，积累风险管理数据，进行客户评级、量化评估，实现对风险的组合管理。贷后监控阶段，定期评估租后运营情况和资产价值，提高资产减值准备计提的前瞻性和动态性，发挥准备金缓冲风险的调节作用。

六、完善项目实施保障措施，确保逆周期投资顺利开展

（一）健全经营管理体系

中船租赁采取扁平化组织结构，在激烈的市场竞争环境下，能够对市场变化做出快速反应，对问题处理做出快速响应，保障逆周期投资管理的实施和有力执行。组织结构扁平和职能职责清晰，使内控体系全面优化，公司内部管理运营更加高效。2018年8月，中船租赁成功进入国企改革"双百行动"试点名单，成为404家综合改革试点单位中唯一一家专业租赁企业，将在混合所有制、董事会职权、股权激励等多方面开展改革试点。

（二）加强人才队伍建设

中船租赁以效益为导向，打造一批专注于船舶海工装备租赁与投资领域的核心人才梯队，人员规模从4人发展到54人，专业人才不断补充，为实施逆周期投资管理提供了坚强保障。中船租赁2017年人均创利917万元，根据专业机构的统计，

处于市场上游（75分位值以上），相对的人均成本低于市场平均水平，人均效能较高。同时，中船租赁牵头中船集团制订"业绩薪酬双对标"激励方案，探索中长期递延激励机制，引领薪酬与激励的市场化改革，巩固和提高人才竞争力。

（三）提高项目融资能力

解决融资问题是开展逆周期投资的前提，中船租赁资本金全部用于代集团持有中船防务、天津银行等股权，主业基本依靠项目融资进行负债经营。2013年和2015年，中船租赁作为载体平台，分别发行了3年期8亿美元债和5亿欧元债，开启军工央企境外发债先河。同时，为集团内船厂提供了7.1亿美元的"内保外贷"。2016年突破了融资瓶颈，取得多家金融机构的独立授信，初步建立独立的融资能力，并在2018年上半年实现新申请的项目贷款全部无集团担保，存量信贷逐步解除集团担保，资本市场对公司发展的信心持续增强。

（四）调度集团产业资源

集团整体效益和战略目标的实现是中船租赁实施逆周期投资管理的重要考量因素。客户对船舶设计和建造质量有明确要求，集团内船厂在不同船型生产上具有比较优势，中船租赁协调各方，灵活调度产业资源，提供最优化的解决方案。将6.4万吨散货船、8.2万吨散货船投放在澄西船厂；20.8万吨散货船、18000TEU超大型集装箱船、8.5万方VLGC投放在外高桥船厂；1400TEU、1700TEU等支线集装箱船投放在黄埔文冲船厂；LR I、LR II油轮投放在广船国际船厂；17.4万方FSRU投放在沪东中华船厂，充分激活集团内各骨干船厂的技术能力，实现了产融结合的战略协同。

七、案例启示

（一）主动作为、开展逆周期投资管理是促进船舶产业高质量发展的关键举措

船舶工业作为国家经济发展的支柱产业之一，具有典型的周期性特征。借鉴集装箱海运世界排名第一的马士基航运公司，在2011年时试探性地进行逆周期投资，在经济下行末端，利用低廉的造船价格，逆周期建造新船舶，为下一个经济周期做准备[①]。中船租赁主动作为，开展逆周期投资管理，争取订单的同时，主动创造订单，累计签约61.8亿美元，每年新增投放约10亿美元，有力促进了中国船舶工业的平稳发展。船舶租赁企业逆周期投资管理的创新成果，促进了造船集团高质量发展，契合中国船舶工业转型升级要求，推动了国家战略的落地实施，具有较强的经济价值、产业价值、市场价值和社会价值。

（二）产融结合、以融促产是促进船舶产业可持续发展的重要力量

从国内外产业发展历程来看，产融一体化是必然趋势，产业资本和金融资本的结合，是实业和金融业的双赢。根据统计，在世界500强中，80%以上的企业都在发展金融业务。把金融资源配置到产业发展的重点领域和薄弱环节，不断深化产业链金融服务，以融促产助力产业发展[②]。中船租赁从"船市行情、资本市场变化、产业发展方向、船厂需求"四个方面，考虑"投资对象、投资动机、投资时机、投资方式、投资风险、投资收益"六个因素，科学决策、审慎投资。

中船租赁在集团内船厂投放了114艘船舶，合同金额50亿美元，深度践行了

---

① 肖楠. 航运企业逆周期投资[J]. 中外企业家，2016（16）：16–18.
② 周苏. 企业集团以融促产助力产业发展研究——案例研究及对中国石油的启示[J]. 财务与金融，2018（3）：26–32.

中船集团产融结合的构想和"制造+服务"战略。中国首制18000TEU超大型集装箱船、世界首型1400TEU双燃料冰区加强型集装箱船、中国首制17.4万方FSRU，全球最大8.5万方VLGC等一系列具有战略性意义和行业代表性的项目投放在集团内船厂，优化了中船集团产品结构，突破了高端船舶市场瓶颈，树立了船舶工业以融促产的典范。

（三）厂商系独有的核心竞争力是船舶产业快速发展的重要保障

核心竞争力是一个企业能够长期获得竞争优势的能力，是企业所持有的、能够经得起时间考验的、具有延展性，并且是竞争对手难以模仿的技术或能力。厂商系融资租赁公司可以从母公司引进专业人才，一些熟悉本专业市场，掌握设备专业技术，具有丰富行业管理经验的人才都可以服务于厂商系融资租赁公司[1]。中船租赁在开展实际运营的五年里，以创业团队独具的战略眼光和商机捕捉能力，主动作为，建立了"懂船"的核心竞争力，开展逆周期投资，迎合了产业深层次的可持续发展需要，构建了完整高效的项目开发、经营决策和项目管控的运营体系和工作机制，实现了跨越式发展。

---

[1] 张璇.我国厂商系融资租赁公司发展研究[D],对外经贸大学,2011：9.

第十九章　深圳巴士：城市公交全面电动化规模化运营管理

深圳巴士集团股份有限公司（以下简称深圳巴士集团）创建于1975年，是全国唯一的深港合资混合所有制公交企业，唯一的全牌照地面公交产业集团，全球首家规模化纯电动公交运营企业，最大的新能源公交运营企业，国际公共交通联盟（UITP）巴士分会唯一的中国委员单位。集团是以交通运输为主业，集城市公交、定制巴士、巡游出租、网约出租、城际客运、旅游包车、微循环巴士、校园巴士、汽车租赁、深港跨境客货运输、公交广告、公交场站、物业管理为一体的专业化城市公交集团。

2009年，科技部、财政部、工信部以及国家发改委共同发起"十城千辆节能与新能源汽车示范推广应用工程"，提出用3年左右时间，每年推出10座城市，每个城市引入1000辆新能源汽车示范运行。期间，出台了新能源公交车推广应用相关政策达22项，已初步形成一套独立的新能源公交车产业政策体系，这为新能源公交车顺利推广奠定了坚实基础并营造出良好的发展环境。[①] 深圳作为全国首批"十城千辆"工程的示范城市，先后出台相关政策及规划纲要，为深圳市新能源产业建设提出前瞻性指导。深圳市2015年11月提出3年内实现"公交全面电动化"，为深圳市公交发展指明了方向，同时，为深圳巴士集团提出了挑战。

为了顺应新能源汽车产业发展战略的需要，为了破解城市纯电动公交规模化

---

① 张沫，刘文峰，王雪然，董晓云. 新能源公交车推广应用政策体系及发展对策研究[J]. 综合运输，2018（3）：13-19.

运营的难题，也为了推动公交企业转型升级，深圳巴士集团通过技术创新、合作共赢、管理创新，不断突破公交规模化运营瓶颈，成为全球第一家纯电动公交运营企业。

一、依靠技术攻关，突破规模化运营瓶颈

（一）研发网式直流快充，破解技术难关

与燃油汽车相比，电动汽车存在着续航里程以及充电时长的缺陷。这种特性决定了电动公交车的在站停放时间必将长于传统燃油车辆，进而影响车辆的使用效率。[①] 同时由于城市公交重载、频繁启停等特征，车辆有 50%~70% 的时间处于低速或怠速状态，造成了大量能源消耗。[②] 深圳巴士集团与充电服务商共同开发并运用的直流快充技术与网式充电技术在很大程度上克服了电动车辆的技术限制。

直流快充技术有效提升充电倍率，将充满时间由原来的 4 小时缩减为 2 小时。充电电流大于常规电动汽车电流水平，这就对充电设施的效能以及车辆动力电池组的耐压性和保护提出更高要求。通过大规模采购招标形式选取技术可靠、实力雄厚的车辆生产商。与生产厂家共同研究选择合理的电池配电量以及动力电池布局。使只留快充技术的速度优势得以有效发挥，显著提升电能使用效率。

网式充电技术的开发和运用攻克了"多接口"充电桩的重大技术难题，实现了一桩多充的愿望，充电桩服务能力从桩车比 1：2 提升至 1：6，特殊时期甚至能提升至 1：10。对场地进行重新布局以适应新型充电桩的技术要求，实现了"停车充电一体化"，减少了充电桩的建设数量，成功实现了充电不挪车。同年获得"全国交通企业创新成果二等奖"并获得相关技术专利。实现了多——一桩多充；快——直流快充；好——充电不挪车；省——用电及基建成本节约。

[①] 潘浩.深圳新能源公交车辆示范运行状况分析及未来发展建议[J].特区经济, 2012(4):52-54.
[②] 沈辉.加快发展新能源公交车的几点思考[J].科技创新与应用, 2019(4):67-68.

（二）综合土地开发利用，突破资源限制

规模化运营可为企业带来长期平均成本的下降，进而为企业带来规模经济。而实现规模化生产的关键在于大量的生产要素集聚。[①] 在城市公交运营过程中，土地资源具有重要作用，承担着车辆停放、维修、调度转换的重要功能。在纯电动公交运营过程中，由于车辆充电需求的存在，土地资源在传统功能基础上又增加了为车辆充电的功能。充电时长决定了电动公交车车辆的停放时间会在一定程度上大于传统燃油车辆，这就增加了纯电动公交的场地需求。同时，充电桩等基础设施的建设和功能性也会在一定程度上影响停车场地的转换功能。一系列问题都造成了纯电动公交对于土地资源的高度依赖性。此外，深圳市作为改革开放的前沿阵地，经过40年的高速发展，闲置的土地资源并不充足。

面对资源限制，深圳巴士集团广泛吸收社会资源，接纳现成的充电站资源，或者其他充电服务商自带土地资源建设充电桩。开创性地开发并运用了网式快捷充电模式，实现了一桩多充。运用分时段充补结合的调度方式实现了土地资源的高效利用。深圳巴士集团三分公司在宝安福永建设了标准化的"雁盟场站"，成为深圳巴士集团的一个标准化场站，探索了与基层社区共同解决公交停放、综合开发土地利用的经验。[②]

（三）成本效率两手抓，解决资金难题

相较于传统燃油车辆，纯电动公交车高昂的购置成本一直是限制其规模化推广运营的瓶颈。虽然现阶段有补贴支持，但政府补贴并非企业可持续发展的基石。作为规模化运营的主体，企业应探索出一条可持续的发展模式以解决未来资金难题。深圳巴士集团通过大规模招标采购降低采购成本，使企业支付的部分下降了30%。同时，对车辆使用过程进行"全生命周期成本核算"，在总体成本最小化的基础上

[①] 张元智，马鸣萧. 企业规模、规模经济与产业集群 [J]. 中国工业经济，2004(6):29-35.
[②] 深圳巴士集团股份有限公司. 开启公交全面电动化新时代——深圳巴士集团绿色、低碳发展之路 [J]. 人民公交，2017(11):78-80.

实现了购置成本转换，以能源节约和维保节约覆盖企业购置成本，在一定程度上解决了购置成本高昂的问题。

在公交车辆电动化进程中，依然有大批燃油车辆运行。车辆置换过程中的资产处置问题也是影响公交车辆纯电动化进程的关键环节。其困难在于解决转换速度与转换成本之间的矛盾关系。传统的拍卖方式耗时较长，且由于车辆状况不同而产生较为繁琐的流程以及固定资产折旧等问题，进而影响车辆置换效率。此外，闲置的燃油车辆在其存放过程中会产生场地占用成本、维修保养成本等花费，不仅造成了企业成本增加，也会产生国有资产流失等风险。深圳巴士集团创新性地提出了"折旧资产反购"模式，类似于4S店的旧车置换方式，由中标车辆生产单位按资产净现值反购现有燃油车辆。既解决了车辆置换过程中的置换速度问题，又解决了成本问题，实现了资产置换过程中的零库存。车辆厂商也可利用其制造技术及销售网络对反购燃油车辆进行改造或作其他处置，实现了资源的有效利用。图19-1 显示为深圳巴士集团在技术、资源以及资金问题的解决方案。

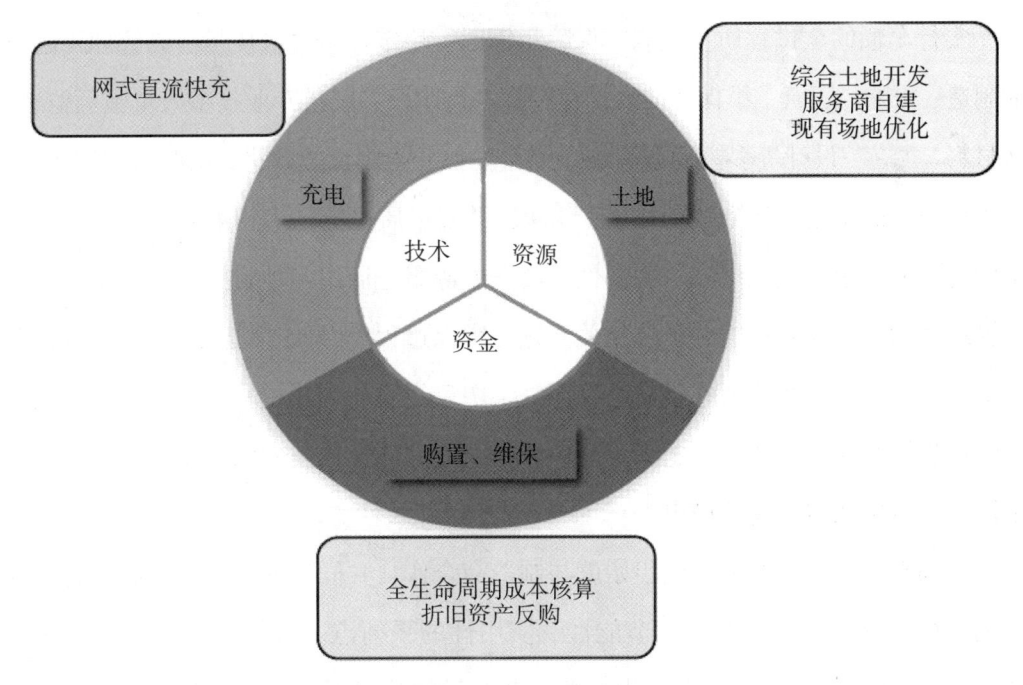

图 19-1 深圳巴士集团技术、资源及资金问题解决方案

二、依托创新驱动，全面提升绩效

（一）标准化与权变结合，实现精细化管理创新

精益管理是一种基于精益生产方式的管理哲学，旨在对生产过程进行持续反馈改进以消除一切不必要的浪费或不必要成本花费，进而不断提升生产效率。其核心思想在于通过改进和创新达到提质增效的管理效果。[①] 深圳巴士集团引入全周期成本核算方法，将车辆自置换采购、运营到配套设施建设、维修保养的全过程纳入成本核算范围。综合考量各环节成本以及车辆全生命周期中各阶段的成本替代关系。以长期成本最小化为管理目标进行成本核算及控制。充分发挥纯电动汽车在能源消耗和维保花费方面的优势，以节约的能源及维保成本覆盖企业所需负担的购置成本。同时实现了基于能耗成本优势的长期竞争力。

实行车辆的全过程质量控制，保障车辆运行稳定。全过程质量控制管理跨越车辆制造、采购、运营、维保各阶段。在车辆制造阶段，安排专业技术人员驻厂监造，从材料、工艺、设计等多方面进行现场质量把控并不断反馈改进，从源头把控质量。与车辆制造商签定"全生命周期质保"协议，并辅以质保金作为约束力。运营过程中，集团与车辆厂家、电池厂家、零部件厂商、能源服务商组建项目工作组。实时跟踪车辆运营状况，及时反馈并解决相关问题。维保过程参照4S店运作方式的"1+5"模式进行，与车辆制造商签订技术合作框架协议，协商筹建授权维修服务站，通过合作逐步提升新能源技术自主维修能力，在完成内部车辆技术保障任务基础上，力争面向全市拓展维修业务输出。

深圳巴士集团在车辆采购伊始就与制造商合作，共同研究适合深圳城市需求的车辆特征，寻求车辆经济性、节能性、实用性的平衡点。选择10.5米长度的车型替代传统12米长度车型，在不影响总体载客量的前提下降低了车辆制造成本，提

---
① 孙杰.全面精益管理概念的界定[J].工业工程与管理，2009, 14(2)：129-134.

升了车辆在城市密集区的操作便利性以及充电场站的适应性。根据车长变化、运行里程以及运载需求降低了电池组配电量。不仅减少车身自重，降低能耗，同时降低了车辆制造和购置成本。实现了配电降低、续航提升的良好效果。集团联合车辆生产厂商重新设计了动力电池组的布局，在不影响电池组效能的基础上提升车内空间，车辆载客量接近于12米的车型，精细化管理方式产生显著成效。

对于不同公交线路，深圳巴士集团采用权变管理方式，依据不同线路特征实行"一线一方案"，以"用足谷电、用好平电、避开高峰"为原则，实现车辆使用效率最大化、能源成本最低化的目标。根据运行路线长度将其分为较短线路与较长线路。根据线路首末站充电资源丰富程度又将其分为无桩、一端有桩、两端宽裕、两端紧张四种类型。根据不同类型设计不同的充电补电策略，同时配合不同的车辆调度组织类型，实现充电调度与运营调度结合，保障车辆高效率运行（如表19-1所示）。

表 19-1 深圳巴士集团充补营运调度一体化策略

线路特征		充、补电策略	营运调度组织
线路长度	较短	按照车辆收班先后顺序依次安排在23:00至次日7:00进行充电	与常规燃油车辆线路相同
	较长	日间补电尽量安排在11:30~14:00、16:30~17:00时段，补电量以能满足当天剩余营运任务、返回充电站所需电量为原则	1. 视情设置区间车、越站车穿插运作 2. 平峰期拉大行车间隔 3. 独立配车高峰线路错峰补电作应急运力
首末站充电资源	无桩	单次补电量90%或至满足当天剩余营运任务返回充电站所需电量	可考虑安排调度人员或借助智能调度系统于充电场站就地发车，安排途中驶进线路运营
	一端有桩	剩余电量要确保车辆完成当趟运营后能够返回充电站	
	两端宽裕	一次补电量可补至满足当天剩余营运任务（营运平低峰、电价平峰时段）	与常规燃油车辆线路相同
	两端紧张	一次补电量不必过于饱和，可适时灵活穿插安排二次补电	采用备用车的方式，轮流使用、轮流补电

（二）优化运营过程与维保体系，实现全过程模式创新

深圳巴士集团采取智能化、信息化技术手段实施智能调度。通过建设全新的运营调度理念和智能化调度平台，实时监控车辆性能及运营情况，及时获取全方位车

辆分布信息，保障车辆准点到站、续航充足。提升了车辆周转率，保证运营过程平稳高效。

  商业运营模式反映了上下游企业之间、企业与消费者之间、企业与政府之间形成的交易关系以及行动方式，是企业为达成持续盈利目标的组织设计与合作方案。[①] 深圳巴士集团以发展战略合作关系、广泛吸收社会零散资源为原则，构建全面电动化能源供给系统。深圳巴士集团作为电能的终端用户向充电服务商购买全套配套服务。设施投资、建设、运营由充电服务商负责，深圳巴士集团向服务商支付服务费及电费。通过购买服务合作模式有效降低了基础建设投资，为深圳巴士集团节约了大量成本。服务商全方位投资运营的模式也给予了服务商更大的可操作性和灵活性，激发了其充电服务专长以及创新活力。成功实现了降成本、增收益、激发创新活力的目标。通过公开招标的方式与数家充电服务商建立合作关系，引入良性竞争以提升服务质量，降低企业成本。广泛吸收接纳充电资源，结合现有充停资源，推进新建场地建设，鼓励服务商自带土地资源。不仅缩短了项目流程，同时在一定程度上解决了土地及充电桩设施的资源稀缺性问题。

  传统的充维结合维保模式已经无法适应规模化的纯电动公交车辆的技术保障需求。充电服务商与零部件生产商的信息不对称问题在不断增大的维保需求下势必会影响充电服务商的维保效率。作为产品终端的公交企业，应探索打通厂商、服务商与用户之间的技术路径，以维保效率为目标构建全新合作体系。通过专业化分工合作，建立车辆终身质保体系，保障车辆技术稳定性与运行安全性。与车辆制造商签订技术合作框架协议，合作筹建授权维修服务站，建立类似于4S店标准运作的"1+5"维保模式，在保障内部车辆基本需求基础上提升自主维修能力，并努力实现面向全市的对外纯电动汽车专业维修业务。同时建立监督反馈机制，把控产品质量并不断提升改进，集团已累计向厂家提出技术反馈建议超过800项，保证了车辆性能的稳定可靠，也为厂家提供了宝贵的优化经验。

[①] 陈志恒，丁小宸，金京淑. 中国新能源汽车商业模式的实践与创新分析 [J]. 税务与经济，2018(6):45–51.

（三）开发新型能源供给系统，实现专业化技术创新

为提升车辆使用效率，深圳巴士集团坚持采用直流快充技术。充电倍率从原有的 0.3C 提高至 0.5C，有效地将充电时间由原本的 4 小时缩减为 2 小时。而单纯的缩减充电时长并无法系统地解决车辆运营效率问题。系统化思考和精益管理是整合多项技术并形成总体效益的关键要素。根据当地交通环境因素、运载里程以及载客量要求，深圳巴士集团与车辆制造商共同开发符合城市内操作便利性要求的车身长度、配电量以及动力电池组布局。系统化的改进过程充分发挥直流快充技术的速度优势。精细定制化改造使车辆在降低总体成本的基础上减轻自重，进而增加了续航里程。同时，基于流程再造的产品优化设计，在不改变电池配电量基础上通过更加科学的布局，使车辆在原有带电量基础上拥有更大的内部空间以及更加合理的配重比例。

优化的车辆设计离不开完善的基础配套建设。充电补电的便利性决定了电能利用效率以及车辆周转率。深圳巴士集团创新型开发出网式充电技术，突破了一枪多充的技术难题。将充电补电区域与车辆停放区域相结合，有效提升了单桩充电服务能力，桩车比由 1∶2 提升至 1∶10. 不仅提高了充电桩利用效能，也大幅降低了场地需求。该技术创新成果有效实现了充电不挪车，将谷期用电利用率由 40% 提升至 85%。避免了挪车产生的劳动力成本并大幅度降低了用电成本。技术创新获得了"全国交通企业创新成果二等奖"并成功申请专利。

深圳巴士集团联合生产厂家与设备供应商，共同研发设计了车载智能化设备。实时反馈的车辆信息可准确定位车辆行驶状态、车辆运行位置、车辆间隔与到站信息等。为高效的调度组织提供了即时反馈，有效提升了车辆准点率与周转效率。同时，反馈的车辆性能信息可为车辆维保与技术改进提供依据，实现了基于反馈信息的车辆改进系统（如图 19-2 所示）。

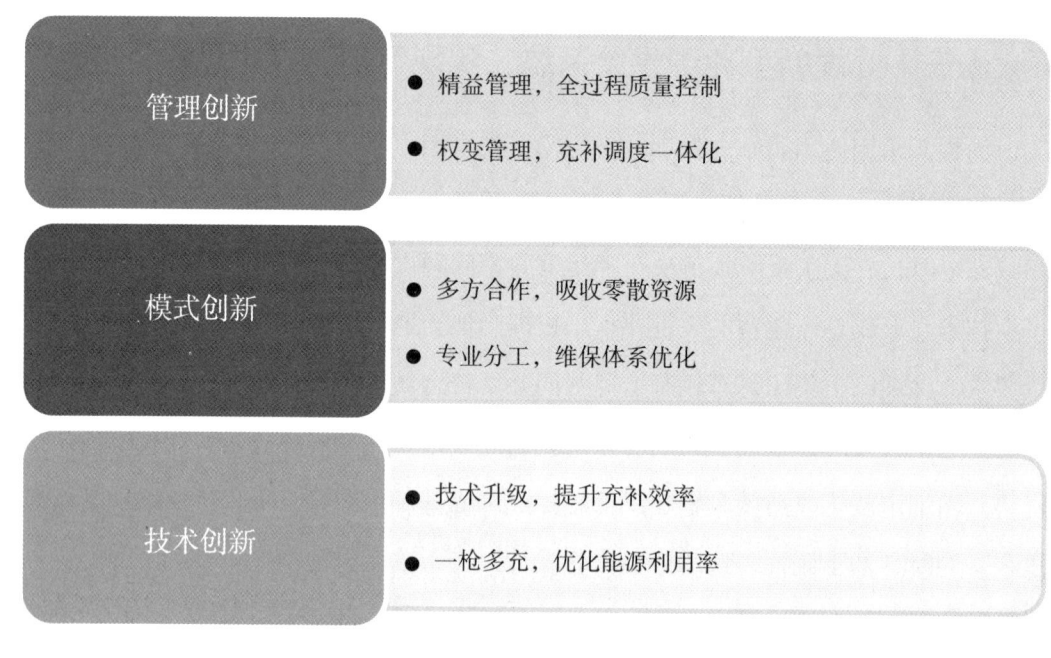

管理创新	● 精益管理，全过程质量控制 ● 权变管理，充补调度一体化
模式创新	● 多方合作，吸收零散资源 ● 专业分工，维保体系优化
技术创新	● 技术升级，提升充补效率 ● 一枪多充，优化能源利用率

图 19-2 深圳巴士集团管理、模式与技术创新方法

三、全面协作，加强安全保障措施

（一）推进安全生产标准化，建立双重预防机制

2018 年 5 月 23 日，广东省交通厅在深圳市举办全省交通运输行业新能源汽车推广应用暨安全监管工作现场会，交流新能源汽车推广与安全监管经验。深圳巴士集团领导应邀做了题为《纯电动驱车推广应用及安全管控》的报告。提出深圳巴士集团正切实推进安全生产标准化和双重预防机制的建设工作。[1] 集团针对电动车辆市场中存在的安全问题，制定了《纯电动公交运营应急预案》和《纯电动公交安全事故应急处理规范》，在制度层面实行标准化安全作业规范，将操作失误引起安全事故的隐患降低。同时，针对由于车辆技术故障造成的停运待检、充电设施运行问

---

[1] 深圳巴士集团股份有限公司. 广东省新能源汽车推广应用暨安全监管工作会在深召开 [J]. 人民公交, 2018(7):54.

题以及车辆自燃、恶劣天气下可能出现的车辆短路停运等做出了明确细致的应急措施。通过提升设备可靠性以及人员应急能力保障安全生产，在技术上预防安全事故的发生，在问题发生时将损失和影响降到最低。

（二）成立警企服务中心，运用科技支撑安全保障

深圳巴士集团为保障车辆运营安全，为集团全部电动车辆安装了"全覆盖视频监控系统""安全报警辅助系统"以及"云总线后台系统"，实现了纯电动公交车辆运行轨迹实时监控可回放、车速监控、电子围栏监控、视频实时查控等功能，提升了安全管控的全面性和实效性，最大程度保障市民乘车安全，杜绝违章及安全事故。安全管控系统与市公安系统合作，联合建设警企合作的综合服务中心，通过交警大数据分析指导安全管控，实现科学调度与安全快反相结合，保障公交系统总体安全运行（如图19-3所示）。

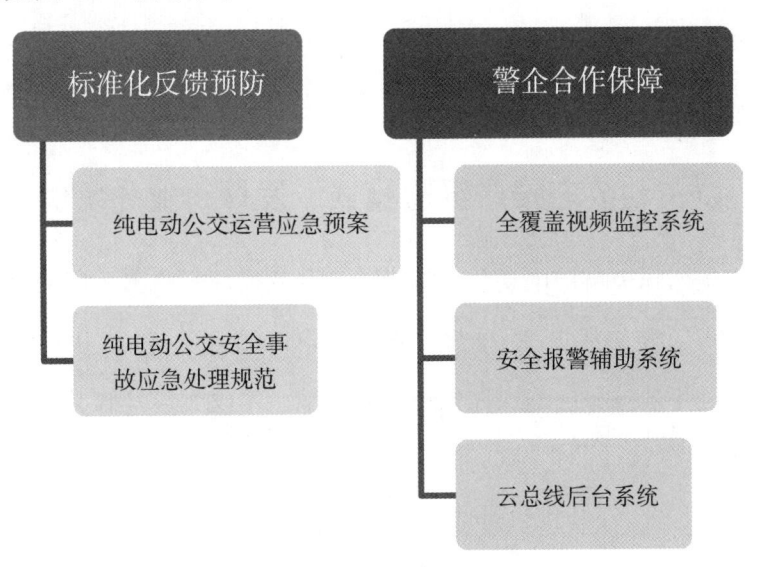

图19-3 深圳巴士集团安全保障机制

四、战略导向，推进可持续发展

（一）以战略思维指导规模化运营，发挥规模经济优势

深圳巴士集团重视企业战略规划，目标长远，放眼未来，以规模化运营作为电动公交车发展方式，充分发挥出规模经济优势。自项目规划设计阶段就以规模化运营作为目标，运用精细化管理方式将项目以车辆全生命周期为框架进行细致拆分，明确规模化运营瓶颈并有针对性地逐项解决，探索出了一条电动公交车规模化运营的集约管理路径。同时，着眼规模化运营的长期问题以及政府补贴退坡的可能性，深圳巴士集团探索出具有长远发展能力的电动公交车发展模式。充分发挥产业链各环节优势，从车辆优化、维保服务以及业务拓展等方面谋划企业在电动公交产业未来发展中的核心优势。以规模化运营为基础，充分发挥规模化经营在产业链各环节的竞争优势、议价能力优势、技术创新优势，创造未来的规模经济效益。

（二）以主动姿态推广经验模式，发挥行业先发优势

深圳巴士集团积极推广电动公交规模化运营的成功经验，在技术创新、管理创新以及运营模式创新方面进行行业经验输出。申请包括网式直流快充技术在内的多项技术专利，近年来被海内外媒体报道300余篇。不仅大量接待了国内外100多家企业或团体来访调研，同时受邀出访日本、加拿大、德国、法国等多个国家进行经验交流，在学习吸收国外经验的同时也将深圳巴士集团的规模化运营经验进行推广。积极主动的推广模式不仅保护了自身的技术知识产权，也能学习到更多地区的成功经验用以改进和优化现有技术及运营管理模式。更重要的，通过积极主动的经验推广，让行业内不同企业更加了解深圳巴士集团，有利于企业商誉和声誉资本的积累，发挥企业技术先发优势，进而为企业带来更高的正外部性收益。

（三）注重人才培养与储备，实现企业可持续发展

在推行实施公交纯电动化过程中，深圳巴士集团始终注重人力资本的培养以及人才储备，为企业可持续发展提供不竭动力。自电动车辆生产制造伊始，集团就安排技术骨干驻厂监造，在技术、工艺、材料等方面进行现场监督，不仅从源头把控质量，而且培养了一批具有生产经验的技术人才。深圳巴士集团组织全面培训，推动人员转型。从新车技术培训到维修操作培训等对人员进行轮转式实习培养，已经累计培训超过 26000 人次机电一体化的专业人才和技术骨干。通过建设全新的维保模式，与制造商合作设立授权维修服务站，培养和储备具有自主维修能力的技术人员，满足未来的车辆技术保障需求，为推进深圳巴士集团维修业务输出储备人才。建立相关的配套激励机制，引导全员参与，鼓励和发挥员工积极性，在提升深圳巴士集团运营效率的同时实施积极有效的人员管理制度，吸引和留用优秀人才。通过人才培养、储备、激励等手段为企业可持续发展提供劳动力保障和智力支持，为企业可持续发展增添动力。

五、案例启示

（一）实现技术创新成果的高效转化与应用

与车辆制造和零配件厂商合作开发全新车型以及车辆充电技术。创造性地发明和优化了现有充电模式。通过网式直流快充实现了能源和场地利用效率最优化。针对纯电动公交运营过程中的问题、企业发展需求以及城市道路场地特征开发了具有特定适应能力的车辆技术以及停车充电协同技术。充分发挥了科技创新在企业发展中的重要作用并成功实现创新成果的高效转化应用，用科技创新解决实际问题。

（二）构建全生命周期的精益管理模式

进行基于车辆全生命周期的成本核算方式，有效降低购置运营成本及维保成本。通过精益化全面质量管理方法，将车辆技术性能、充电调度以及维保模式进行有机结合。从整体上最大限度节约成本，消除浪费，提升运营质量和运营效率。将车辆制造商、零配件供应商、充电服务商、维保服务商纳入到全过程管理体系中，有效控制和提升运营质量和车辆稳定性。同时，带动了地方电动公交车产业链的发展。

（三）前瞻性的战略眼光与领先意识

较早地意识到政策补贴退坡的趋势，开创全新的车辆置换方法，在节约购置成本的基础上加快了车辆置换效率，尽早实现了规模化运营。实施维保合作模式创新，有效培养和储备大量技术人才，为实现电动车辆维修业务输出打基础。同时，以主动姿态进行行业经验推广，为企业提供学习与经验交流机会的同时积累声誉资本，维护和构建了良好的企业社会形象并使企业保持行业先发优势。

第二十章　青岛国信：智能化主动安全生产管理

青岛国信发展（集团）有限责任公司（简称国信集团）于 2008 年 2 月 29 日经青岛市人民政府批准设立，公司注册资本为人民币 30 亿元，属地方直属综合性国有投资集团公司。国信集团围绕"城市综合运营商"定位，重点打造金融、城市功能开发、现代服务业和海洋产业等"3+1"业务板块，服务青岛市经济发展，聚焦城市功能开发，进行城乡重大基础设施项目投资、资本运作和资产管理。

国信集团为了适应安全生产形势的需要，为了适应集团多样化业态发展的需要，同时也为了适应智能化安全管理转型的需要，积极探索实施以主动安全为导向的安全生产管理，全面提升安全生产管理水平，筑牢安全防线，守护基业长青。

一、建立隐患智能预警机制

（一）转变安全生产管理思维

为了推动公司向安全管理方式转型，国信集团从转变安全生产管理思维入手，吸取传统安全生产管理经验，以主动安全为导向、以智能监管为载体、以常态启备为特色，变被动防御为主动干预，逐步实现传统管理方式向主动式、智慧化管理转变。

主动安全生产管理的设想，萌发于新型智能汽车的防碰撞安全系统。传统汽车的安全配置主要包括安全带、安全气囊、保险杠，但只有发生事故的时候这些配置才会发挥作用，它以降低事故中的损失为出发点，但难以避免事故，传统的安全管理也面临同样的问题。假设研发一种新型智能汽车，为避免汽车发生碰撞的风险，事先部署测距传感器并预设安全距离，当小于安全距离时它就能反馈信号于制动系统，代驾驶人员踩下刹车让汽车减速从而避免事故发生，实现由被动安全向主动安全的转变。国信集团实施主动安全系统借鉴于此，致力于构建全新的事前预警、事中启备、事后应急（如20-1所示）。

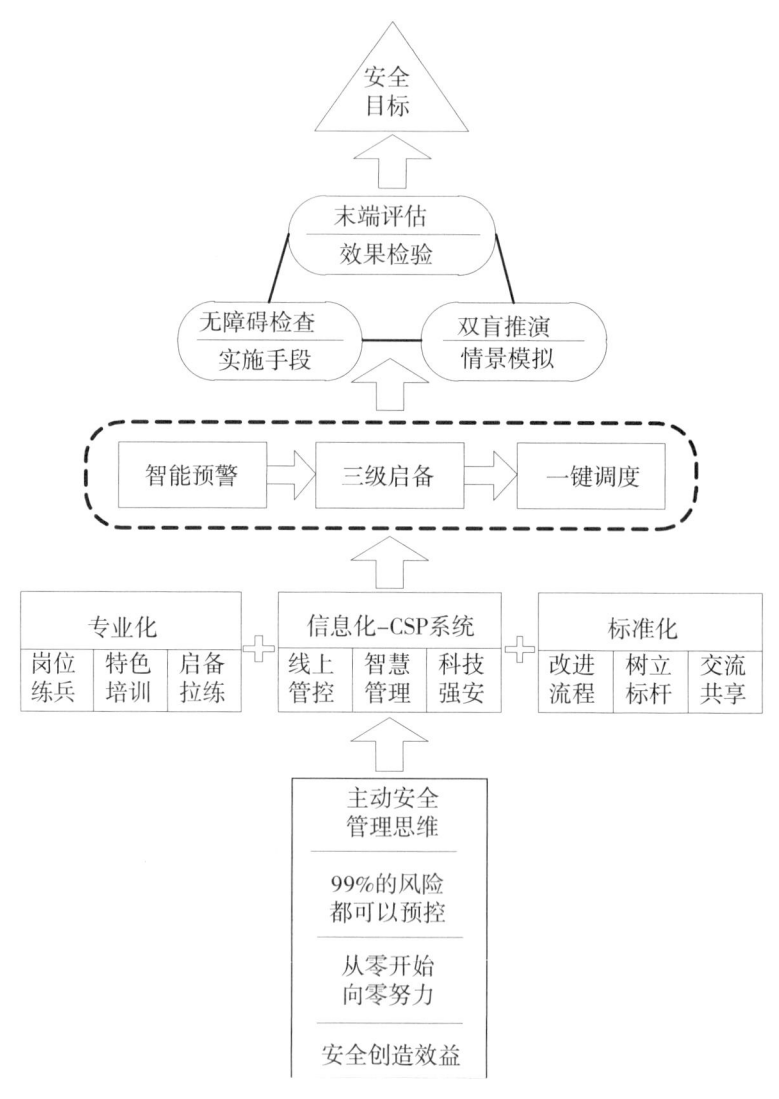

图 20-1 主动安全管理"常青树"模型

国信集团基于"99%风险都可以预控"的核心思想，提出主动安全生产管理"常青树"模型，分10大模块构建理论体系。具体以专业化、信息化、标准化为基础，以智能预警、三级启备、一键调度为核心，以末端检验（无障碍检查、末端评估、双盲演练）为反馈，实施"从零开始、向零努力"循环提升，创新"安全创造效益"的安全价值观，实现主动安全让后台的风险预警智能化、让规范的保障启备常态化、让不同的应急处置精准化的目标。

（二）搭建主动安全生产管理组织架构

安全生产管理组织架构是为确保安全生产正常运行，为适应主动安全生产管理，建立并逐步健全一套自上而下的主动安全组织机构、管理机构和技术机构。国信集团主要领导挂帅，分管领导定期调度，安全管理部抽调各子公司骨干人员共同组成主动安全管理课题攻关小组，联合青岛市安监局、青岛市总工会、青岛市科技局等相关部门，组织行业对标和专项咨询，开展《"物联网＋安全"在城市功能设施中的构建与实践》《国有大型投资集团主动安全生产管理》《国信集团安全生产综合监管平台建设》等课题研究。

二、通过无障碍检查、双盲演练，导出安全生产管理盲点

（一）推行无障碍检查

无障碍检查为改进安全管理提供决策支持，获取没有任何事前准备和毫无修饰的一手资料。国信集团所属安全管理员和邀请专家持无障碍检查全通卡，可以于任何地点、任何时间，在全集团所有生产经营场所全天24小时一律放行。持证人员权利包括：有权对消防报警、电梯报警等设施进行直接操作以检查值守人员反应能力；有权对生产经营人员、物业人员、保安人员应知应会知识进行考问；有权对有

关设施设备和生产经营活动进行检查拍照、录像。无障碍检查实行以来，集团内基本杜绝了"上有政策、下有对策"和"望风而动、表面应付"的现象。

（二）组织多业态双盲演练

主要目的是做到在"和平时期"模拟演习，做到居安思危，时刻检验启备拉练效果。在实施中突出多业态分类设计和情境仿真。结合海底公路隧道交通事故、重大活动应急疏散、海上应急救护、起重塔吊施工等多个推演平台的建设，依托"互联网+"手段组织实施了各工种、各专业、各条线联合应急推演、技术比武、双盲检查等品牌活动，逐步设计形成标准化推演案例，检验应急启备拉练效果。

通过无障碍检查和双盲演练的滚动实施，不断发现日常安全管理中的漏洞、薄弱点和问题，为安全管理体系的优化提升提供第一手资料。

三、实施三级启备机制，建立安全责任矩阵

借鉴军事战备思想，建立常态启备机制。它有别于传统的预案管理，主要通过前置和优化启备触发机制和日常管理，安排部署常态化的备战措施，旨在扭转传统应急管理中"慢一拍"的被动局面。

（一）设计多元化的启备触发条件

分类设计触发条件。紧扣国信集团生产经营业态的布局特点，从大类上分，包括敏感时期、极端天气、大型活动承接、工程施工关键节点、重要设备带缺陷运行等不同情形。

对触发条件细化分级。敏感时期主要是国家、省、市重大会议和活动期间；极端天气分为：发生极端异常自然天气灾害，台风、暴雨、大雪、冰冻红色预警期间等；大型活动分为：承担政府重要活动或场馆占用面积达到70%以上或用电负荷达到70%以上的活动；工程施工关键节点可进一步细分为：工程施工爆破等危险性施工

作业，夜间连续施工，重要设备材料吊装、整体连续混凝土浇筑等专项施工，模板、脚手架、塔吊安拆等关键施工节点等；重要设备带缺陷运行指重要经营设施结构安全、供电、排水系统出现重大异常、带缺陷运行，如双回路供电中有一回路出现故障。

触发条件根据需要动态调整。按照下属各大业态建设、运营、大修、改造不同时期，量身定制不同的触发条件。目前，国信集团现行的启备触发条件已涵盖6大类、24小类。

（二）分类实施启备措施

启备机制触发后，涉备人员一律执行禁酒令，停止休假外出，根据需要延长工作时间，全天候保持通信顺畅，公务车辆停止出差任务，随时做好接受调配指令。启备措施包括通用启备措施、专项启备措施、过度反应措施。

通用启备措施适用全集团。包括听班（领导班子按值班计划听班，听班当天不得离青）；值班（严格落实值班制度，特殊情况下，由安全管理部负责人值班）；战位（关键生产/经营区域责任部门进入指定战位）；巡查（安全管理人员组织巡查和查岗）；CSP系统进入相关区域视频轮巡模式，手持终端保持在线接警状态，设备运行信号实时监测，确保平台群发信息一键调度功能正常，风险隐患电子地图展示，疏散路径、应急预案、次生灾害防护一键关联。

专项启备措施选择使用。包括组织启备拉练/桌面演练/双盲演练/实战演练；组织设施设备空载（或有条件满负荷）试运行；组织关键区域最低自保能力时间、空间双维度评估，预备应急（照明、疏散、支护）措施和外部联动；授予第一响应人紧急应变权，联动容失容错机制，确保应急处置效率；视需要采取保密措施；建立内外联动机制。与110、119、120、红十字会、防汛办、应急办、医院等社会应急力量建立外部联动，和律师顾问、保险公司、专家合作机构建立内部联动。

极端情况下采取过度反应措施。对一些特殊情况，比如重大政治接待任务、超人气明星的歌迷活动、无法预测人员规模的高奖资抽奖活动，要在人防、技防、物防上提高安全保障系数，再留出额外的安全余量。主要措施包括成立专项指挥部，专职封闭运行；申请上一级单位接管／共管本级安全保障工作；局部或全面停工／停业，局部或全部停电／水／气／暖，采取有条件封闭、封道或交通管制等；视需要制订被保障活动的备用方案、备用场地、备用措施，确保意外情况下及时切换替代方案。

（三）理顺清晰明了的责任链条

在主动安全生产管理体系搭建成型走向正轨后，国信集团为应对"日常"与"启备"两种状态下安全生产管理的不同需要，注重"平战结合"，固定机构和弹性机构双向切换，无缝衔接。

日常工作中，以集团总部、产业平台公司、基层生产经营单位"三级主体"为架构，各级安委会履行安全生产决策、制度建设、监督考核。各级安委办作为办事机构负责承接和部署安全生产工作措施。

启备状态下，各级安委办按照开放、机动、协同原则，分层级成立专门领导小组，赋予紧急应变权，对接上级、统筹本级、督导下级。按照不同事件场景，针对性地调动生产技术人员、应急救援队伍以及舆情管理人员等相关力量，配置相应层级应急资源，靠前指挥、明确战位、统一管理，力避人海战术。

启备状态下具体以启备审批、宣贯承诺和战位制度来实现。

启备审批就是当达到触发启备条件时，相应层级的负责人签批实施启备，一般由安全总监签署启备指令。

宣贯承诺是对启备指令的回应，即启备生效后将启备措施全面传达到涉备人员，每次宣贯都有培训交底、签字确认，让以往笼统模糊的承诺变得具体明了。

战位制度就是逐条落实启备措施，安排专人进入指定战位，分兵把守，做到定岗、定人、定责。

启备责任链条的理顺，实现了从领导到基层各个岗位的职责写实，使压力传导清晰有力，出现问题追责倒查，精准到位。目前，国信集团针对自身经营生产需要，分别完成各业态的启备制建设。其中，大型文体活动启备战位制推出以来，已经在青岛体育中心"张杰'我想'演唱会""林忆莲造乐者世界巡回演唱会""五月天演唱会"中得到多次检验。

四、搭建 CSP 平台，构建智能化安全生产综合监管"第三只眼"

信息化是保障智能化主动安全生产管理系统落地的平台支撑。2015 年，国信集团在安全生产管理中启动"烽火"工程建设，经过调研、论证和硬件建设、软件建模，成功搭建安全信息化载体 CSP（Qingdao Conson Security-supervision Platform）平台（如图 20-2 所示）。

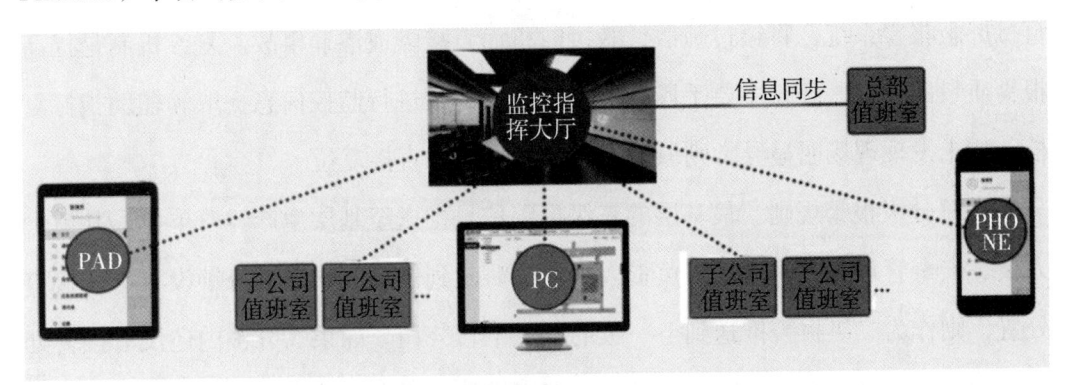

图 20-2 国信集团安全生产综合监管平台（CSP 系统）拓扑

（一）建立物联网实时监测

基于监控调度大厅、PC 机、手机 APP，借助"物联网+"手段和传感、遥感、大数据挖掘与分析等前沿技术，CSP 平台建立智能预警体系，接入视频监控系统、消防报警系统、变配电系统、排水系统、车流量监测系统等各类物联网传感信号 37000 路，365 天 7×24 小时不间断监测，使其成为有眼睛、有耳朵、有鼻子、有嘴巴的有机体，为智慧安全提供了强大的硬件支持，打造安全生产智能监管"第三只眼"。

基于物联网的实时监测包括监测设备运行状态、监测环境进行参数、监测安全相关方的关联系统等。根据实时监测信息沉淀数据，建立数据库，通过数据挖掘、数据清洗、数据比对，找到各类设备安全运行阈值和波峰、波谷等参照系。

（二）实施异常运行预警和报警

按防火墙原则设置预警值。区别预警、报警，确保在灾害形成前，提前捕捉苗头性异常指标波动，对经营场所、在建工程、设备机房、防汛部位等生产经营重点区域的监测设备，基于合理运行区间的长期掌握分别设置预警值，相对报警留有5%~10%的安全余量，作为将突发意外解决在萌芽状态而特意安排的周旋空间。

明确报警复诊机制。很多设备由于敏感度高，在季节切换等环境变化时会发生误报警，还有一些是误动作触发报警的情况，使值守人员思想麻痹、不堪其扰。如直接屏蔽报警系统，将错过疏散、救援时机而直接酿成惨痛事故。复诊机制是提高报警质量的关键一环，主要手段就是对报警点部位进行监控信息提取和辅助指标复核，如未发现现场明显异常则取消警情，前端设备直接复位。

设置分级报警规则。最基层的三级报警信号推送至基层生产经营单位，其值班人员、安全管理员、职能部门负责人都能同时收到信息。如果5分钟没有进行接警处置，则作为二级报警推送到上一级的产业平台公司。如果5分钟内还没有接警处置，则作为一级报警在集团层面显示。三级报警的规则设计主要是落实属地管理、上级监管、量化考核的要求，避免大量报警直接在集团监督部门出现，干扰管理秩序。有一种例外情况，就是配电室、库房、电梯等关键部位的报警信息会向三个层面同时推送，为避免重大事故和损失建立三重保险。

（三）升级风险隐患管控

绘制风险隐患分布地图。基于预警和报警数据沉淀，摸索各类风险隐患分布特点，绘制风险隐患电子地图，对深基坑、变电所、电梯、泵房、消防水箱、消防水池、塔吊、禁行区、防汛易涝点、堆放易燃物的仓库等进行一张图立体展示（如图20-3所示）。

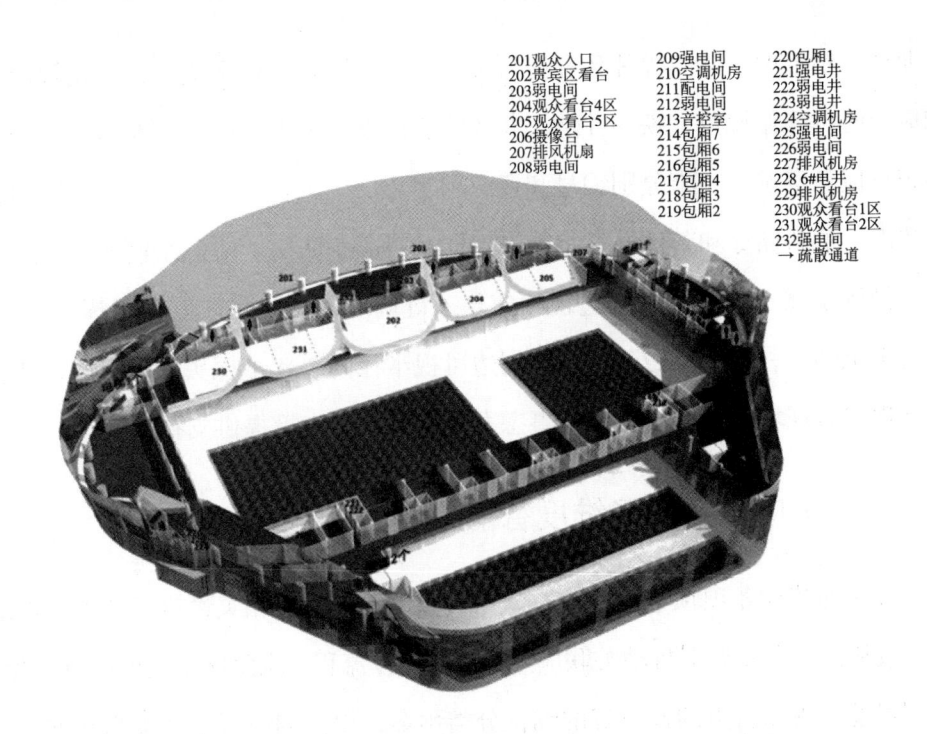

201 观众入口　209 强电间　　220 包厢1
202 贵宾区看台　210 空调机房　221 强电井
203 弱电间　　　211 配电间　　222 弱电井
204 观众看台4区　212 弱电间　　223 弱电井
205 观众看台5区　213 音控室　　224 空调机房
206 摄像台　　　214 包厢7　　 225 强电间
207 排风机扇　　215 包厢6　　 226 弱电间
208 弱电间　　　216 包厢5　　 227 排风机房
　　　　　　　　217 包厢4　　 228 6#电井
　　　　　　　　218 包厢3　　 229 排风机房
　　　　　　　　219 包厢2　　 230 观众看台1区
　　　　　　　　　　　　　　　231 观众看台2区
　　　　　　　　　　　　　　　232 强电间
　　　　　　　　　　　　　　　→ 疏散通道

图 20-3　某游泳跳水馆风险隐患、应急资源电子地图

实现风险隐患"单元化"预控。针对多业态生产经营活动分类划分基层管理单元，对各类风险隐患、重要点位建立"三个一"预控标准，即"一个责任分区、一个操作规程、一个检查标准"，以明确的责任人明晰责任界面，以固化的操作规程规范作业，同时检查表也要做到标准化。

安全管理工具线上运行。全集团实现了安全生产目标、指标线上分解；特种作业人员、安全管理人员、关键岗位人员的持证上岗和复审到时提醒；安全教育线上培训、线上考核、线上评比；安全检查在移动端 APP 实现隐患风险随手拍、责任人领单、整改反馈全过程跟踪管理；风险源、操作流程和检查标准的实时调取及结果分析评估等功能。

五、突发事件统一调度、快速响应、分级处置

实施一键调度，旨在对风险隐患、应急资源实施高度的信息化集成，提高系统性、

专业性、精准度，避免碎片化和盲目施救，实现突发事件下应急智能化管理，做到响应及时、操作规范、秩序井然。在风险隐患电子地图基础上扩充信息，按就近原则布置应急资源，实施分别编号和资源列表、二维码登记，从而可以清楚调阅其保养状态、油料储存和备件补充等信息。同时对应急队伍、应急车辆分布信息进行展示，做到了然于胸。实施周边视频信息一键调取，无论是在监控指挥大厅、PC机还是手机端，一般可以做到事故点周边可视半径内3~4个探头同时显示，从各个角度实现实时现场画面追踪，评判事态发展，为救灾决策提供支持。

（一）应急救援多维度智能关联与响应

先是对集团各项预案如消防、防汛、疏散等，按照相关性进行梳理、提炼、归类，做到根据事故类别自动关联应急预案、操作流程，应急队伍及时收到工作指令，按照最适合现场特点的预设好的细化分类预案，规范响应程序，提高救灾专业化和精准度。在全面掌握事故区域的出入口、紧急通道前提下，自动关联最优疏散路径、避难场所，保证现场人员在最佳窗口期安全疏散。还有次生灾害自动关联提醒，告知决策者和施救人员可能引发的次生事故，根据不同的情况提前采取警戒、封闭、支护、降水、降温、断电、防坠落、防塌陷、防中毒等措施。以及全过程报告程序自动关联，确保做到按规定时间、规定内容向上级和相关方汇报现场情况。

（二）最大自保能力评估和紧急应变机制

根据事态大小和演变发展情况，按照现有的应急力量，及时做出最大自保能力评估。如在双回路供电同时断电情况下，根据自备发电机的功率和油料储备情况，在空间上估计出最大的保电范围，在时间上估计能够坚持的最长时间。在此基础上及时联动外部救援，请求集团上级单位支援救灾，在上一级层面进行资源调度。同时视需要与公安、消防、交警、医院等社会机构联动，在社会层面响应救灾机制。在紧急状况下，无预设方案，现场情况演变快，做不到逐级请示汇报，一旦错过机会窗口就会酿成巨大损失的，现场人员拥有紧急应变权，第一时间采取非常措施。

紧急应变权一般由各专业组长掌握，并在制度上有容错机制做保障。

六、建立末端评估反馈机制，持续优化改进主动安全生产管理体系

（一）建立末端评估机制

通过组织集团安全管理人员下基层蹲点办公，实施末端评估，检查评估基层人员应知应会知识掌握情况、设施设备安全运行情况、相关方安全措施到位情况，出具诊断报告，由责任单位填写问题倒查反演表，基于最终效果，从末端向前端倒逼，反推在前端如组织、培训、投入、措施等各个条线上的问题漏洞。它改变了传统评估检查中自前向后的顺序检查做法，从而摒弃了自上而下的查资料、查过程等重形式、轻内容的弊端，突出从末端发力，为效果服务。近年来，国信集团连续部署下基层蹲点办公，做到对下属公司末端评估每年覆盖一遍。基层单位注意力逐步向前端管理系统查不足、补漏洞、纠偏差聚焦，形成发现问题表象—反演问题本质—追溯上端根源的闭环。

末端评估与智能化主动安全的三大机制建立反馈机制，实现持续改进。同时与考核挂勾联动，反应到通用指标、特色指标、控制指标。通用指标覆盖全集团，考核共性要素，如培训、会议、组织建设等。特色指标针对不同行业属性，按建设类、经营类、投资类实施差别化定制，分为大型活动保障、建设施工管理、食品安全管理等。控制指标多为一票否决，无调整余地，主要是伤亡指标类，以及同类事故在考核年度内连续发生的情况。

（二）打造专家型安全生产队伍

落实专业化分工，练就"绝活儿"，培养首席技师。各条线作业人员分工立足本专业，在确保掌握基本知识广度的基础上聚焦专业知识纵深，针对关键设备，做

到懂结构、懂原理、会维护、会小修。目前，国信集团在配电、空调、消防、冰场、水处理等专业已拥有自己培养的首席技师。近三年，国信集团累计选拔推荐30名基层员工进入青岛市总工会"千人计划"。

注重专业化培训学习，培养金牌教练。围绕课程设计，分业态、分门类、分专业开发"知识频道"，建立了建筑施工、海上救护、活动筹备、物业服务、设备管理、反恐防恐等12门特色精品课程。采取送安全到基层、集中授课、远程视频、对外交流、案例讲学、拓展训练、垂直指导（其中子公司各级安全管理员均接受集团安全管理部垂直指导）等不同形式培训。培训对象向一线人员倾斜，压实终端，以学后感、写心得等形式保证学习效果。

组织定期启备拉练，培养示范班组。通知下发后，进入全天候24小时待命状态，期间待执行任务可能随时派发。一旦明确任务，工作人员迅速于指定时间向指定地点集合，执行指定任务。通过军事化管理实施岗位练兵，检验班组应急反应和操作水平。目前，胶州湾隧道的启备拉练制已形成青岛应急管理的品牌，受到市交通委、市城管局等有关部门的赞誉。

（三）固化安全生产管理成果

通过标准化改造，精简流程、优化清单、打造模板。管理成果以明白纸、口袋书、上墙看板、操作规程、清单、手册、表格、流程、样本、案例等形式体现，全集团累计形成《建设施工现场安全检查标准》《安全管理人员"九久手册"》《大型文体活动启备战位表》等标准化文件217份。

开展"标准化接力行动"，打造行业标杆。经过几年的努力，会展中心、体育中心、大剧院均达到行业内最高安全生产标准等级，胶州湾隧道实现全国创标立标，成为从青岛走向全国的首个公路隧道运营安全标准。

标准化促进了横向交流和资源共享。对各子公司之间一致、相关、类似的重复性安全管理规范进行归并，按照"合并同类项"原则左右打通，建立交流共享。结合安全培训与考核，组织经常性的标准炼化，发挥催化效应，做到凝练模式、培养习惯、长效管理。

七、案例启示

（一）主动安全创新创造更大价值

主动安全创新的确可以产生经济效益。一方面，主动安全创新能直接减轻或免除事故给人、社会和自然造成的损害，实现保护人类财富、减少无益消耗和损失的功能，可称之为"拾遗补缺"，即安全减少负效益。另一方面，主动安全创新能保障劳动条件和维护经济增值过程，实现其间接为社会增值的功能，可称之为"本质增益"，即安全创造正效益。无论是"拾遗补缺"，还是"本质增益"，都用事实证明：安全创造价值。创新由安全守护价值向创造价值转变。

按照罗氏法则"1∶5∶∞"，1元钱的安全投入创造5元钱的经济效益，创造出无穷大的生命效益。经换算，国信集团每年因主动安全投入所带来的经济效益至少达到年度利润的5%，2016年安全经济效益为3765万元。与此同时，国信集团注重发挥安全生产管理的保障、倒逼、辐射作用，促进向全集团建设、生产、运营多个条线工作的压力和动力传递，促进和激发了各个业务板块的创新和业绩提升，创造了可观的经济社会效益。国信集团辖属所有建筑工地达到安全文明工地标准。胶州湾隧道建设全程落实安全、质量责任管理，推动建设管理创新，荣获行业最高荣誉"詹天佑"大奖，青岛会展中心荣获中国会展产业金手指奖、最具影响力会展场馆经营奖，青岛大剧院、钻石体育馆等大型公建项目获评"鲁班奖""国家优质工程"称号。国信集团各类建设运营活动健康持续向好，经营水平处于国有投资类企业前列，集团经营效益得到不断提升，资产规模向500亿元迈进，经营利润连续实现30%以上复合增长。

（二）智能化手段促进安全生产管理水平大幅提升

"物联网+"手段的导入，使得安全生产监管的手段更加丰富，几乎所有关键设备设施的运行状态，均可以在 PC 端、手机端可视化展现，监管手段更加全面，全面匹配了综合性投资集团多业态、长链条、大规模的生产运营安全管理特点。促进了安全生产流程再造，颠覆了传统管理中自上而下的指挥体系和管理链条，形成各级机构服务一线的"倒三角"管理架构。管理层为一线需求提供资源支持，精通专业化安全知识的一线人员通过赋予紧急应变权等一系列机制保障而成为安全生产管理中的主角，提升了现场处置和救灾效率。信息技术的应用同时促进安全生产管理效率大幅提升。移动共享、在线培训、在线测试得到广泛运用，各级安全管理人员、一线员工安全生产教育培训普及率达 100%。风险隐患在线检查与现场检查和监测保障形成合力，实现安全生产风险评估和隐患排查治理"移动巡查"，线上下达隐患整改通知单、设备维修整改单按期整改率 95% 以上。

（三）引领行业技术发展前沿，打造安全生产品牌

我们常说"思想不牢，地动山摇""要想把好安全关，思想工作要领先"，这说明只有具有较强的安全意识，才能真正做好安全工作，所以思想上时时刻刻要有 1 个"安全阀"，确保正确的思想导向。思想的提高，同时借助于智能预警、三级启备、一键调度机制的建立，极大地扭转了以往安全生产中主要依靠人海战术、拉网检查、粗放投入的被动局面，使国信集团持续、健康、安全运营有了坚强保障，收获了良好的社会效益。近三年，国信集团荣获安全生产各级荣誉近百项，连年荣获"山东省安全生产工作先进企业""青岛市安全生产先进单位"称号，涌现出一大批先进个人和优秀班组、优胜企业。《"物联网+安全"在城市功能设施中的构建与实践》经专家鉴定"在城市功能设施安全管理领域达到国内领先水平"，获得计算机软件著作权 3 项。《城市功能设施建设运营安全生产主动监控系统及方法》等 3 项创新受理申报发明专利。2015 年以来，先后取得国家重大事故防治关键技术立项 1

项，山东省安全生产管理创新课题2项，青岛市科技局安全生产科技立项1项。在2016年山东省"大众创新、万众创业"展和青岛市"创新、创业、创客"展上推介。国信集团CSP系统成功入选2017年"'智慧青岛'智慧行业管理类十佳典型案例"。《青岛市"十三五"安全生产发展规划》推广应用国信集团经验做法，管理团队取得第三十届山东省企业管理现代化创新成果一等奖、第三届青岛市企业管理创新成果奖。